JEAN-JACQUES

DISCOURS
SUR LES SCIENCES
ET LES ARTS

DISCOURS
SUR L'ORIGINE
DE L'INÉGALITÉ

Chronologie et introduction
par
Jacques ROGER

GF Flammarion

DISCOURS SUR
LES SCIENCES ET LES ARTS

DISCOURS SUR
L'ORIGINE DE L'INÉGALITÉ

INTRODUCTION

La célébrité de Rousseau date du *Discours sur les sciences et les arts*, et s'il fallut attendre le *Discours sur l'origine de l'inégalité* pour que « Rousseau le musicien » devînt Rousseau le philosophe, c'est que la représentation du *Devin du village* et plus encore la *Lettre sur la musique française* avaient pu faire croire au public que la musique tenait toujours dans sa vie plus de place que la philosophie[1]. Rétrospectivement, comme à l'habitude, il fut plus facile d'y voir clair, et Rousseau put faire de « cet instant d'égarement », qui le révélait à lui-même, l'origine de sa gloire et de ses malheurs.

« Cette pièce qui m'a valu un prix et qui m'a fait un nom, est tout au plus médiocre », écrira-t-il plus tard en guise d'Avertissement, et il précisera au livre VIII des *Confessions* : « Cet ouvrage, plein de chaleur et de force, manque absolument de logique et d'ordre ; de tous ceux qui sont sortis de ma plume, c'est le plus faible de raisonnement et le plus pauvre de nombre et d'harmonie. » Jugement qui ne paraîtra sévère que si l'on met dans ce premier *Discours* tout ce qui n'y est pas, et que Rousseau dira plus tard. L'Académie de Dijon avait tenté de rajeunir un vieux débat en y faisant entrer un élément de la mythologie des Lumières, le

---

1. On trouvera dans la *Chronologie* les renseignements historiques sur les deux œuvres.

« rétablissement des sciences et des arts » après la nuit du Moyen Age. Peut-être attendait-elle un éloge de François Ier, d'Henri IV ou de Louis le Grand. Mais Rousseau, qui préfère Lycurgue et Fabricius, néglige délibérément le cadre historique imposé par la question, et revient à l'opposition classique entre la science et la vertu. Les Pères de l'Eglise en avaient longuement débattu, à propos des lettres païennes et de la vertu chrétienne ; saint Augustin, en particulier, y était revenu à maintes reprises et avait consacré au sujet les quatre livres du *De doctrina christiana*. Le XVIe siècle avait poursuivi la discussion, exaltant la piété aux dépens des lettres antiques ou de la scolastique médiévale. Ce n'était pas alors un paradoxe de préférer la simplicité évangélique aux prestiges d'une vaine curiosité intellectuelle, de rappeler avec Rabelais que « science sans conscience n'est que ruine de l'âme », de dénoncer, avec Montaigne — que Rousseau utilise largement — et Agrippa de Nettesheim — qu'il va bientôt découvrir —, l'incertitude, la vanité et le danger moral de connaissances illusoires. Mais la révolution cartésienne, le développement des techniques, les progrès du luxe et du confort avaient assez ébloui les esprits pour que la vieille méfiance chrétienne et sceptique apparût désormais comme un paradoxe insoutenable.

Sur le fond du problème, Rousseau ne se distingue pas par la rigueur de l'analyse ou du raisonnement. Les « preuves » historiques sont assenées avec plus de vigueur de précision et de respect des faits. Les « arts » sont d'autant plus fortement condamnés que le même mot désigne indistinctement les artifices de la politesse mondaine, les techniques pourvoyeuses de luxe et de mollesse, et les beaux-arts qui préfèrent le joli au sublime. Une incertitude plus grave cache l'origine de nos malheurs : faut-il croire que, dans « la simplicité des premiers temps », les hommes étaient « innocents et vertueux » (p. 46) et qu'ils ont été corrompus par les sciences et les arts, ou faut-il admettre au contraire que « les hommes sont pervers » (p. 40) et que « les sciences et les arts doivent (...) leur naissance à nos vices » (p. 41)? La nostalgie des commencements accompagne d'ordinaire le mépris du monde, et Rousseau rêve au temps des cabanes comme Pascal à la primitive Eglise ; mais son système n'est pas encore constitué. Quoi qu'il en ait dit plus tard, en particulier dans la lettre à Malesherbes du 12 janvier 1762 ou dans le second *Dialogue*, l'illumination de Vincennes ne lui a pas révélé une interprétation complète de la nature de l'homme et de la société, pas plus qu'elle ne l'a contraint à devenir « auteur presque malgré (lui) ».

Cependant, sa pensée a déjà pris son orientation fondamentale. S'il condamne les sciences et les arts, ce n'est pas parce qu'ils éloignent de Dieu — rigoureusement absent de ce texte — ni parce qu'ils nuisent à la sagesse individuelle, mais parce qu'ils détruisent la communauté des hommes. Le mot « vertu » n'a ici qu'un sens, et c'est l'entier dévouement de l'homme à ses semblables, du citoyen à sa patrie. Les autres qualités morales ne sont que des conditions ou des conséquences. De là cet éloge surprenant des vertus guerrières, que le philosophe admire lorsqu'il s'agit du soldat citoyen. De là surtout cette condamnation globale d'une société fondée sur la concurrence, sur le luxe, sur l'argent : « Que deviendra la vertu, quand il faudra s'enrichir à quelque prix que ce soit ? » (p. 44). Des premiers hommes, Rousseau dirait volontiers ce qu'on disait des premiers chrétiens : voyez comme ils s'aiment.

Mais cette nostalgie n'a rien de chrétien, ni même de religieux. Rousseau fonde sa condamnation, d'abord, sur l'image héroïque de la fierté républicaine, qu'il s'est formée dès sa jeunesse. Le premier *Discours* introduit les héros de sa mythologie personnelle, les *Hommes illustres* de Plutarque, le Tacite qu'il avait vu sur l'établi de son père, la Sparte de Lycurgue, qu'il évoquera encore dans la *Neuvième Promenade*, quelques mois avant sa mort, la République de Genève, qu'il idéalise d'autant plus volontiers qu'il l'a quittée depuis plus de vingt ans, et dont il se dit citoyen, alors qu'il en a perdu le droit par sa conversion au catholicisme. Cette fierté républicaine, que signaleront malicieusement le *Mercure* et les *Mémoires de Trévoux*, « ce goût héroïque et romantique », comme il le nomme dans la lettre à Malesherbes, Rousseau avait tenté de s'en défaire, sous l'influence de Mme de Warens. *L'Epître à Parizot*, en 1742, avait solennellement

> (abjuré) pour toujours ces maximes féroces

et même célébré

> tous les plaisirs du goût, les charmes des beaux-arts.

Vainement. Dans cette société, à laquelle il s'efforçait de s'adapter, Rousseau savait déjà qu'il ne serait pas heureux. L'événement ne pouvait manquer de justifier ses craintes.

Les œuvres autobiographiques nous permettent de comprendre pourquoi cet échec était inévitable. La timidité, la lenteur et la maladresse de ses réactions, qui le rendent inapte à tenir son rôle dans une société brillante et spirituelle, mettent perpétuellement Rousseau à la torture. Et surtout, il dépend du regard d'autrui, il se veut sans cesse approuvé et compris, et ne croit jamais l'être. Incapable d'être lui-même, incapable d'être comme les autres, toujours victime de la « fausse honte » et se maudissant de l'être, il vit dans la contrainte et dans l'anxiété. Conscient d'une « singularité », qu'il n'ose pourtant pas afficher, il se sent déjà seul et, pourquoi pas, menacé. Tout cela éclatera plus tard au grand jour de la rupture avec les « philosophes » et des analyses des *Confessions*; mais tout cela est déjà contenu dans le vers d'Ovide qui sert d'épigraphe au premier *Discours* : « Pour eux je suis un barbare, parce qu'ils ne me comprennent pas. »

Et tout le Discours est animé de cette inquiétude et de ce ressentiment. « Aigri par les injustices que j'avais éprouvées, dit encore la lettre à Malesherbes, par celles dont j'avais été le témoin, souvent affligé du

désordre où l'exemple et la force des choses m'avaient
entraîné moi-même, j'ai pris en mépris mon siècle et
mes contemporains. » Il s'agit d'une reconstitution
après coup, et le premier *Discours* ne témoigne pas
encore de ce « mépris ». Il témoigne pourtant déjà
d'une souffrance devant l'opacité d'autrui : « Qu'il
serait doux de vivre parmi nous, si la contenance
extérieure était toujours l'image des dispositions du
cœur » (p. 32). Si Rousseau hait la politesse, c'est
qu'elle détruit la transparence mutuelle et l'empêche
d'être lui-même : « On n'ose plus paraître ce qu'on est
(...). On ne saura donc jamais bien à qui l'on a affaire »
(p. 32-33). De l'incertitude à la crainte, le pas est déjà
franchi. Par quelle prescience, par quel malaise irré-
pressible Rousseau peut-il déjà écrire, si longtemps
avant le « complot » : « Parmi nous, il est vrai, Socrate
n'eût point bu la ciguë ; mais il eût bu, dans une coupe
encore plus amère, la raillerie insultante, et le mépris
pire cent fois que la mort » (p. 40). N'est-ce pas à
lui-même qu'il pense, assez naïvement, lorsqu'il
condamne « l'inégalité funeste introduite entre les
hommes par la distinction des talents et par l'avilissement des vertus » — seule inégalité mentionnée dans
l'ouvrage — lorsqu'il ajoute : « Les récompenses sont
prodiguées au bel esprit, et la vertu reste sans honneurs » (p. 50). Plus sûr de sa vertu que de ses talents,
Rousseau rêve d'être distingué : « Le sage ne court
point après la fortune ; mais il n'est pas insensible à la
gloire » (p. 50). L'idéal serait que la société lui fît dans
son sein une place d'honneur en respectant son étran-
geté, et le glorifiât de l'avoir condamnée.

Or cette société, que le petit livre venait frapper au
visage, était assez contente d'elle-même. Sans doute
n'était-elle pas uniquement composée de seigneurs
insolents et d'aventuriers de grands chemins, de riches
malhonnêtes et d'hommes de lettres jaloux. La bourgeoisie laborieuse, avide de confort et de pouvoir,
pouvait juger qu'il y avait bien de la déclamation dans
tout cela. Elle avait élaboré une mythologie rassurante,
à base de libéralisme, de tolérance, de justice abstraite,

de progrès, de cosmopolitisme, de négociants scrupuleux et actifs, de bien-être général et de développement
des lumières. L'insolence des grands, l'arbitraire royal,
le despotisme ecclésiastique étaient déjà des anachro-
nismes, et le soleil du bonheur bourgeois paraissait à
l'horizon. Rousseau arrivait, escorté de Lycurgue et de
Fabricius, des Scythes et des Germains, de ceux qui
meurent pour la patrie et qui brûlent les bibliothèques.
Il exaltait les paysans, ces derniers « citoyens (...)
dispersés dans nos campagnes abandonnées (où ils)
périssent indigents et méprisés » (p. 50). Il rappelait les
hommes au « sentiment de cette liberté originelle pour
laquelle ils semblaient être nés », et dénonçait les
sciences et les arts qui « étendent des guirlandes de
fleurs sur les chaînes (...) dont ils sont chargés (...), leur
font aimer leur esclavage et en forment ce qu'on appelle
des peuples policés » (p. 31). Il ne s'agissait plus
d'étendre le commerce, mais « de conquérir le monde
et d'y faire régner la vertu » (p. 39). Mythologie contre
mythologie, peut-être ; mais la mythologie de Rousseau
est celle de la Révolution.

C'est ce qui apparaît de plus en plus clairement dans
la discussion assez confuse qui suivit le succès inattendu
de ce premier *Discours*. A tous égards, ce succès fut
pour Rousseau une libération. La société reconnaissait
le « barbare », et le reconnaissait comme tel. Au milieu
d'elle, désormais, son personnage était fixé : il devait
être l'homme de son livre. Il entreprit donc sa
« réforme », vendit sa montre, quitta sa place chez
Francueil et se mit à copier de la musique. Il refusait le
monde en restant au milieu de lui ; on accourait en foule
chez le solitaire. A quel point cette ascèse était une
facilité dangereuse, une phrase du livre VIII des
Confessions le montre : « J'affectai de mépriser la politesse que je ne savais pas pratiquer. » Ce mépris de
l'opinion veut encore être approuvé par l'opinion :
témoin la préface de *Narcisse*, qui justifie longuement
l'auteur du premier *Discours* d'avoir fait jouer une
comédie, avant de conclure qu'il n'a à se justifier que
devant lui-même.

Puisque barbare il y a, Rousseau peut répondre en barbare à ses contradicteurs; en barbare qui, toutefois, a le sens des convenances : le ton n'est pas le même pour le roi Stanislas que pour l'obscur chanoine Gautier. Mais enfin, la phrase se fait plus brève, la sentence plus aphoristique et plus stoïcienne. Plus noir aussi le tableau de la société contemporaine :

> Je n'accuse point les hommes de ce siècle d'avoir tous les vices; ils n'ont que ceux des âmes lâches; ils sont seulement fourbes et fripons. Quant aux vices qui supposent du courage et de la fermeté, je les en crois incapables.

Ces hommes qui, encore d'après la *Dernière Réponse*, « vivent entre eux comme les lions et les ours, comme les tigres et les crocodiles », « il ne faut pas former le chimérique projet d'en faire d'honnêtes gens ». La société est si totalement pervertie qu'il n'y a nul espoir de la corriger, et que Rousseau en arrive, dans la préface de *Narcisse*, à justifier ainsi le théâtre :

> Il ne s'agit plus de porter les peuples à bien faire, il faut seulement les distraire de faire du mal; il faut les occuper à des niaiseries pour les détourner des mauvaises actions (...). Je m'estimerais trop heureux d'avoir tous les jours une Pièce à faire siffler, si je pouvais à ce prix contenir pendant deux heures les mauvais desseins d'un seul des spectateurs, et sauver l'honneur de la fille ou de la femme de son ami, le secret de son confident, ou la fortune de son créancier.

Il y avait là quelque outrance, comme Grimm devait le remarquer, et l'on comprend que cette préface ait desservi Rousseau et lui ait « gâté son triomphe ».

Cependant, à mesure que la controverse se déroule, la pensée de Rousseau se complète. La *Lettre à Raynal* assigne encore le « premier degré de la décadence des mœurs au premier moment de la culture des Lettres »,

mais accentue le manichéisme révolutionnaire, avec des
oppositions de termes qui méritent l'attention :

> Je sais d'avance avec quels grands mots on
> m'attaquera. Lumières, connaissances, lois,
> morale, raison, bienséance, égards, douceur, amé-
> nité, politesse, éducation, etc. A tout cela je ne
> répondrai que par deux autres mots, qui sonnent
> encore plus fort à mon oreille. Vertu, Vérité !
> m'écrierai-je sans cesse ; vérité, vertu !

La réponse à Stanislas a l'intérêt de montrer que Rousseau connaît fort bien la tradition chrétienne qui exalte
la simplicité évangélique en condamnant les sciences
profanes et les lettres païennes ; il vient de lire le *De
vanitate et incertitudine scientiarum* d'Agrippa de Nettesheim, et sa conclusion serait digne d'un représentant de
l'évangélisme du XVIᵉ siècle : « La Science s'étend et la
Foi s'anéantit (...) ; nous sommes tous devenus Docteurs, et nous avons cessé d'être Chrétiens. » Mais s'il a
accepté de suivre Stanislas sur ce terrain, Rousseau ne
pense pas en chrétien ; l'important, c'est au contraire
que, pour la première fois, il précise le mécanisme,
purement social, de la perversion de l'homme :

> Voici comment j'arrangerais cette généalogie. La
> première source du mal est l'inégalité ; de l'inéga-
> lité sont venues les richesses, car ces mots de
> pauvre et de riche sont relatifs, et partout où les
> hommes seront égaux, il n'y aura ni riches ni
> pauvres. Des richesses sont nés le luxe et l'oisiveté ;
> du luxe sont venus les beaux-arts, et de l'oisiveté
> les sciences.

Rousseau corrigera et complétera cette généalogie ;
mais désormais, l'inégalité y joue un rôle fondamental.

Au passage, Rousseau s'était débarrassé un peu vite
d'une objection présentée par d'Alembert dans le *Discours préliminaire* de l'Encyclopédie, et qui tendait à
suggérer d'autres causes, géographiques, politiques,

historiques, à la moralité ou à l'immoralité des peuples. Rousseau préférait s'en tenir à l'inégalité, peut-être parce que cette explication le justifiait lui-même personnellement. Il venait de mettre son troisième enfant aux Enfants-Trouvés, n'en était pas trop fier, mais pouvait maintenant répondre aux reproches de Mme de Francueil : « C'est l'état des riches, c'est votre état, qui vole au mien le pain de mes enfants. » Explication à laquelle il n'avait pas pensé pour les deux premiers.

La *Dernière Réponse* va plus loin encore, en repoussant vivement l'idée de la corruption naturelle de l'homme, comme l'idée chrétienne d'un péché originel, et en dénonçant la propriété comme source de l'inégalité et de tous les vices :

> Avant que ces mots affreux de *tien* et de *mien* fussent inventés ; avant qu'il y eût de cette espèce d'hommes cruels et brutaux qu'on appelle maîtres, et de cette autre espèce d'hommes fripons et menteurs qu'on appelle esclaves ; avant qu'il y eût des hommes assez abominables pour oser avoir du superflu pendant que d'autres hommes meurent de faim ; avant qu'une dépendance mutuelle les eût tous forcés à devenir fourbes, jaloux et traîtres ; je voudrais bien qu'on m'expliquât en quoi pouvaient consister ces vices, ces crimes qu'on leur reproche avec tant d'emphase.

Jamais, d'ailleurs, Rousseau n'avait donné aussi libre cours à une éloquence violente et passionnée, à l'éloquence qui est vraiment la sienne, que dans ce dernier ouvrage, où nulle contrainte académique ou de bienséance ne le retient plus, et que Grimm jugeait « égal et même supérieur à son discours même ». Avec la même violence, les mêmes affirmations générales et tranchantes, qui ne souffrent ni nuances ni contradiction, la préface de *Narcisse* résume et précise une pensée qui devient toujours plus nette :

> Etrange et funeste constitution où les richesses

accumulées facilitent toujours les moyens d'en accumuler de plus grandes, et où il est impossible à celui qui n'a rien d'acquérir quelque chose ; où l'homme de bien n'a nul moyen de sortir de la misère ; où les plus fripons sont les plus honorés, et où il faut nécessairement renoncer à la vertu pour devenir un honnête homme ! Je sais que les déclamateurs ont cent fois dit tout cela ; mais ils le disaient en déclamant, et moi je le dis sur des raisons ; ils ont aperçu le mal, et moi j'en découvre la cause, et je fais voir surtout une chose très consolante et très utile en montrant que tous nos vices n'appartiennent pas tant à l'homme, qu'à l'homme mal gouverné.

Et Rousseau ajoute en note :

Parmi les Sauvages, l'intérêt personnel parle aussi fortement que parmi nous, mais il ne dit pas les mêmes choses : l'amour de la société et le soin de leur commune défense sont les seuls liens qui les unissent : ce mot de *propriété*, qui coûte tant de crimes à nos honnêtes gens, n'a presque aucun sens parmi eux : ils n'ont entre eux nulle discussion d'intérêt qui les divise ; rien ne les porte à se tromper l'un l'autre ; l'estime publique est le seul bien auquel chacun aspire, et qu'ils méritent tous (...). Je le dis à regret ; l'homme de bien est celui qui n'a besoin de tromper personne, et le sauvage est cet homme-là.

Maintenant, Rousseau a pris conscience de sa pensée, mais aussi de son originalité et de sa mission. « Je crois avoir découvert de grandes choses et je les ai dites avec une franchise assez dangereuse », écrit-il dans la préface d'une seconde lettre à Bordes. Son personnage est fixé : « Un Etre isolé qui ne désire et ne craint rien de personne, qui parle aux autres pour eux et non pas pour lui (...), un homme qui chérit trop ses frères pour ne pas haïr leurs vices. » Possesseur « d'un système vrai mais affligeant », « convaincu qu'il est celui de la vérité et de la vertu, et que c'est pour l'avoir abandonné mal à propos que la plupart des hommes (sont) dégénérés de leur bonté primitive », il s'imagine même l'avoir conçu tout entier dès le premier instant et n'en avoir dissimulé la cohérence que par méthode : « C'est pour pouvoir tout faire entendre que je n'ai pas voulu tout dire. Ce n'est que successivement et toujours pour peu de lecteurs, que j'ai développé mes idées. Ce n'est point moi que j'ai ménagé, mais la vérité, afin de la faire passer plus sûrement et de la rendre utile. » L'image du pédagogue du genre humain, du prophète de la vérité, illuminé par la lumière subite de la Révélation, est désormais constituée.

Plus encore que le premier *Discours*, c'est donc la controverse qui l'a suivi qui a donné à Rousseau l'occasion de fixer les bases de sa pensée. Plusieurs points, cependant, demeurent obscurs. L'homme est naturellement bon ; la société, fondée sur la propriété et l'inégalité, est la cause de tous ses vices, qui naissent de la dépendance réciproque du maître et de l'esclave. Mais on ne sait pas encore ce que c'est que l'état de nature : l'âge des « cabanes », les Sauvages, Lacédémone ? de toute manière, semble-t-il, une forme primitive de société. On ne sait pas non plus ce qu'est la bonté, ni même la vertu. Lien de la société primitive, la vertu n'exclut pas chez les Sauvages l'intérêt personnel. Elle est du côté de la *vérité*, mais s'oppose curieusement aux *lois*, à la *morale*, à la *raison*. Elle semble tenir davantage à l'absence d'occasion qu'à l'effort de la volonté : « L'homme de bien est celui qui *n'a besoin* de tromper personne » ; et c'est au « gouvernement » d'écarter les occasions. Comment, d'autre part, distinguer « l'homme » de « l'homme (bien ou) mal gouverné » ? Enfin, comment les hommes ont-ils dégénéré de « leur bonté primitive » ? A toutes ces questions, le second *Discours* apportera des réponses. Mais Rousseau a fait la plus importante de ses découvertes : il s'est trouvé lui-même.

Lorsque sans grand espoir de gagner le prix, Rousseau décida de traiter le sujet mis au concours par l'Académie de Dijon pour 1754 : « Quelle est l'origine de l'inégalité parmi les hommes, et si elle est autorisée par la loi naturelle ». il quitta Paris et s'en fut méditer pendant une semaine dans la forêt de Saint-Germain. De fait, une image domine la première partie du second *Discours*, celle de la solitude dans la forêt. Image ancienne, terrible et mystérieuse, de l'hostilité de la nature, la forêt est ici, comme chez Tacite ou le baron de La Hontan, le lieu de la liberté, de la vertu et du bonheur, le refuge contre les hommes, désormais plus à craindre que la nature. Pour Rousseau, elle est le contraire de la ville et de sa promiscuité, le lieu où il trouve la santé du corps et la liberté de l'esprit, où il peut écouter les réactions de son moi profond et naturel. « D'où le peintre et l'apologiste de la nature aujourd'hui si défigurée et calomniée peut-il avoir tiré son modèle, si ce n'est de son propre cœur ? » écrira-t-il dans le *Troisième Dialogue*. Dans la forêt, Rousseau peut sentir « son propre cœur », dans son innocence originelle.

Cette innocence même, si peu reconnue et, qui pis est, si peu active au sein de la société, pose le problème majeur du second *Discours*, qui est le problème du mal. Le mal ne peut venir de Dieu et d'abord parce que, ici encore, Dieu n'apparaît pas. Nous savons qu'il ne vient pas de l'homme, mais de l'homme « mal gouverné ». Quel le mal soit un problème politique ne fait que déplacer la question : d'où vient que l'homme innocent en soit arrivé à être « mal gouverné »? Obligé de résoudre le problème des origines, Rousseau retrouve aussitôt le schéma judéo-chrétien du Paradis et de la chute, en attendant que *Le Contrat social* nous apporte les moyens de la rédemption. Mais nulle Révélation ne vient soutenir l'hypothèse. Il faut reconstruire le passé à la lumière du présent, comme Buffon vient de le faire dans sa *Théorie de la Terre*, parue en 1749, et surtout dans la cosmogonie qui l'accompagne. Méthode hypothético-déductive, où la valeur de l'hypothèse est démontrée par l'accord de ses conséquences avec les faits.

Mais est-il possible d'opérer ainsi, alors que l'innocence perdue est toujours présente au cœur de
l'homme, si « mal gouverné » qu'il soit ? Cette innocence étouffée, mais toujours vivante, et que Rousseau
entend gémir au fond de son cœur, conteste radicale-
ment tout ce qui n'est pas elle-même. Elle témoigne,
immédiatement et purement, contre l'histoire qui
l'accable. Elle n'est pas mémoire d'un passé lointain et
perdu, mais permanence du Paradis au sein de la chute,
présence au sein de l'histoire d'un être non historique.
Le mal a une histoire, le bien n'en a pas. Ou plutôt, le
mal *est* l'histoire et le bien ce qui la refuse, ce qui la
traverse, ce qu'elle peut cacher, mais non altérer ou
détruire. Sur le bien, c'est-à-dire sur la nature, l'histoire ne peut donc rien nous dire :

> Commençons donc par écarter tous les faits, car
> ils ne touchent point à la question. Il ne faut pas
> prendre les recherches, dans lesquelles on peut
> entrer sur ce sujet, pour des vérités historiques,
> mais seulement pour des raisonnements hypo-
> thétiques et conditionnels ; plus propres à éclaircir
> la nature des choses qu'à en montrer la véritable
> origine, et semblables à ceux que font tous les jours
> nos physiciens sur la formation du monde (p. 169).

Plutôt qu'à Buffon, auquel semble penser Rousseau,
c'est à Descartes que nous sommes renvoyés, et à une
cosmogonie beaucoup plus explicative qu'historique. Il
s'agit « de bien connaître un état qui n'existe plus, qui
n'a peut-être point existé, qui probablement n'existera
jamais, et dont il est pourtant nécessaire d'avoir des
notions justes pour bien juger de notre état présent »
(p. 159). Juger, c'est-à-dire comparer, mesurer dans
toute son étendue la distance qui sépare « l'homme de
l'homme » de « l'homme de la nature », mais aussi
comprendre, saisir les formes et les modalités de cette
dégradation. La première partie du *Discours*, en donnant un tableau de « l'homme de la nature », permettra

la comparaison ; la seconde, en décrivant la dégradation, en expliquera l'enchaînement fatal. Mais l'état de
nature n'est pas dans l'histoire : les siècles s'y écoulent
sans que l'on sorte des « premiers âges », et nul monument n'a subsisté pour en témoigner devant nous,
hormis sa permanence, précisément non historique, au
fond de notre cœur.

En séparant ainsi la nature et l'histoire, Rousseau
peut ruiner la notion de loi naturelle, mythe ambigu, à
mi-chemin entre la loi de la nature et la loi positive, et
dont l'utilité était surtout d'apporter aux lois positives,
c'est-à-dire à un ordre social et politique, la caution
d'un absolu métaphysique. La nature connaît « deux
principes antérieurs à la raison », l'amour de soi et la
pitié, mais elle ne connaît pas de loi : toute loi positive
est sociale ; elle n'apparaît que dans l'histoire, et
l'homme ne peut en éluder la responsabilité. Purement
humaine, elle est pleinement soumise à la critique, à la
réforme ou à la révolution. La nature ne cautionne pas
l'ordre bourgeois.

Mais s'il est vrai que l'état de nature est en dehors de
l'histoire, comment l'homme a-t-il pu en sortir pour
tomber dans l'histoire ? Sa liberté n'est pas en cause :
aucune décision n'a été prise, aucun raisonnement ne
pouvait dicter de choix. La « perfectibilité », que rien
ne sollicitait, restait muette. Pour sortir du cercle
enchanté, Rousseau doit supposer des « concours singuliers et fortuits de circonstances (...), qui pouvaient
fort bien ne jamais arriver », bref, le hasard, l'accident
démographique ou géologique. Aucune autre voie
n'était ouverte, hormis l'intervention de la divinité :
Buffon, de la même manière, avait fait reposer sa
cosmogonie sur un accident fortuit, mais vraisemblable.

« A mesure que le genre humain s'étendit, les peines
se multiplièrent avec les hommes. » La formule trahit la
nostalgie d'une solitude déjà menacée. La difficulté
accrue de subsistance contraint l'homme à l'ingéniosité ; triomphant plus subtilement des animaux, il
ressent « le premier mouvement d'orgueil ». Il connaît

sa supériorité ; il se met au premier rang. L'inégalité est née, mais encore innocente, car elle ne règne pas entre les hommes. Mais l'ingéniosité fait naître « plusieurs sortes de commodités inconnues » jusque-là, et qui deviennent bientôt des besoins. Les familles se constituent, les chasseurs s'associent pour traquer leur proie, les hommes, enfin, « se rapprochent lentement, se réunissent en diverses troupes ». C'est l'âge des cabanes, et la naissance de l'amour. Age heureux, car chacun travaille seul, et nul n'a « besoin des secours d'un autre » : les hommes peuvent « jouir entre eux des douceurs d'un commerce indépendant ».

Cependant, et bien avant qu'il soit question de propriété, de subordination, de dépendance, le ver est dans le fruit. Il est curieux, mais révélateur, que, pour Rousseau, ce soient les jeux et les arts qui soient responsables de la naissance des mauvais sentiments :

> On s'accoutuma à s'assembler devant les cabanes ou autour d'un grand arbre : le chant et la danse, vrais enfants de l'amour et du loisir, devinrent l'amusement ou plutôt l'occupation des hommes et des femmes oisifs et attroupés. Chacun commença à regarder les autres et à vouloir être regardé soi-même, et l'estime publique eut un prix. Celui qui chantait ou dansait le mieux ; le plus beau, le plus fort, le plus adroit ou le plus éloquent devint le plus considéré, et ce fut là le premier pas vers l'inégalité, et vers le vice en même temps : de ces premières préférences naquirent d'un côté la vanité et le mépris, de l'autre la honte et l'envie ; et la fermentation causée par ces nouveaux levains produisit enfin des composés funestes au bonheur et à l'innocence (p. 228-229).

Dès lors en effet, chacun va prétendre à la considération, et se vengera si on la lui refuse. Et « chacun punissant le mépris qu'on lui avait témoigné d'une manière proportionnée au cas qu'il faisait de lui-même, les vengeances devinrent terribles, et les hommes sanguinaires et cruels ».

Mais qu'est-ce à dire, sinon que toute société engendre la guerre, et qu'il suffit que les hommes s'assemblent, même pour chanter et pour danser, pour que l'inégalité naisse, pour que le paraître devienne plus important que l'être, pour que la vanité et l'envie commencent à dévorer le cœur de l'homme, bref, pour que le mal apparaisse. Nulle organisation sociale ne peut faire que tous les hommes dansent également bien : pour empêcher la comparaison et ses conséquences, il faudrait disperser les danseurs dans les forêts désertes, détruire immédiatement la société naissante. Mais il est déjà trop tard.

Malgré donc l'attaque célèbre qui ouvre la *Seconde Partie*, et qui se contente d'illustrer avec éloquence un thème parfaitement classique, ce n'est pas la propriété qui est responsable du malheur de l'humanité. S'il est vrai que « ce sont le fer et le blé qui ont civilisé les hommes et perdu le genre humain » (p. 232-233), ce ne sont pas eux qui ont introduit l'inégalité. La propriété, la richesse, ne sont que des moyens de « se mettre au-dessus des autres ». Elles ne sont qu'un aspect de l'inégalité :

> Voilà (...) le rang et le sort de chaque homme établi, non seulement sur la quantité des biens et le pouvoir de servir ou de nuire, mais sur l'esprit, la beauté, la force ou l'adresse, sur le mérite ou les talents, et ces qualités étant les seules qui pouvaient attirer de la considération, il fallut bientôt les avoir ou les affecter, il fallut pour son avantage se montrer autre que ce qu'on était en effet. Etre et paraître devinrent deux choses tout à fait différentes, et de cette distinction sortirent le faste imposant, la ruse trompeuse, et tous les vices qui en sont le cortège (p. 235-236).

C'est donc la société en elle-même qui engendre cette opacité dont Rousseau se plaignait dans le premier *Discours* : « On n'ose plus paraître ce qu'on est. » Mais l'agriculture, la propriété, la répartition du travail ont

créé entre ces hommes inégaux et opaques les uns aux
autres les liens d'une intolérable dépendance mutuelle ;
l'inégalité multipliée par la propriété a engendré un état
de guerres continuelles, dont on n'a pu sortir qu'en
créant la société civile, qui a dégénéré en oppression
légale. « L'état de riche et de pauvre » est devenu
« celui de puissant et de faible » et enfin « celui de
maître et d'esclave, qui est le dernier degré de l'inégalité ». La dégradation morale a fomenté la dégradation
politique ; elle l'accompagne, elle s'en nourrit ; elle est
aujourd'hui à son comble : les riches « cesseraient
d'être heureux, si le peuple cessait d'être misérable ».

Le second *Discours*, surtout dans sa deuxième partie,
témoigne d'une forte culture politique et d'un effort
considérable de documentation. Rousseau connaît, cite
et discute les grands théoriciens du XVIIᵉ siècle et du
XVIIIᵉ siècle, Grotius, Hobbes, Pufendorf, Barbeyrac,
Burlamaqui. Il utilise tout ce que l'on pouvait savoir de
son temps sur les sociétés sauvages, et décrit avec un
singulier bonheur des étapes de l'humanité que nous
connaissons aujourd'hui par l'archéologie préhisto-
rique : l'« âge des cabanes », avec son économie de
cueillette et de chasse, correspond assez bien à notre
paléolithique, et la révolution introduite par l'agriculture est à peu près notre révolution néolithique. Si le
tableau de l'état de nature, sans négliger d'ailleurs les
renseignements fournis par les naturalistes, et surtout
par Buffon, répond d'abord aux exigences de son cœur,
Rousseau s'est bien gardé d'écarter tous les faits dès
qu'il abordait la partie historique de son exposé, et sa
reconstitution n'a rien d'un roman. Il faudrait un long
examen pour en épuiser la richesse.

Mais il est bien clair que cette analyse du passé, si elle
doit *expliquer* le présent, ne doit absolument pas le
justifier. Par la vigueur du raisonnement, par l'étendue
de l'information, par la position des problèmes, le
second *Discours* est beaucoup plus solide que le premier ; mais il est animé par la même souffrance intime et
la même indignation révolutionnaire. A mesure qu'on

approche de la situation présente, les formules deviennent plus violentes : « Ce n'est pas à des esclaves qu'il appartient de raisonner de liberté » (p. 244); « plus on pouvait compter de fainéants dans une famille, et plus elle devenait illustre » (p. 251); « (les riches) cesseraient d'être heureux, si le peuple cessait d'être misérable » (p. 253); « la plus aveugle obéissance est la seule vertu qui reste aux esclaves » (p. 254); enfin, pour clore toute discussion inutile, « il est manifestement contre la loi de nature, de quelque manière qu'on la définisse, qu'un enfant commande à un vieillard, qu'un imbécile conduise un homme sage et qu'une poignée de gens regorge de superfluités, tandis que la multitude affamée manque du nécessaire ». Le même dogmatisme manichéen anime les deux discours, même s'il est soutenu dans le second par des analyses plus précises et des raisonnements plus rigoureux.

Parce que son exigence politique est d'abord une exigence morale de communion et de bonheur, Rousseau a été conduit à chercher hors de l'histoire et de toute société un état où l'homme fût innocent et heureux. Plus sa critique est radicale, plus sa tâche sera difficile lorsqu'il tentera de réconcilier l'histoire et la nature et de rendre à l'homme le bonheur que connaissait naturellement cet être primitif, qui n'était pas encore un homme. Mais il ne dépendait pas de lui de ne pas tenter cette synthèse, car il ne voyait pas d'autre moyen d'atteindre lui-même au bonheur. Sa violence témoigne d'un engagement personnel, sans lequel il ne serait qu'un théoricien politique parmi les autres. Comme l'écrit P. Burgelin, « il reste un prophète du monde contemporain parce que seul il a fait surgir le problème de l'ordre social des exigences d'authenticité existentielle, et lié son propre salut au salut de la cité ». Ce n'est qu'au terme d'un long déchirement, et lorsqu'il se jugera abandonné de tous, que Rousseau tentera de se sauver seul.

                                              Jacques ROGER.

DISCOURS
QÜI A REMPORTÉ LE PRIX
À L'ACADÉMIE
DE DIJON
En l'année 1750.

Sur cette Question proposée par la même Académie :

Si le rétablissement des sciences et des arts a contribué à épurer les mœurs.

Barbarus hic ego sum quia non intelligor illis,
Ovid.

AVERTISSEMENT

Qu'est-ce que la célébrité? Voici le malheureux ouvrage à qui je dois la mienne. Il est certain que cette pièce qui m'a valu un prix et qui m'a fait un nom est tout au plus médiocre et j'ose ajouter qu'elle est une des moindres de tout ce recueil. Quel gouffre de misères n'eût point évité l'auteur, si ce premier livre n'eût été reçu que comme il méritait de l'être? Mais il fallait qu'une faveur d'abord injuste m'attirât par degrés une rigueur qui l'est encore plus.

PRÉFACE

Voici une des grandes et belles questions qui aient jamais été agitées. Il ne s'agit point dans ce Discours de ces subtilités métaphysiques qui ont gagné toutes les parties de la littérature, et dont les programmes d'Académie ne sont pas toujours exempts ; mais il s'agit d'une de ces vérités qui tiennent au bonheur du genre humain.

Je prévois qu'on me pardonnera difficilement le parti que j'ai osé prendre. Heurtant de front tout ce qui fait aujourd'hui l'admiration des hommes, je ne puis m'attendre qu'à un blâme universel ; et ce n'est pas pour avoir été honoré de l'approbation de quelques sages que je dois compter sur celle du public : aussi mon parti est-il pris ; je ne me soucie de plaire ni aux beaux esprits, ni aux gens à la mode. Il y aura dans tous les temps des hommes faits pour être subjugués par les opinions de leur siècle, de leur pays, de leur société : tel fait aujourd'hui l'esprit fort et le philosophe, qui par la même raison n'eût été qu'un fanatique du temps de la Ligue. Il ne faut point écrire pour de tels lecteurs, quand on veut vivre au-delà de son siècle.

Un mot encore, et je finis. Comptant peu sur l'honneur que j'ai reçu, j'avais, depuis l'envoi, refondu et augmenté ce Discours, au point d'en faire, en quelque manière, un autre ouvrage ; aujourd'hui, je me suis cru obligé de le rétablir dans l'état où il a été couronné. J'y

ai seulement jeté quelques notes et laissé deux additions
faciles à reconnaître, et que l'Académie n'aurait peut-
être pas approuvées. J'ai pensé que l'équité, le respect
et la reconnaissance exigeaient de moi cet avertissement.

DISCOURS

Decipimur specie recti.

Le rétablissement des sciences et des arts a-t-il contribué à épurer ou à corrompre les mœurs ? Voilà ce qu'il s'agit d'examiner. Quel parti dois-je prendre dans cette question ? Celui, messieurs, qui convient à un honnête homme qui ne sait rien, et qui ne s'en estime pas moins.

Il sera difficile, je le sens, d'approprier ce que j'ai à dire au tribunal où je comparais. Comment oser blâmer les sciences devant une des plus savantes compagnies de l'Europe, louer l'ignorance dans une célèbre Académie, et concilier le mépris pour l'étude avec le respect pour les vrais savants ? J'ai vu ces contrariétés ; et elles ne m'ont point rebuté. Ce n'est point la science que je maltraite, me suis-je dit ; c'est la vertu que je défends devant des hommes vertueux. La probité est encore plus chère aux gens de bien que l'érudition aux doctes. Qu'ai-je donc à redouter ? Les lumières de l'Assemblée qui m'écoute ? Je l'avoue ; mais c'est pour la constitution du discours, et non pour le sentiment de l'orateur. Les souverains équitables n'ont jamais balancé à se condamner eux-mêmes dans des discussions douteuses ; et la position la plus avantageuse au bon droit est d'avoir à se défendre contre une partie intègre et éclairée, juge en sa propre cause.

A ce motif qui m'encourage, il s'en joint un autre qui

me détermine : c'est qu'après avoir soutenu, selon ma
lumière naturelle, le parti de la vérité, quel que soit
mon succès, il est un prix qui ne peut me manquer : Je
le trouverai dans le fond de mon cœur.

Première partie

C'est un grand et beau spectacle de voir l'homme
sortir en quelque manière du néant par ses propres
efforts ; dissiper, par les lumières de sa raison les
ténèbres dans lesquelles la nature l'avait enveloppé ;
s'élever au-dessus de lui-même ; s'élancer par l'esprit
jusque dans les régions célestes ; parcourir à pas de
géant, ainsi que le soleil, la veste étendue de l'univers ;
et, ce qui est encore plus grand et plus difficile, rentrer
en soi pour y étudier l'homme et connaître sa nature,
ses devoirs et sa fin. Toutes ces merveilles se sont
renouvelées depuis peu de générations.
L'Europe était retombée dans la barbarie des premiers âges. Les peuples de cette partie du monde
aujourd'hui si éclairée vivaient, il y a quelques siècles,
dans un état pire que l'ignorance. Je ne sais quel jargon
scientifique, encore plus méprisable que l'ignorance,
avait usurpé le nom du savoir, et opposait à son retour
un obstacle presque invincible. Il fallait une révolution
pour ramener les hommes au sens commun ; elle vint
enfin du côté d'où on l'aurait le moins attendue. Ce fut
le stupide Musulman, ce fut l'éternel fléau des lettres
qui les fit renaître parmi nous. La chute du trône de
Constantin porta dans l'Italie les débris de l'ancienne
Grèce. La France s'enrichit à son tour de ces précieuses
dépouilles. Bientôt les sciences suivirent les lettres ; à
l'art d'écrire se joignit l'art de penser ; gradation qui
paraît étrange et qui n'est peut-être que trop naturelle ;
et l'on commença à sentir le principal avantage du
commerce des Muses, celui de rendre les hommes plus
sociables en leur inspirant le désir de se plaire les uns

aux autres par des ouvrages dignes de leur approbation mutuelle.

L'esprit a ses besoins, ainsi que le corps. Ceux-ci sont les fondements de la société, les autres en sont l'agrément. Tandis que le gouvernement et les lois pourvoient à la sûreté et au bien-être des hommes assemblés, les sciences, les lettres et les arts, moins despotiques et plus puissants peut-être, étendent des guirlandes de fleurs sur les chaînes de fer dont ils sont chargés, étouffent en eux le sentiment de cette liberté originelle pour laquelle ils semblaient être nés, leur font aimer leur esclavage et en forment ce qu'on appelle des peuples policés. Le besoin éleva les trônes ; les sciences et les arts les ont affermis. Puissances de la terre, aimez les talents, et protégez ceux qui les cultivent[1]. Peuples policés, cultivez-les : heureux esclaves, vous leur devez ce goût délicat et fin dont vous vous piquez ; cette douceur de caractère et cette urbanité de mœurs qui rendent parmi vous le commerce si liant et si facile ; en un mot, les apparences de toutes les vertus sans en avoir aucune.

C'est par cette sorte de politesse, d'autant plus aimable qu'elle affecte moins de se montrer, que se distinguèrent autrefois Athènes et Rome dans les jours si vantés de leur magnificence et de leur éclat : c'est par elle, sans doute, que notre siècle et notre nation l'emporteront sur tous les temps et sur tous les peuples. Un ton philosophe sans pédanterie, des manières naturelles et pourtant prévenantes, également éloignées de

---

1. Les princes voient toujours avec plaisir le goût des arts agréables et des superfluités dont l'exportation de l'argent ne résulte pas s'étendre parmi leurs sujets. Car outre qu'ils les nourrissent ainsi dans cette petitesse d'âme si propre à la servitude, ils savent très bien que tous les besoins que le peuple se donne sont autant de chaînes dont il se charge. Alexandre, voulant maintenir les Ichtyophages dans sa dépendance, les contraignit de renoncer à la pêche et de se nourrir des aliments communs aux autres peuples ; et les sauvages de l'Amérique, qui vont tout nus et qui ne vivent que du produit de leur chasse, n'ont jamais pu être domptés. En effet, quel joug imposerait-on à des hommes qui n'ont besoin de rien ?

la rusticité tudesque et de la pantomime ultramon-
taine : voilà les fruits du goût acquis par de bonnes
études et perfectionné dans le commerce du monde.

Qu'il serait doux de vivre parmi nous, si la contenance extérieure était toujours l'image des dispositions
du cœur ; si la décence était la vertu ; si nos maximes
nous servaient de règles ; si la véritable philosophie était
inséparable du titre de philosophe ! Mais tant de qualités vont trop rarement ensemble, et la vertu ne marche
guère en si grande pompe. La richesse de la parure peut
annoncer un homme opulent, et son élégance un
homme de goût ; l'homme sain et robuste se reconnaît à
d'autres marques : c'est sous l'habit rustique d'un
laboureur, et non sous la dorure d'un courtisan, qu'on
trouvera la force et la vigueur du corps. La parure n'est
pas moins étrangère à la vertu qui est la force et la
vigueur de l'âme. L'homme de bien est un athlète qui se
plaît à combattre nu : il méprise tous ces vils ornements
qui gêneraient l'usage de ses forces, et dont la plupart
n'ont été inventés que pour cacher quelque difformité.

Avant que l'art eût façonné nos manières et appris à
nos passions à parler un langage apprêté, nos mœurs
étaient rustiques, mais naturelles ; et la différence des
procédés annonçait au premier coup d'œil celle des
caractères. La nature humaine, au fond, n'était pas
meilleure ; mais les hommes trouvaient leur sécurité
dans la facilité de se pénétrer réciproquement, et cet
avantage, dont nous ne sentons plus le prix, leur
épargnait bien des vices.

Aujourd'hui que des recherches plus subtiles et un
goût plus fin ont réduit l'art de plaire en principes, il
règne dans nos mœurs une vile et trompeuse uniformité, et tous les esprits semblent avoir été jetés dans un
même moule : sans cesse la politesse exige, la bienséance ordonne : sans cesse on suit des usages, jamais
son propre génie. On n'ose plus paraître ce qu'on est ; et
dans cette contrainte perpétuelle, les hommes qui forment ce troupeau qu'on appelle société, placés dans les
mêmes circonstances, feront tous les mêmes choses si
des motifs plus puissants ne les en détournent. On ne

saura donc jamais bien à qui l'on a affaire : il faudra donc, pour connaître son ami, attendre les grandes occasions, c'est-à-dire attendre qu'il n'en soit plus temps, puisque c'est pour ces occasions mêmes qu'il eût été essentiel de le connaître.

Quel cortège de vices n'accompagnera point cette incertitude ? Plus d'amitiés sincères ; plus d'estime réelle ; plus de confiance fondée. Les soupçons, les ombrages, les craintes, la froideur, la réserve, la haine, la trahison se cacheront sans cesse sous ce voile uniforme et perfide de politesse, sous cette urbanité si vantée que nous devons aux lumières de notre siècle. On ne profanera plus par des jurements le nom du maître de l'univers, mais on l'insultera par des blasphèmes, sans que nos oreilles scrupuleuses en soient offensées. On ne vantera pas son propre mérite, mais on rabaissera celui d'autrui. On n'outragera point grossièrement son ennemi, mais on le calomniera avec adresse. Les haines nationales s'éteindront, mais ce sera avec l'amour de la patrie. A l'ignorance méprisée, on substituera un dangereux pyrrhonisme. Il y aura des excès proscrits, des vices déshonorés, mais d'autres seront décorés du nom de vertus ; il faudra ou les avoir ou les affecter. Vantera qui voudra la sobriété des sages du temps, je n'y vois, pour moi, qu'un raffinement d'intempérance autant indigne de mon éloge que leur artificieuse simplicité[1].

Telle est la pureté que nos mœurs ont acquise. C'est ainsi que nous sommes devenus gens de bien. C'est aux lettres, aux sciences et aux arts à revendiquer ce qui leur appartient dans un si salutaire ouvrage. J'ajouterai seulement une réflexion ; c'est qu'un habitant de quelque contrée éloignée qui chercherait à se former une idée des mœurs européennes sur l'état des sciences

---

1. *J'aime*, dit Montaigne, *à contester et discourir, mais c'est avec peu d'hommes et pour moi. Car de servir de spectacle aux Grands et faire à l'envi parade de son esprit et de son caquet, je trouve que c'est un métier très messéant à un homme d'honneur.* C'est celui de tous nos beaux esprits, hors un.

parmi nous, sur la perfection de nos arts, sur la bienséance de nos spectacles, sur la politesse de nos manières, sur l'affabilité de nos discours, sur nos démonstrations perpétuelles de bienveillance, et sur ce concours tumultueux d'hommes de tout âge et de tout état qui semblent empressés depuis le lever de l'aurore jusqu'au coucher du soleil à s'obliger réciproquement ; c'est que cet étranger, dis-je, devinerait exactement de nos mœurs le contraire de ce qu'elles sont.

Où il n'y a nul effet, il n'y a point de cause à chercher : mais ici l'effet est certain, la dépravation réelle, et nos âmes se sont corrompues à mesure que nos sciences et nos arts se sont avancés à la perfection. Dira-t-on que c'est un malheur particulier à notre âge ? Non, messieurs ; les maux causés par notre vaine curiosité sont aussi vieux que le monde. L'élévation et l'abaissement journalier des eaux de l'océan n'ont pas été plus régulièrement assujettis au cours de l'astre qui nous éclaire durant la nuit que le sort des mœurs et de la probité au progrès des sciences et des arts. On a vu la vertu s'enfuir à mesure que leur lumière s'élevait sur notre horizon, et le même phénomène s'est observé dans tous les temps et dans tous les lieux.

Voyez l'Egypte, cette première école de l'univers, ce climat si fertile sous un ciel d'airain, cette contrée célèbre, d'où Sésostris partit autrefois pour conquérir le monde. Elle devient la mère de la philosophie et des beaux-arts, et bientôt après, la conquête de Cambise, puis celle des Grecs, des Romains, des Arabes, et enfin des Turcs.

Voyez la Grèce, jadis peuplée de héros qui vainquirent deux fois l'Asie, l'une devant Troie et l'autre dans leurs propres foyers. Les lettres naissantes n'avaient point porté encore la corruption dans les cœurs de ses habitants ; mais le progrès des arts, la dissolution des mœurs et le joug du Macédonien se suivirent de près ; et la Grèce, toujours savante, toujours voluptueuse, et toujours esclave, n'éprouva plus dans ses révolutions que des changements de maîtres. Toute l'éloquence de Démosthène ne put jamais ranimer un corps que le luxe et les arts avaient énervé.

C'est au temps des Ennius et de Térence que Rome, fondée par un pâtre, et illustrée par des laboureurs, commence à dégénérer. Mais après les Ovide, les Catulle, les Martial, et cette foule d'auteurs obscènes, dont les noms seuls alarment la pudeur, Rome, jadis le temple de la vertu, devient le théâtre du crime, l'opprobre des nations et le jouet des barbares. Cette capitale du monde tombe enfin sous le joug qu'elle avait imposé à tant de peuples, et le jour de sa chute fut la veille de celui où l'on donna à l'un de ses citoyens le titre d'arbitre du bon goût.

Que dirai-je de cette métropole de l'empire d'Orient, qui par sa position semblait devoir l'être du monde entier, de cet asile des sciences et des arts proscrits du reste de l'Europe, plus peut-être par sagesse que par barbarie. Tout ce que la débauche et la corruption ont de plus honteux les trahisons, les assassinats et les poisons de plus noir ; le concours de tous les crimes de plus atroce ; voilà ce qui forme le tissu de l'histoire de Constantinople ; voilà la source pure d'où nous sont émanées les lumières dont notre siècle se glorifie.

Mais pourquoi chercher dans des temps reculés des preuves d'une vérité dont nous avons sous nos yeux des témoignages subsistants. Il est en Asie une contrée immense où les lettres honorées conduisent aux premières dignités de l'Etat. Si les sciences épuraient les mœurs, si elles apprenaient aux hommes à verser leur sang pour la patrie, si elles animaient le courage, les peuples de la Chine devraient être sages, libres et invincibles. Mais s'il n'y a point de vice qui ne les domine, point de crime qui ne leur soit familier ; si les lumières des ministres, ni la prétendue sagesse des lois, ni la multitude des habitants de ce vaste empire n'ont pu le garantir du joug du Tartare ignorant et grossier, de quoi lui ont servi tous ses savants ? Quel fruit a-t-il retiré des honneurs dont ils sont comblés ? Serait-ce d'être peuplé d'esclaves et de méchants ?

Opposons à ces tableaux celui des mœurs du petit nombre des peuples qui, préservés de cette contagion des vaines connaissances ont par leurs vertus fait leur

propre bonheur et l'exemple des autres nations. Tels
furent les premiers Perses, nation singulière chez
laquelle on apprenait la vertu comme chez nous on
apprend la science ; qui subjugua l'Asie avec tant de
facilité, et qui seule a eu cette gloire que l'histoire de ses
institutions ait passé pour un roman de philosophie.
Tels furent les Scythes, dont on nous a laissé de si
magnifiques éloges. Tels les Germains, dont une
plume, lasse de tracer les crimes et les noirceurs d'un
peuple instruit, opulent et voluptueux, se soulageait à
peindre la simplicité, l'innocence et les vertus. Telle
avait été Rome même dans les temps de sa pauvreté et
de son ignorance. Telle enfin s'est montrée jusqu'à nos
jours cette nation rustique si vantée pour son courage
que l'adversité n'a pu abattre, et pour sa fidélité que
l'exemple n'a pu corrompre[1].

Ce n'est point par stupidité que ceux-ci ont préféré
d'autres exercices à ceux de l'esprit. Ils n'ignoraient pas
que dans d'autres contrées des hommes oisifs passaient
leur vie à disputer sur le souverain bien, sur le vice et
sur la vertu, et que d'orgueilleux raisonneurs, se donnant à eux-mêmes les plus grands éloges, confondaient
les autres peuples sous le nom méprisant de barbares ;
mais ils ont considéré leurs mœurs et appris à dédaigner
leur doctrine[2].

---

1. Je n'ose parler de ces nations heureuses qui ne connaissent pas
même de nom les vices que nous avons tant de peine à réprimer, de
ces sauvages de l'Amérique dont Montaigne ne balance point à
préférer la simple et naturelle police, non seulement aux lois de
Platon, mais même à tout ce que la philosophie pourra jamais
imaginer de plus parfait pour le gouvernement des peuples. Il en cite
quantité d'exemples frappants pour qui les saurait admirer. Mais
quoi ! dit-il, ils ne portent point de chausses !
2. De bonne foi, qu'on me dise quelle opinion les Athéniens
mêmes devaient avoir de l'éloquence, quand ils l'écartèrent avec tant
de soin de ce tribunal intègre des jugements duquel les dieux mêmes
n'appelaient pas ? Que pensaient les Romains de la médecine, quand
ils la bannirent de leur République ? Et quand un reste d'humanité
porta les Espagnols à interdire à leurs gens de loi l'entrée de
l'Amérique, quelle idée fallait-il qu'ils eussent de la jurisprudence ?
Ne dirait-on pas qu'ils ont cru réparer par ce seul acte tous les maux
qu'ils avaient faits à ces malheureux Indiens ?

Oublierais-je que ce fut dans le sein même de la Grèce qu'on vit s'élever cette cité aussi célèbre par son heureuse ignorance que par la sagesse de ses lois, cette République de demi-dieux plutôt que d'hommes ? tant leurs vertus semblaient supérieures à l'humanité. O Sparte ! opprobre éternel d'une vaine doctrine ! Tandis que les vices conduits par les beaux-arts s'introduisaient ensemble dans Athènes, tandis qu'un tyran y rassemblait avec tant de soin les ouvrages du prince des poètes, tu chassais de tes murs les arts et les artistes, les sciences et les savants.

L'événement marqua cette différence. Athènes devint le séjour de la politesse et du bon goût, le pays des orateurs et des philosophes. L'élégance des bâtiments y répondait à celle du langage. On y voyait de toutes parts le marbre et la toile animés par les mains des maîtres les plus habiles. C'est d'Athènes que sont sortis ces ouvrages surprenants qui serviront de modèles dans tous les âges corrompus. Le tableau de Lacédémone est moins brillant. *Là*, disaient les autres peuples, *les hommes naissent vertueux, et l'air même du pays semble inspirer la vertu*. Il ne nous reste de ses habitants que la mémoire de leurs actions héroïques. De tels monuments vaudraient-ils moins pour nous que les marbres curieux qu'Athènes nous a laissés ?

Quelques sages, il est vrai, ont résisté au torrent général et se sont garantis du vice dans le séjour des Muses. Mais qu'on écoute le jugement que le premier et le plus malheureux d'entre eux portait des savants et des artistes de son temps.

« J'ai examiné, dit-il, les poètes, et je les regarde « comme des gens dont le talent en impose à eux-« mêmes et aux autres, qui se donnent pour sages, « qu'on prend pour tels et qui ne sont rien moins.

« Des poètes, continue Socrate, j'ai passé aux « artistes. Personne n'ignorait plus les arts que moi ; « personne n'était plus convaincu que les artistes possé-« daient de fort beaux secrets. Cependant, je me suis « aperçu que leur condition n'est pas meilleure que « celle des poètes et qu'ils sont, les uns et les autres,

« dans le même préjugé. Parce que les plus habiles
« d'entre eux excellent dans leur partie, ils se regardent
« comme les plus sages des hommes. Cette présomption
« a terni tout à fait leur savoir à mes yeux. De sorte que
« me mettant à la place de l'oracle et me demandant ce
« que j'aimerais le mieux être, ce que je suis ou ce qu'ils
« sont, savoir ce qu'ils ont appris ou savoir que je ne
« sais rien ; j'ai répondu à moi-même et au dieu : Je
« veux rester ce que je suis.

« Nous ne savons, ni les sophistes, ni les poètes, ni
« les orateurs, ni les artistes, ni moi, ce que c'est que le
« vrai, le bon et le beau. Mais il y a entre nous cette
« différence, que, quoique ces gens ne sachent rien,
« tous croient savoir quelque chose. Au lieu que moi, si
« je ne sais rien, au moins je n'en suis pas en doute. De
« sorte que toute cette supériorité de sagesse qui m'est
« accordée par l'oracle, se réduit seulement à être bien
« convaincu que j'ignore ce que je ne sais pas. »

Voilà donc le plus sage des hommes au jugement des
dieux, et le plus savant des Athéniens au sentiment de la
Grèce entière, Socrate, faisant l'éloge de l'ignorance !
Croit-on que s'il ressuscitait parmi nous, nos savants et
nos artistes lui feraient changer d'avis ? Non, messieurs,
cet homme juste continuerait de mépriser nos vaines
sciences ; il n'aiderait point à grossir cette foule de livres
dont on nous inonde de toutes parts, et ne laisserait,
comme il a fait, pour tout précepte à ses disciples et à
nos neveux, que l'exemple et la mémoire de sa vertu.
C'est ainsi qu'il est beau d'instruire les hommes !

Socrate avait commencé dans Athènes ; le vieux
Caton continua dans Rome de se déchaîner contre ces
Grecs artificieux et subtils qui séduisaient la vertu et
amollissaient le courage de ses concitoyens. Mais les
sciences, les arts et la dialectique prévalurent encore :
Rome se remplit de philosophes et d'orateurs ; on
négligea la discipline militaire, on méprisa l'agriculture, on embrassa des sectes et l'on oublia la patrie.
Aux noms sacrés de liberté, de désintéressement,
d'obéissance aux lois, succédèrent les noms d'Epicure,
de Zénon, d'Arcésilas. *Depuis que les savants ont*

commencé à paraître parmi nous, disaient leurs propres philosophes, *les gens de bien se sont éclipsés*. Jusqu'alors les Romains s'étaient contentés de pratiquer la vertu ; tout fut perdu quand ils commencèrent à l'étudier.

O Fabricius ! qu'eût pensé votre grande âme, si pour votre malheur rappelé à la vie, vous eussiez vu la face pompeuse de cette Rome sauvée par votre bras et que votre nom respectable avait plus illustrée que toutes ses conquêtes ? « Dieux ! eussiez-vous dit, que sont deve-
« nus ces toits de chaume et ces foyers rustiques
« qu'habitaient jadis la modération et la vertu ? Quelle
« splendeur funeste a succédé à la simplicité romaine ?
« Quel est ce langage étranger ? Quelles sont ces mœurs
« efféminées ? Que signifient ces statues, ces tableaux,
« ces édifices ? Insensés, qu'avez-vous fait ? Vous les
« maîtres des nations, vous vous êtes rendus les esclaves
« des hommes frivoles que vous avez vaincus ? Ce sont
« des rhéteurs qui vous gouvernent ? C'est pour enri-
« chir des architectes, des peintres, des statuaires, et
« des histrions, que vous avez arrosé de votre sang la
« Grèce et l'Asie ? Les dépouilles de Carthage sont la
« proie d'un joueur de flûte ? Romains, hâtez-vous de
« renverser ces amphithéâtres ; brisez ces marbres ;
« brûlez ces tableaux ; chassez ces esclaves qui vous
« subjuguent, et dont les funestes arts vous cor-
« rompent. Que d'autres mains s'illustrent par de vains
« talents ; le seul talent digne de Rome est celui de
« conquérir le monde et d'y faire régner la vertu.
« Quand Cynéas prit notre Sénat pour une assemblée
« de rois, il ne fut ébloui ni par une pompe vaine, ni par
« une élégance recherchée. Il n'y entendit point cette
« éloquence frivole, l'étude et le charme des hommes
« futiles. Que vit donc Cynéas de si majestueux ? O
« citoyens ! Il vit un spectacle que ne donneront jamais
« vos richesses ni tous vos arts ; le plus beau spectacle
« qui ait jamais paru sous le ciel, l'assemblée de deux
« cents hommes vertueux, dignes de commander à
« Rome et de gouverner la terre. »

Mais franchissons la distance des lieux et des temps, et voyons ce qui s'est passé dans nos contrées et sous nos yeux; ou plutôt, écartons des peintures odieuses qui blesseraient notre délicatesse, et épargnons-nous la peine de répéter les mêmes choses sous d'autres noms. Ce n'est point en vain que j'évoquais les mânes de Fabricius; et qu'ai-je fait dire à ce grand homme, que je n'eusse pu mettre dans la bouche de Louis XII ou de Henri IV? Parmi nous, il est vrai, Socrate n'eût point bu la ciguë; mais il eût bu, dans une coupe encore plus amère, la raillerie insultante, et le mépris pire cent fois que la mort.

Voilà comment le luxe, la dissolution et l'esclavage ont été de tout temps le châtiment des efforts orgueilleux que nous avons faits pour sortir de l'heureuse ignorance où la sagesse éternelle nous avait placés. Le voile épais dont elle a couvert toutes ses opérations semblait nous avertir assez qu'elle ne nous a point destinés à de vaines recherches. Mais est-il quelqu'une de ses leçons dont nous ayons su profiter, ou que nous ayons négligée impunément? Peuples, sachez donc une fois que la nature a voulu vous préserver de la science, comme une mère arrache une arme dangereuse des mains de son enfant; que tous les secrets qu'elle vous cache sont autant de maux dont elle vous garantit, et que la peine que vous trouvez à vous instruire n'est pas le moindre de ses bienfaits. Les hommes sont pervers; ils seraient pires encore, s'ils avaient eu le malheur de naître savants.

Que ces réflexions sont humiliantes pour l'humanité! que notre orgueil en doit être mortifié! Quoi! la probité serait fille de l'ignorance? La science et la vertu seraient incompatibles? Quelles conséquences ne tirerait-on point de ces préjugés? Mais pour concilier ces contrariétés apparentes, il ne faut qu'examiner de près la vanité et le néant de ces titres orgueilleux qui nous éblouissent, et que nous donnons si gratuitement aux connaissances humaines. Considérons donc les sciences et les arts en eux-mêmes. Voyons ce qui doit résulter de leur progrès; et ne balançons plus à convenir de tous les points où nos raisonnements se trouveront d'accord avec les inductions historiques.

SECONDE PARTIE

C'était une ancienne tradition passée de l'Egypte en Grèce, qu'un dieu ennemi du repos des hommes était l'inventeur des sciences[1]. Quelle opinion fallait-il donc qu'eussent d'elles les Egyptiens mêmes, chez qui elles étaient nées ? C'est qu'ils voyaient de près les sources qui les avaient produites. En effet, soit qu'on feuillette les annales du monde, soit qu'on supplée à des chroniques incertaines par des recherches philosophiques, on ne trouvera pas aux connaissances humaines une origine qui réponde à l'idée qu'on aime à s'en former. L'astronomie est née de la superstition ; l'éloquence, de l'ambition, de la haine, de la flatterie, du mensonge ; la géométrie, de l'avarice ; la physique, d'une vaine curiosité ; toutes, et la morale même, de l'orgueil humain. Les sciences et les arts doivent donc leur naissance à nos vices : nous serions moins en doute sur leurs avantages, s'ils la devaient à nos vertus.

Le défaut de leur origine ne nous est que trop retracé dans leurs objets. Que ferions-nous des arts, sans le luxe qui les nourrit ? Sans les injustices des hommes, à quoi servirait la jurisprudence ? Que deviendrait l'histoire, s'il n'y avait ni tyrans, ni guerres, ni conspirateurs ? Qui voudrait en un mot passer sa vie à de stériles contemplations, si chacun ne consultant que les devoirs de l'homme et les besoins de la nature, n'avait de temps que pour la patrie, pour les malheureux et pour ses amis ? Sommes-nous donc faits pour mourir attachés

---

1. On voit aisément l'allégorie de la fable de Prométhée ; et il ne paraît pas que les Grecs qui l'ont cloué sur le Caucase en pensassent guère plus favorablement que les Egyptiens de leur dieu Teuthus. « Le satyre, dit une ancienne fable, voulut baiser et embrasser le feu, « la première fois qu'il le vit ; mais Prometheus lui cria : Satyre, tu « pleureras la barbe de ton menton, car il brûle quand on y touche. » C'est le sujet du frontispice.

sur les bords du puits où la vérité s'est retirée ? Cette
seule réflexion devrait rebuter dès les premiers pas tout
homme qui chercherait sérieusement à s'instruire par
l'étude de la philosophie.

Que de dangers ! que de fausses routes dans l'investigation des sciences ? Par combien d'erreurs, mille fois
plus dangereuses que la vérité n'est utile, ne faut-il
point passer pour arriver à elle ? Le désavantage est
visible ; car le faux est susceptible d'une infinité de
combinaisons ; mais la vérité n'a qu'une manière d'être.
Qui est-ce d'ailleurs, qui la cherche bien sincèrement ?
même avec la meilleure volonté, à quelles marques
est-on sûr de la reconnaître ? Dans cette foule de sentiments différents, quel sera notre *criterium* pour en bien
juger[1] ? Et ce qui est le plus difficile, si par bonheur
nous la trouvons à la fin, qui de nous en saura faire un
bon usage ?

Si nos sciences sont vaines dans l'objet qu'elles se
proposent, elles sont encore plus dangereuses par les
effets qu'elles produisent. Nées dans l'oisiveté, elles la
nourrissent à leur tour ; et la perte irréparable du temps
est le premier préjudice qu'elles causent nécessairement
à la société. En politique, comme en morale, c'est un
grand mal que de ne point faire de bien ; et tout citoyen
inutile peut être regardé comme un homme pernicieux.
Répondez-moi donc, philosophes illustres ; vous par
qui nous savons en quelles raisons les corps s'attirent
dans le vide ; quels sont, dans les révolutions des
planètes, les rapports des aires parcourues en temps
égaux ; quelles courbes ont des points conjugués, des
points d'inflexion et de rebroussement ; comment
l'homme voit tout en Dieu ; comment l'âme et le corps
se correspondent sans communication, ainsi que

---

1. Moins on sait, plus on croit savoir. Les péripatéticiens dou-
taient-ils de rien ? Descartes n'a-t-il pas construit l'univers avec des
cubes et des tourbillons ? Et y a-t-il aujourd'hui même en Europe si
mince physicien qui n'explique hardiment ce profond mystère de
l'électricité, qui fera peut-être à jamais le désespoir des vrais philosophes ?

feraient deux horloges ; quels astres peuvent être habités ; quels insectes se reproduisent d'une manière extraordinaire ? Répondez-moi, dis-je, vous de qui nous avons reçu tant de sublimes connaissances ; quand vous ne nous auriez jamais rien appris de ces choses, en serions-nous moins nombreux, moins bien gouvernés, moins redoutables, moins florissants ou plus pervers ? Revenez donc sur l'importance de vos productions ; et si les travaux des plus éclairés de nos savants et de nos meilleurs citoyens nous procurent si peu d'utilité, dites-nous ce que nous devons penser de cette foule d'écrivains obscurs et de lettrés oisifs, qui dévorent en pure perte la substance de l'Etat.

Que dis-je, oisifs ? et plût à Dieu qu'ils le fussent en effet ! Les mœurs en seraient plus saines et la société plus paisible. Mais ces vains et futiles déclamateurs vont de tous côtés, armés de leurs funestes paradoxes ; sapant les fondements de la foi, et anéantissant la vertu. Ils sourient dédaigneusement à ces vieux mots de patrie et de religion, et consacrent leurs talents et leur philosophie à détruire et avilir tout ce qu'il y a de sacré parmi les hommes. Non qu'au fond ils haïssent ni la vertu ni nos dogmes ; c'est de l'opinion publique qu'ils sont ennemis ; et pour les ramener aux pieds des autels, il suffirait de les reléguer parmi les athées. O fureur de se distinguer, que ne pouvez-vous point ?

C'est un grand mal que l'abus du temps. D'autres maux pires encore suivent les lettres et les arts. Tel est le luxe, né comme eux de l'oisiveté et de la vanité des hommes. Le luxe va rarement sans les sciences et les arts, et jamais ils ne vont sans lui. Je sais que notre philosophie, toujours féconde en maximes singulières, prétend, contre l'expérience de tous les siècles, que le luxe fait la splendeur des Etats ; mais après avoir oublié la nécessité des lois somptuaires, osera-t-elle nier encore que les bonnes mœurs ne soient essentielles à la durée des empires, et que le luxe ne soit diamétralement opposé aux bonnes mœurs ? Que le luxe soit un signe certain des richesses ; qu'il serve même si l'on veut à les multiplier : Que faudra-t-il conclure de ce

paradoxe si digne d'être né de nos jours ; et que deviendra la vertu, quand il faudra s'enrichir à quelque prix
que ce soit ? Les anciens politiques parlaient sans cesse
de mœurs et de vertu ; les nôtres ne parlent que de
commerce et d'argent. L'un vous dira qu'un homme
vaut en telle contrée la somme qu'on le vendrait à
Alger ; un autre en suivant ce calcul trouvera des pays
où un homme ne vaut rien, et d'autres où il vaut moins
que rien. Ils évaluent les hommes comme des trou-
peaux de bétail. Selon eux, un homme ne vaut à l'Etat
que la consommation qu'il y fait. Ainsi un Sybarite
aurait bien valu trente Lacédémoniens. Qu'on devine
donc laquelle de ces deux Républiques, de Sparte ou de
Sybaris, fut subjuguée par une poignée de paysans, et
laquelle fit trembler l'Asie.

La monarchie de Cyrus a été conquise avec trente
mille hommes par un prince plus pauvre que le
moindre des satrapes de Perse ; et les Scythes, le plus
misérable de tous les peuples, a résisté aux plus puissants monarques de l'univers. Deux fameuses républiques se disputèrent l'empire du monde ; l'une était
très riche, l'autre n'avait rien, et ce fut celle-ci qui
détruisit l'autre. L'empire romain à son tour, après
avoir englouti toutes les richesses de l'univers, fut la
proie de gens qui ne savaient pas même ce que c'était
que richesse. Les Francs conquirent les Gaules, les
Saxons l'Angleterre sans autres trésors que leur bravoure et leur pauvreté. Une troupe de pauvres mon-
tagnards dont toute l'avidité se bornait à quelques
peaux de moutons, après avoir dompté la fierté autri-
chienne, écrasa cette opulente et redoutable Maison de
Bourgogne qui faisait trembler les potentats de
l'Europe. Enfin toute la puissance et toute la sagesse de
l'héritier de Charles Quint, soutenues de tous les trésors
des Indes, vinrent se briser contre une poignée de
pêcheurs de hareng. Que nos politiques daignent suspendre leurs calculs pour réfléchir à ces exemples, et
qu'ils apprennent une fois qu'on a de tout avec de
l'argent, hormis des mœurs et des citoyens.

De quoi s'agit-il donc précisément dans cette ques-

tion du luxe ? De savoir lequel importe le plus aux
empires d'être brillants et momentanés, ou vertueux et
durables. Je dis brillants, mais de quel éclat ? Le goût
du faste ne s'associe guère dans les mêmes âmes avec
celui de l'honnête. Non, il n'est pas possible que des
esprits dégradés par une multitude de soins futiles
s'élèvent jamais à rien de grand ; et quand ils en
auraient la force, le courage leur manquerait.

Tout artiste veut être applaudi. Les éloges de ses
contemporains sont la partie la plus précieuse de sa
récompense. Que fera-t-il donc pour les obtenir, s'il a le
malheur d'être né chez un peuple et dans des temps où
les savants devenus à la mode ont mis une jeunesse
frivole en état de donner le ton ; où les hommes ont
sacrifié leur goût aux tyrans de leur liberté[1] ; où l'un des
sexes n'osant approuver que ce qui est proportionné à la
pusillanimité de l'autre, on laisse tomber des chefs-
d'œuvre de poésie dramatique, et des prodiges d'harmonie sont rebutés ? Ce qu'il fera, messieurs ? Il rabaissera son génie au niveau de son siècle, et aimera mieux
composer des ouvrages communs qu'on admire pendant sa vie que des merveilles qu'on n'admirerait que
longtemps après sa mort. Dites-nous, célèbre Arouet,
combien vous avez sacrifié de beautés mâles et fortes à
notre fausse délicatesse, et combien l'esprit de la galan-
terie si fertile en petites choses vous en a coûté de
grandes.

C'est ainsi que la dissolution des mœurs, suite nécessaire du luxe, entraîne à son tour la corruption du goût.

---

1. Je suis bien éloigné de penser que cet ascendant des femmes
soit un mal en soi. C'est un présent que leur a fait la nature pour le
bonheur du genre humain : mieux dirigé, il pourrait produire autant
de bien qu'il fait de mal aujourd'hui. On ne sent point assez quels
avantages naîtraient dans la société d'une meilleure éducation donnée
à cette moitié du genre humain qui gouverne l'autre. Les hommes
feront toujours ce qu'il plaira aux femmes : si vous voulez donc qu'ils
deviennent grands et vertueux, apprenez aux femmes ce que c'est que
grandeur d'âme et vertu. Les réflexions que ce sujet fournit, et que
Platon a faites autrefois, mériteraient fort d'être mieux développées
par une plume digne d'écrire d'après un tel maître et de défendre une
si grande cause.

Que si par hasard entre les hommes extraordinaires par leurs talents, il s'en trouve quelqu'un qui ait de la fermeté dans l'âme et qui refuse de se prêter au génie de son siècle et de s'avilir par des productions puériles, malheur à lui! Il mourra dans l'indigence et dans l'oubli. Que n'est-ce ici un pronostic que je fais et non une expérience que je rapporte! Carle, Pierre, le moment est venu où ce pinceau destiné à augmenter la majesté de nos temples par des images sublimes et saintes, tombera de vos mains, ou sera prostitué à orner de peintures lascives les panneaux d'un vis-à-vis. Et toi, rival des Praxitèle et des Phidias; toi dont les anciens auraient employé le ciseau à leur faire des dieux capables d'excuser à nos yeux leur idolâtrie; inimitable Pigalle, ta main se résoudra à ravaler le ventre d'un magot, ou il faudra qu'elle demeure oisive.

On ne peut réfléchir sur les mœurs, qu'on ne se plaise à se rappeler l'image de la simplicité des premiers temps. C'est un beau rivage, paré des seules mains de la nature, vers lequel on tourne incessamment les yeux, et dont on se sent éloigner à regret. Quand les hommes innocents et vertueux aimaient à avoir les dieux pour témoins de leurs actions, ils habitaient ensemble sous les mêmes cabanes; mais bientôt devenus méchants, ils se lassèrent de ces incommodes spectateurs et les reléguèrent dans des temples magnifiques. Ils les en chassèrent enfin pour s'y établir eux-mêmes, ou du moins les temples des dieux ne se distinguèrent plus des maisons des citoyens. Ce fut alors le comble de la dépravation; et les vices ne furent jamais poussés plus loin que quand on les vit, pour ainsi dire, soutenus à l'entrée des palais des Grands sur des colonnes de marbre, et gravés sur des chapiteaux corinthiens.

Tandis que les commodités de la vie se multiplient, que les arts se perfectionnent et que le luxe s'étend; le vrai courage s'énerve, les vertus militaires s'évanouissent, et c'est encore l'ouvrage des sciences et de tous ces arts qui s'exercent dans l'ombre du cabinet. Quand les Goths ravagèrent la Grèce, toutes les bibliothèques ne furent sauvées du feu que par cette opinion

semée par l'un d'entre eux, qu'il fallait laisser aux
ennemis des meubles si propres à les détourner de
l'exercice militaire et à les amuser à des occupations
oisives et sédentaires. Charles VIII se vit maître de la
Toscane et du royaume de Naples sans avoir presque
tiré l'épée ; et toute sa cour attribua cette facilité inespé-
rée à ce que les princes et la noblesse d'Italie s'amu-
saient plus à se rendre ingénieux et savants qu'ils ne
s'exerçaient à devenir vigoureux et guerriers. En effet,
dit l'homme de sens qui rapporte ces deux traits, tous
les exemples nous apprennent qu'en cette martiale
police et en toutes celles qui lui sont semblables, l'étude
des sciences est bien plus propre à amollir et efféminer
les courages qu'à les affermir et les animer.

Les Romains ont avoué que la vertu militaire s'était
éteinte parmi eux à mesure qu'ils avaient commencé à
se connaître en tableaux, en gravures, en vases d'orfè-
vrerie, et à cultiver les beaux-arts ; et comme si cette
contrée fameuse était destinée à servir sans cesse
d'exemple aux autres peuples, l'élévation des Médicis
et le rétablissement des lettres ont fait tomber derechef
et peut-être pour toujours cette réputation guerrière
que l'Italie semblait voir recouvrée il y a quelques
siècles.

Les anciennes républiques de la Grèce avec cette
sagesse qui brillait dans la plupart de leurs institutions
avaient interdit à leurs citoyens tous ces métiers tranquilles et sédentaires qui, en affaissant et corrompant le
corps, énervent sitôt la vigueur de l'âme. De quel œil,
en effet, pense-t-on que puissent envisager la faim, la
soif, les fatigues, les dangers et la mort, des hommes
que le moindre besoin accable, et que la moindre peine
rebute. Avec quel courage les soldats supporteront-ils
des travaux excessifs dont ils n'ont aucune habitude ?
Avec quelle ardeur feront-ils des marches forcées sous
des officiers qui n'ont pas même la force de voyager à
cheval ? Qu'on ne m'objecte point la valeur renommée
de tous ces modernes guerriers si savamment discipli-
nés. On me vante bien leur bravoure en un jour de
bataille, mais on ne me dit point comment ils sup-

portent l'excès du travail, comment ils résistent à la rigueur des saisons et aux intempéries de l'air. Il ne faut qu'un peu de soleil ou de neige, il ne faut que la privation de quelques superfluités pour fondre et détruire en peu de jours la meilleure de nos armées. Guerriers intrépides, souffrez une fois la vérité qu'il vous est si rare d'entendre ; vous êtes braves, je le sais ; vous eussiez triomphé avec Annibal à Cannes et à Trasimène ; César avec vous eût passé le Rubicon et asservi son pays ; mais ce n'est point avec vous que le premier eût traversé les Alpes, et que l'autre eût vaincu vos aïeux.

Les combats ne font pas toujours le succès de la guerre, et il est pour les généraux un art supérieur à celui de gagner des batailles. Tel court au feu avec intrépidité, qui ne laisse pas d'être un très mauvais officier : dans le soldat même, un peu plus de force et de vigueur serait peut-être plus nécessaire que tant de bravoure qui ne le garantit pas de la mort ; et qu'importe à l'Etat que ses troupes périssent par la fièvre et le froid, ou par le fer de l'ennemi ?

Si la culture des sciences est nuisible aux qualités guerrières, elle l'est encore plus aux qualités morales. C'est dès nos premières années qu'une éducation insensée orne notre esprit et corrompt notre jugement. Je vois de toutes parts des établissements immenses, où l'on élève à grands frais la jeunesse pour lui apprendre toutes choses, excepté ses devoirs. Vos enfants ignoreront leur propre langue, mais ils en parleront d'autres qui ne sont en usage nulle part : ils sauront composer des vers qu'à peine ils pourront comprendre : sans savoir démêler l'erreur de la vérité, ils posséderont l'art de les rendre méconnaissables aux autres par des arguments spécieux : mais ces mots de magnanimité, de tempérance, d'humanité, de courage, ils ne sauront ce que c'est ; ce doux nom de patrie ne frappera jamais leur oreille ; et s'ils entendent parler de Dieu, ce sera moins pour le craindre que pour en avoir peur[1]. J'aimerais

1. Pens. philosoph.

autant, disait un sage, que mon écolier eût passé le temps dans un jeu de paume, au moins le corps en serait plus dispos. Je sais qu'il faut occuper les enfants, et que l'oisiveté est pour eux le danger le plus à craindre. Que faut-il donc qu'ils apprennent ? Voilà certes une belle question ! Qu'ils apprennent ce qu'ils doivent faire étant hommes[1]; et non ce qu'ils doivent oublier.

Nos jardins sont ornés de statues et nos galeries de tableaux. Que penseriez-vous que représentent ces chefs-d'œuvre de l'art exposés à l'admiration publique ? Les défenseurs de la patrie ? ou ces hommes plus grands

---

1. Telle était l'éducation des Spartiates, au rapport du plus grand de leurs rois. C'est, dit Montaigne, chose digne de très grande considération, qu'en cette excellente police de Lycurgue, et à la vérité monstrueuse par sa perfection, si soigneuse pourtant de la nourriture des enfants, comme de sa principale charge, et au gîte même des Muses, il s'y fasse si peu mention de la doctrine : comme si, cette généreuse jeunesse dédaignant tout autre joug, on ait dû lui fournir, au lieu de nos maîtres de science, seulement des maîtres de vaillance, prudence et justice.

Voyons maintenant comment le même auteur parle des anciens Perses. Platon, dit-il, raconte que le fils aîné de leur succession royale était ainsi nourri. Après sa naissance, on le donnait, non à des femmes, mais à des eunuques de la première autorité près du roi, à cause de leur vertu. Ceux-ci prenaient charge de lui rendre le corps beau et sain, et après sept ans le duisaient à monter à cheval et aller à la chasse. Quand il était arrivé au quatorzième, ils le déposaient entre les mains de quatre : le plus sage, le plus juste, le plus tempérant, le plus vaillant de la nation. Le premier lui apprenait la religion : le second à être toujours véritable, le tiers à vaincre ses cupidités, le quart à ne rien craindre. Tous, ajouterai-je, à le rendre bon, aucun à le rendre savant.

Astyage, en Xénophon, demande à Cyrus compte de sa dernière leçon : c'est, dit-il, qu'en notre école un grand garçon ayant un petit saye le donna à l'un de ses compagnons de plus petite taille, et lui ôta son saye qui était plus grand. Notre précepteur m'ayant fait juge de ce différend, je jugeai qu'il fallait laisser les choses en cet état, et que l'un et l'autre semblait être mieux accommodé en ce point. Sur quoi, il me remontra que j'avais mal fait : car je m'étais arrêté à considérer la bienséance ; et il fallait premièrement avoir pourvu à la justice, qui voulait que nul ne fût forcé en ce qui lui appartenait. Et dit qu'il en fut puni, comme on nous punit en nos villages pour avoir oublié le premier aoriste de τύπτω. Mon régent me ferait une belle harangue, *in genere demonstrativo*, avant qu'il me persuadât que son école vaut celle-là.

encore qui l'ont enrichie par leurs vertus ? Non. Ce sont des images de tous les égarements du cœur et de la raison, tirées soigneusement de l'ancienne mythologie, et présentées de bonne heure à la curiosité de nos enfants ; sans doute afin qu'ils aient sous leurs yeux des modèles de mauvaises actions, avant même que de savoir lire.

D'où naissent tous ces abus, si ce n'est de l'inégalité funeste introduite entre les hommes par la distinction des talents et par l'avilissement des vertus ? Voilà l'effet le plus évident de toutes nos études, et la plus dangereuse de toutes leurs conséquences. On ne demande plus d'un homme s'il a de la probité, mais s'il a des talents ; ni d'un livre s'il est utile, mais s'il est bien écrit. Les récompenses sont prodiguées au bel esprit, et la vertu reste sans honneurs. Il y a mille prix pour les beaux discours, aucun pour les belles actions. Qu'on me dise, cependant, si la gloire attachée au meilleur des discours qui seront couronnés dans cette Académie est comparable au mérite d'en avoir fondé le prix ?

Le sage ne court point après la fortune ; mais il n'est pas insensible à la gloire ; et quand il la voit si mal distribuée, sa vertu, qu'un peu d'émulation aurait animée et rendue avantageuse à la société, tombe en langueur, et s'éteint dans la misère et dans l'oubli. Voilà ce qu'à la longue doit produire partout la préférence des talents agréables sur les talents utiles, et ce que l'expérience n'a que trop confirmé depuis le renouvellement des sciences et des arts. Nous avons des physiciens, des géomètres, des chimistes, des astronomes, des poètes, des musiciens, des peintres ; nous n'avons plus de citoyens ; ou s'il nous en reste encore, dispersés dans nos campagnes abandonnées, ils y périssent indigents et méprisés. Tel est l'état où sont réduits, tels sont les sentiments qu'obtiennent de nous ceux qui nous donnent du pain, et qui donnent du lait à nos enfants.

Je l'avoue, cependant ; le mal n'est pas aussi grand qu'il aurait pu le devenir. La prévoyance éternelle, en plaçant à côté de diverses plantes nuisibles des simples salutaires, et dans la substance de plusieurs animaux malfaisants le remède à leurs blessures, a enseigné aux souverains qui sont ses ministres à imiter sa sagesse. C'est à son exemple que du sein même des sciences et des arts, sources de mille dérèglements, ce grand monarque dont la gloire ne fera qu'acquérir d'âge en âge un nouvel éclat, tira ces sociétés célèbres chargées à la fois du dangereux dépôt des connaissances humaines, et du dépôt sacré des mœurs, par l'attention qu'elles ont d'en maintenir chez elles toute la pureté, et de l'exiger dans les membres qu'elles reçoivent.

Ces sages institutions affermies par son auguste successeur, et imitées par tous les rois de l'Europe, serviront du moins de frein aux gens de lettres, qui tous aspirant à l'honneur d'être admis dans les Académies, veilleront sur eux-mêmes, et tâcheront de s'en rendre dignes par des ouvrages utiles et des mœurs irréprochables. Celles de ces compagnies, qui pour les prix dont elles honorent le mérite littéraire feront un choix de sujets propres à ranimer l'amour de la vertu dans les cœurs des citoyens, montreront que cet amour règne parmi elles, et donneront aux peuples ce plaisir si rare et si doux de voir des sociétés savantes se dévouer à verser sur le genre humain, non seulement des lumières agréables, mais aussi des instructions salutaires.

Qu'on ne m'oppose donc point une objection qui n'est pour moi qu'une nouvelle preuve. Tant de soins ne montrent que trop la nécessité de les prendre, et l'on ne cherche point des remèdes à des maux qui n'existent pas. Pourquoi faut-il que ceux-ci portent encore par leur insuffisance le caractère des remèdes ordinaires? Tant d'établissements faits à l'avantage des savants n'en sont que plus capables d'en imposer sur les objets des sciences et de tourner les esprits à leur culture. Il semble, aux précautions qu'on prend, qu'on ait trop de laboureurs et qu'on craigne de manquer de philosophes. Je ne veux point hasarder ici une comparaison de l'agriculture et de la philosophie : on ne la supporterait pas. Je demanderai seulement : qu'est-ce que la philosophie? Que contiennent les écrits des philosophes les plus connus? Quelles sont les leçons de ces

amis de la sagesse ? A les entendre, ne les prendrait-on
pas pour une troupe de charlatans criant, chacun de son
côté, sur une place publique : Venez à moi, c'est moi
seul qui ne trompe point ? L'un prétend qu'il n'y a
point de corps et que tout est en représentation.
L'autre, qu'il n'y a d'autre substance que la matière ni
d'autre dieu que le monde. Celui-ci avance qu'il n'y a ni
vertus ni vices, et que le bien et le mal moral sont des
chimères. Celui-là, que les hommes sont des loups et
peuvent se dévorer en sûreté de conscience. O grands
philosophes ! que ne réservez-vous pour vos amis et
pour vos enfants ces leçons profitables ; vous en rece-
vriez bientôt le prix, et nous ne craindrions pas de
trouver dans les nôtres quelqu'un de vos sectateurs.

Voilà donc les hommes merveilleux à qui l'estime de
leurs contemporains a été prodiguée pendant leur vie,
et l'immortalité réservée après leur trépas ! Voilà les
sages maximes que nous avons reçues d'eux et que nous
transmettrons d'âge en âge à nos descendants. Le
paganisme, livré à tous les égarements de la raison
humaine, a-t-il laissé à la postérité rien qu'on puisse
comparer aux monuments honteux que lui a préparés
l'imprimerie, sous le règne de l'Evangile ? Les écrits
impies des Leucippe et des Diagoras sont péris avec
eux. On n'avait point encore inventé l'art d'éterniser les
extravagances de l'esprit humain. Mais, grâce aux
caractères typographiques[1] et à l'usage que nous en

---

1. A considérer les désordres affreux que l'imprimerie a déjà
causés en Europe, à juger de l'avenir par le progrès que le mal fait
d'un jour à l'autre, on peut prévoir aisément que les souverains ne
tarderont pas à se donner autant de soins pour bannir cet art terrible
de leurs Etats qu'ils en ont pris pour l'y introduire. Le sultan Achmet,
cédant aux importunités de quelques prétendus gens de goût, avait
consenti d'établir une imprimerie à Constantinople. Mais à peine la
presse fut-elle en train qu'on fut contraint de la détruire et d'en jeter
les instruments dans un puits. On dit que le calife Omar, consulté sur
ce qu'il fallait faire de la bibliothèque d'Alexandrie, répondit en ces
termes : Si les livres de cette bibliothèque contiennent des choses
opposées à l'Alcoran, ils sont mauvais et il faut les brûler. S'ils ne
contiennent que la doctrine de l'Alcoran, brûlez-les encore : ils sont
superflus. Nos savants ont cité ce raisonnement comme le comble de
l'absurdité. Cependant, supposez Grégoire le Grand à la place
d'Omar et l'Evangile à la place de l'Alcoran, la bibliothèque aurait

faisons, les dangereuses rêveries des Hobbes et des Spinoza resteront à jamais. Allez, écrits célèbres dont l'ignorance et la rusticité de nos pères n'auraient point été capables; accompagnez chez nos descendants ces ouvrages plus dangereux encore d'où s'exhale la corruption des mœurs de notre siècle, et portez ensemble aux siècles à venir une histoire fidèle du progrès et des avantages de nos sciences et de nos arts. S'ils vous lisent, vous ne leur laisserez aucune perplexité sur la question que nous agitons aujourd'hui : et à moins qu'ils ne soient plus insensés que nous, ils lèveront leurs mains au ciel, et diront dans l'amertume de leur cœur : « Dieu tout-puissant, toi qui tiens dans tes mains les esprits, délivre-nous des lumières et des funestes arts de nos pères, et rends-nous l'ignorance, l'innocence et la pauvreté, les seuls biens qui puissent faire notre bonheur et qui soient précieux devant toi. »

Mais si le progrès des sciences et des arts n'a rien ajouté à notre véritable félicité; s'il a corrompu nos mœurs, et si la corruption des mœurs a porté atteinte à la pureté du goût, que penserons-nous de cette foule d'auteurs élémentaires qui ont écarté du temple des Muses les difficultés qui défendaient son abord, et que la nature y avait répandues comme une épreuve des forces de ceux qui seraient tentés de savoir? Que penserons-nous de ces compilateurs d'ouvrages qui ont indiscrètement brisé la porte des sciences et introduit dans leur sanctuaire une populace indigne d'en approcher; tandis qu'il serait à souhaiter que tous ceux qui ne pouvaient avancer loin dans la carrière des lettres, eussent été rebutés dès l'entrée, et se fussent jetés dans les arts utiles à la société. Tel qui sera toute sa vie un mauvais versificateur, un géomètre subalterne, serait peut-être devenu un grand fabricateur d'étoffes. Il n'a point fallu de maîtres à ceux que la nature destinait à faire des disciples. Les Vérulam, les Descartes et les Newton, ces précepteurs du genre

---

encore été brûlée, et ce serait peut-être le plus beau trait de la vie de cet illustre pontife.

humain n'en ont point eu eux-mêmes, et quels guides
les eussent conduits jusqu'où leur vaste génie les a
portés ? Des maîtres ordinaires n'auraient pu que rétrécir leur entendement en le resserrant dans l'étroite
capacité du leur. C'est par les premiers obstacles qu'ils
ont appris à faire des efforts, et qu'ils se sont exercés à
franchir l'espace immense qu'ils ont parcouru. S'il faut
permettre à quelques hommes de se livrer à l'étude des
sciences et des arts, ce n'est qu'à ceux qui se sentiront la
force de marcher seuls sur leurs traces, et de les
devancer. C'est à ce petit nombre qu'il appartient
d'élever des monuments à la gloire de l'esprit humain.
Mais si l'on veut que rien ne soit au-dessus de leur
génie, il faut que rien ne soit au-dessus de leurs espé-
rances. Voilà l'unique encouragement dont ils ont
besoin. L'âme se proportionne insensiblement aux
objets qui l'occupent, et ce sont les grandes occasions
qui font les grands hommes. Le prince de l'éloquence
fut consul de Rome, et le plus grand, peut-être, des
philosophes, chancelier d'Angleterre. Croit-on que si
l'un n'eût occupé qu'une chaire dans quelque univer-
sité, et que l'autre n'eût obtenu qu'une modique pension d'Académie ; croit-on, dis-je, que leurs ouvrages
ne se sentiraient pas de leur état ? Que les rois ne
dédaignent donc pas d'admettre dans leurs conseils les
gens les plus capables de les bien conseiller : qu'ils
renoncent à ce vieux préjugé inventé par l'orgueil des
Grands, que l'art de conduire les peuples est plus
difficile que celui de les éclairer : comme s'il était plus
aisé d'engager les hommes à bien faire de leur bon gré
que de les y contraindre par la force. Que les savants du
premier ordre trouvent dans leurs cours d'honorables
asiles. Qu'ils y obtiennent la seule récompense digne
d'eux ; celle de contribuer par leur crédit au bonheur
des peuples à qui ils auront enseigné la sagesse. C'est
alors seulement qu'on verra ce que peuvent la vertu, la
science et l'autorité animées d'une noble émulation et
travaillant de concert à la félicité du genre humain.
Mais tant que la puissance sera seule d'un côté ; les
lumières et la sagesse seules d'un autre, les savants

penseront rarement de grandes choses, les princes en feront plus rarement de belles, et les peuples continueront d'être vils, corrompus et malheureux.

Pour nous, hommes vulgaires, à qui le ciel n'a point départi de si grands talents et qu'il ne destine pas à tant de gloire, restons dans notre obscurité. Ne courons point après une réputation qui nous échapperait, et qui, dans l'état présent des choses ne nous rendrait jamais ce qu'elle nous aurait coûté, quand nous aurions tous les titres pour l'obtenir. A quoi bon chercher notre bonheur dans l'opinion d'autrui si nous pouvons le trouver en nous-mêmes ? Laissons à d'autres le soin d'instruire les peuples de leurs devoirs, et bornons-nous à bien remplir les nôtres, nous n'avons pas besoin d'en savoir davantage.

O vertu ! Science sublime des âmes simples, faut-il donc tant de peines et d'appareil pour te connaître ? Tes principes ne sont-ils pas gravés dans tous les cœurs, et ne suffit-il pas pour apprendre tes lois de rentrer en soi-même et d'écouter la voix de sa conscience dans le silence des passions ? Voilà la véritable philosophie, sachons nous en contenter ; et sans envier la gloire de ces hommes célèbres qui s'immortalisent dans la république des lettres, tâchons de mettre entre eux et nous cette distinction glorieuse qu'on remarquait jadis entre deux grands peuples ; que l'un savait bien dire, et l'autre, bien faire.

LETTRE DE J.-J. ROUSSEAU
sur la réfutation de son Discours

PAR M. GAUTIER,
*Professeur de Mathématiques et d'Histoire et Membre
de l'Académie royale des Belles-Lettres de Nancy.*

Je vous renvoie, monsieur, le *Mercure* d'octobre que
vous avez eu la bonté de me prêter. J'y ai lu avec
beaucoup de plaisir la réfutation que M. Gautier a pris
la peine de faire de mon Discours[1] ; mais je ne crois pas
être, comme vous le prétendez, dans la nécessité d'y
répondre ; et voici mes objections.

1. Je ne puis me persuader que, pour avoir raison,
on soit indispensablement obligé de parler le dernier.

2. Plus je relis la réfutation, et plus je suis convaincu
que je n'ai pas besoin de donner à M. Gautier d'autre
réplique que le Discours même auquel il a répondu.
Lisez, je vous prie, dans l'un et l'autre écrit, les articles
du luxe, de la guerre, des Académies, de l'éducation ;
lisez la prosopopée de Louis le Grand et celle de
Fabricius ; enfin, lisez la conclusion de M. Gautier et la
mienne, et vous comprendrez ce que je veux dire.

3. Je pense en tout si différemment de M. Gautier
que s'il me fallait relever tous les endroits où nous ne
sommes pas de même avis, je serais obligé de le
combattre, même dans les choses que j'aurais dites
comme lui, et cela me donnerait un air contrariant que
je voudrais bien pouvoir éviter. Par exemple, en parlant
de la politesse, il fait entendre très clairement que pour

---

1. Cette réfutation de M. Gautier sera imprimée dans le premier
volume du Supplément.

devenir homme de bien, il est bon de commencer par
être hypocrite, et que la fausseté est un chemin sûr pour
arriver à la vertu. Il dit encore que les vices ornés par la
politesse ne sont pas contagieux, comme ils le seraient,
s'ils se présentaient de front avec rusticité ; que l'art de
pénétrer les hommes a fait le même progrès que celui de
se déguiser ; qu'on est convaincu qu'il ne faut pas
compter sur eux, à moins qu'on ne leur plaise ou qu'on
ne leur soit utile ; qu'on sait évaluer les offres spécieuses
de la politesse ; c'est-à-dire, sans doute, que quand
deux hommes se font des compliments, et que l'un dit à
l'autre dans le fond de son cœur : *Je vous traite comme
un sot, et je me moque de vous*, l'autre lui répond dans le
fond du sien : *Je sais que vous mentez impudemment, mais
je vous le rends de mon mieux.* Si j'avais voulu employer
la plus amère ironie, j'en aurais pu dire à peu près
autant.

4. On voit à chaque page de la réfutation que
l'auteur n'entend point ou ne veut point entendre
l'ouvrage qu'il réfute, ce qui lui est assurément fort
commode ; parce que répondant sans cesse à sa pensée,
et jamais à la mienne, il a la plus belle occasion du
monde de dire tout ce qu'il lui plaît. D'un autre côté, si
ma réplique en devient plus difficile, elle en devient
aussi moins nécessaire : car on n'a jamais ouï dire qu'un
peintre qui expose en public un tableau soit obligé de
visiter les yeux des spectateurs, et de fournir des
lunettes à tous ceux qui en ont besoin.

D'ailleurs, il n'est pas bien sûr que je me fisse
entendre même en répliquant ; par exemple, je sais,
dirais-je à M. Gautier, que nos soldats ne sont point des
Réaumur et des Fontenelle, et c'est tant pis pour eux,
pour nous, et surtout pour les ennemis. Je sais qu'ils ne
savent rien, qu'ils sont brutaux et grossiers, et toutefois
j'ai dit, et je dis encore, qu'ils sont énervés par les
sciences qu'ils méprisent, et par les beaux-arts qu'ils
ignorent. C'est un des grands inconvénients de la
culture des lettres, que pour quelques hommes qu'elles
éclairent, elles corrompent à pure perte toute une
nation. Or vous voyez bien, monsieur, que ceci ne

serait qu'un autre paradoxe inexplicable pour M. Gautier; pour ce M. Gautier qui me demande fièrement ce que les troupes ont de commun avec les Académies; si les soldats en auront plus de bravoure pour être mal vêtus et mal nourris; ce que je veux dire en avançant qu'à force d'honorer les talents on néglige les vertus; et d'autres questions semblables, qui toutes montrent qu'il est impossible d'y répondre intelligiblement au gré de celui qui les fait. Je crois que vous conviendrez que ce n'est pas la peine de m'expliquer une seconde fois pour n'être pas mieux entendu que la première.

5. Si je voulais répondre à la première partie de la réfutation, ce serait le moyen de ne jamais finir. M. Gautier juge à propos de me prescrire les auteurs que je puis citer, et ceux qu'il faut que je rejette. Son choix est tout à fait naturel; il récuse l'autorité de ceux qui déposent pour moi, et veut que je m'en rapporte à eux qu'il croit m'être contraires. En vain voudrais-je lui faire entendre qu'un seul témoignage en ma faveur est décisif, tandis que cent témoignages ne prouvent rien contre mon sentiment, parce que les témoins sont parties dans le procès; en vain le prierais-je de distinguer dans les exemples qu'il allègue; en vain lui représenterais-je qu'être barbare ou criminel sont deux choses tout à fait différentes, et que les peuples véritablement corrompus sont moins ceux qui ont de mauvaises lois que ceux qui méprisent les lois; sa réplique est aisée à prévoir : Le moyen qu'on puisse ajouter foi à des écrivains scandaleux, qui osent louer des barbares qui ne savent ni lire ni écrire! Le moyen qu'on puisse jamais supposer de la pudeur à des gens qui vont tout nus, et de la vertu à ceux qui mangent de la chair crue? Il faudra donc disputer. Voilà donc Hérodote, Strabon, Pomponius Mela aux prises avec Xénophon, Justin, Quinte-Curce, Tacite; nous voilà dans les recherches de critiques, dans les antiquités, dans l'érudition. Les brochures se transforment en volumes, les livres se multiplient, et la question s'oublie : c'est le fort des disputes de littérature, qu'après des in-folio d'éclaircissements, on finit toujours par ne savoir plus où l'on en est : ce n'est pas la peine de commencer.

Si je voulais répliquer à la Seconde Partie, cela serait bientôt fait ; mais je n'apprendrais rien à personne. M. Gautier se contente, pour m'y réfuter, de dire oui partout où j'ai dit non, et non partout où j'ai dit oui ; je n'ai donc qu'à dire encore non partout où j'avais dit non, oui partout où j'avais dit oui, et supprimer les preuves, j'aurai très exactement répondu. En suivant la méthode de M. Gautier, je ne puis donc répondre aux deux parties de la réfutation sans en dire trop et trop peu : or je voudrais bien ne faire ni l'un ni l'autre.

6. Je pourrais suivre une autre méthode, et examiner séparément les raisonnements de M. Gautier, et le style de la réfutation.

Si j'examinais ses raisonnements, il me serait aisé de montrer qu'ils portent tous à faux, que l'auteur n'a point saisi l'état de la question, et qu'il ne m'a point entendu.

Par exemple, M. Gautier prend la peine de m'apprendre qu'il y a des peuples vicieux qui ne sont pas savants, et je m'étais déjà bien douté que les Kalmouks, les Bédouins, les Cafres, n'étaient pas des prodiges de vertu ni d'érudition. Si M. Gautier avait donné les mêmes soins à me montrer quelque peuple savant qui ne fût pas vicieux, il m'aurait surpris davantage. Partout il me fait raisonner comme si j'avais dit que la science est la seule source de corruption parmi les hommes ; s'il a cru cela de bonne foi, j'admire la bonté qu'il a de me répondre.

Il dit que le commerce du monde suffit pour acquérir cette politesse dont se pique un galant homme ; d'où il conclut qu'on n'est pas fondé à en faire honneur aux sciences : mais à quoi donc nous permettra-t-il d'en faire honneur ? Depuis que les hommes vivent en société, il y a eu des peuples polis, et d'autres qui ne l'étaient pas. M. Gautier a oublié de nous rendre raison de cette différence.

M. Gautier est partout en admiration de la pureté de nos mœurs actuelles. Cette bonne opinion qu'il en a fait assurément beaucoup d'honneur aux siennes ; mais elle n'annonce pas une grande expérience. On dirait au ton dont il en parle qu'il a étudié les hommes comme les péripatéticiens étudiaient la physique, sans sortir de son cabinet. Quant à moi, j'ai fermé mes livres ; et après avoir écouté parler les hommes, je les ai regardés agir. Ce n'est pas une merveille qu'ayant suivi des méthodes si différentes, nous nous rencontrions si peu dans nos jugements. Je vois qu'on ne saurait employer un langage plus honnête que celui de notre siècle ; et voilà ce qui frappe M. Gautier : mais je vois aussi qu'on ne saurait avoir des mœurs plus corrompues, et voilà ce qui me scandalise. Pensons-nous donc être devenus gens de bien, parce qu'à force de donner des noms décents à nos vices, nous avons appris à n'en plus rougir ?

Il dit encore que quand même on pourrait prouver par des faits que la dissolution des mœurs a toujours régné avec les sciences, il ne s'ensuivrait pas que le sort de la probité dépendît de leur progrès. Après avoir employé la première partie de mon Discours à prouver que ces choses avaient toujours marché ensemble, j'ai destiné la seconde à montrer qu'en effet l'une tenait à l'autre. A qui donc puis-je imaginer que M. Gautier veut répondre ici ?

Il me paraît surtout très scandalisé de la manière dont j'ai parlé de l'éducation des collèges. Il m'apprend qu'on y enseigne aux jeunes gens je ne sais combien de belles choses qui peuvent être d'une bonne ressource pour leur amusement quand ils seront grands, mais dont j'avoue que je ne vois point le rapport avec les devoirs des citoyens, dont il faut commencer par les instruire. « Nous nous enquérons volontiers sait-il du « grec et du latin ? Ecrit-il en vers ou en prose ? Mais s'il « est devenu meilleur ou plus avisé, c'était le principal ; « et c'est ce qui demeure derrière. Criez d'un passant à « notre peuple ; *ô le savant homme !* et d'un autre ; *ô le* « *bonhomme !* Il ne faudra pas en détourner ses yeux et « son respect vers le premier. Il y faudrait un tiers « crieur. *O les lourdes têtes !* »

J'ai dit que la nature a voulu nous préserver de la science comme une mère arrache une arme dangereuse

des mains de son enfant, et que la peine que nous
trouvons à nous instruire n'est pas le moindre de ses
bienfaits. M. Gautier aimerait autant que j'eusse dit :
Peuples, sachez donc une fois que la nature ne veut pas
que vous vous nourrissiez des productions de la terre ;
la peine qu'elle a attachée à sa culture est un avertissement pour vous de la laisser en friche. M. Gautier n'a
pas songé qu'avec un peu de travail, on est sûr de faire
du pain ; mais qu'avec beaucoup d'étude il est très
douteux qu'on parvienne à faire un homme raisonnable. Il n'a pas songé encore que ceci n'est précisément qu'une observation de plus en ma faveur ; car
pourquoi la nature nous a-t-elle imposé des travaux
nécessaires, si ce n'est pour nous détourner des occupations oiseuses ? Mais au mépris qu'il montre pour
l'agriculture, on voit aisément que s'il ne tenait qu'à lui,
tous les laboureurs déserteraient bientôt les campagnes
pour aller argumenter dans les écoles, occupation, selon
M. Gautier, et, je crois, selon bien des professeurs, fort
importante pour le bonheur de l'Etat.

En raisonnant sur un passage de Platon, j'avais
présumé que peut-être les anciens Egyptiens ne fai-
saient-ils pas des sciences tout le cas qu'on aurait pu
croire. L'auteur de la réfutation me demande comment
on peut faire accorder cette opinion avec l'inscription
qu'Osymandias avait mise à sa Bibliothèque. Cette
difficulté eût pu être bonne du vivant de ce prince. A
présent qu'il est mort, je demande à mon tour où est la
nécessité de faire accorder le sentiment du roi Osymandias avec celui des sages d'Egypte. S'il eût compté, et
surtout pesé les voix, qui me répondra que le mot de
poisons n'eût pas été substitué à celui de *remèdes* ? Mais
passons cette fastueuse inscription. Ces remèdes sont
excellents, j'en conviens, et je l'ai déjà répété bien des
fois ; mais est-ce une raison pour les administrer
inconsidérément, et sans égard aux tempéraments des
malades ? Tel aliment est très bon en soi, qui dans un
estomac infirme ne produit qu'indigestions et mauvaises humeurs. Que dirait-on d'un médecin, qui après
avoir fait l'éloge de quelques viandes succulentes,
conclurait que tous les malades s'en doivent rassasier ?

J'ai fait voir que les sciences et les arts énervent le courage. M. Gautier appelle cela une façon singulière de raisonner, et il ne voit point la liaison qui se trouve entre le courage et la vertu. Ce n'est pourtant pas, ce me semble, une chose si difficile à comprendre. Celui qui s'est une fois accoutumé à préférer sa vie à son devoir, ne tardera guère à lui préférer encore les choses qui rendent la vie facile et agréable.

J'ai dit que la science convient à quelques grands génies ; mais qu'elle est toujours nuisible aux peuples qui la cultivent. M. Gautier dit que Socrate et Caton, qui blâmaient les sciences, étaient pourtant eux-mêmes de fort savants hommes : et il appelle cela m'avoir réfuté.

J'ai dit que Socrate était le plus savant des Athéniens, et c'est de là que je tire l'autorité de son témoignage : tout cela n'empêche point M. Gautier de m'apprendre que Socrate était savant.

Il me blâme d'avoir avancé que Caton méprisait les philosophes grecs ; et il se fonde sur ce que Carnéade se faisait un jeu d'établir et de renverser les mêmes propositions ; ce qui prévint mal à propos Caton contre la littérature des Grecs. M. Gautier devrait bien nous dire quel était le pays et le métier de ce Carnéade.

Sans doute que Carnéade est le seul philosophe ou le seul savant qui se soit piqué de soutenir le pour et le contre ; autrement tout ce que dit ici M. Gautier ne signifierait rien du tout. Je m'en rapporte sur ce point à son érudition.

Si la réfutation n'est pas abondante en bons raisonnements, en revanche elle l'est fort en belles déclamations. L'auteur substitue partout les ornements de l'art à la solidité des preuves qu'il promettait en commençant ; et c'est en prodiguant la pompe oratoire dans une réfutation qu'il me reproche à moi de l'avoir employée dans un Discours académique.

A quoi tendent donc, dit M. Gautier, *les éloquentes déclamations de M. Rousseau ?* A abolir, s'il était possible, les vaines déclamations des collèges. *Qui ne serait pas indigné de l'entendre assurer que nous avons les appa-*

rences de toutes les vertus sans en avoir aucune. J'avoue qu'il y a un peu de flatterie à dire que nous en avons les apparences ; mais M. Gautier aurait dû mieux que personne me pardonner celle-là. *Eh! pourquoi n'a-t-on plus de vertu? c'est qu'on cultive les belles-lettres, les sciences et les arts.* Pour cela précisément. *Si l'on était impolis, rustiques, ignorants, Goths, Huns ou Vandales, on serait digne des éloges de M. Rousseau.* Pourquoi non ? Y a-t-il quelqu'un de ces noms-là qui donne l'exclusion à la vertu ? *Ne se lassera-t-on point d'invectiver les hommes ?* Ne se lasseront-ils point d'être méchants ? *Croira-t-on toujours les rendre plus vertueux, en leur disant qu'ils n'ont point de vertu ?* Croira-t-on les rendre meilleurs, en leur persuadant qu'ils sont assez bons ? *Sous prétexte d'épurer les mœurs, est-il permis d'en renverser les appuis ?* Sous prétexte d'éclairer les esprits, faudra-t-il pervertir les âmes ? *O doux nœuds de la société! charme des vrais philosophes, aimables vertus ; c'est par vos propres attraits que vous régnez dans les cœurs ; vous ne devez votre empire ni à l'âpreté stoïque, ni à des clameurs barbares, ni aux conseils d'une orgueilleuse rusticité.*

Je remarquerai d'abord une chose assez plaisante ; c'est que de toutes les sectes des anciens philosophes que j'ai attaquées comme inutiles à la vertu, les stoïciens sont les seuls que M. Gautier m'abandonne, et qu'il semble même vouloir mettre de mon côté. Il a raison ; je n'en serai guère plus fier.

Mais voyons un peu si je pourrais rendre exactement en d'autres termes le sens de cette exclamation : *O aimables vertus! c'est par vos propres attraits que vous régnez dans les âmes. Vous n'avez pas besoin de tout ce grand appareil d'ignorance et de rusticité. Vous savez aller au cœur par des routes plus simples et plus naturelles. Il suffit de savoir la rhétorique, la logique, la physique, la métaphysique et les mathématiques, pour acquérir le droit de vous posséder.*

Autre exemple du style de M. Gautier.

Vous savez que les sciences dont on occupe les jeunes philosophes dans les universités, sont la logique, la méta-physique, la morale, la physique, les mathématiques élé-

mentaires. Si je l'ai su, je l'avais oublié, comme nous faisons tous en devenant raisonnables. *Ce sont donc là, selon vous, de stériles spéculations !* stériles selon l'opinion commune ; mais, selon moi, très fertiles en mauvaises choses. *Les universités vous ont une grande obligation de leur avoir appris que la vérité de ces sciences s'est retirée au fond d'un puits.* Je ne crois pas avoir appris cela à personne. Cette sentence n'est point de mon invention ; elle est aussi ancienne que la philosophie. Au reste, je sais que les universités ne me doivent aucune reconnaissance ; et je n'ignorais pas, en prenant la plume, que je ne pouvais à la fois faire ma cour aux hommes et rendre hommage à la vérité. *Les grands philosophes qui les possèdent dans un degré éminent sont sans doute bien surpris d'apprendre qu'ils ne savent rien.* Je crois qu'en effet ces grands philosophes qui possèdent toutes ces grandes sciences dans un degré éminent seraient très surpris d'apprendre qu'ils ne savent rien. Mais je serais bien plus surpris moi-même, si ces hommes qui savent tant de choses savaient jamais celle-là.

Je remarque que M. Gautier, qui me traite partout avec la plus grande politesse, n'épargne aucune occasion de me susciter des ennemis ; il étend ses soins à cet égard depuis les régents de collège jusqu'à la souveraine puissance. M. Gautier fait fort bien de justifier les usages du monde ; on voit qu'ils ne lui sont point étrangers. Mais revenons à la réfutation.

Toutes ces manières d'écrire et de raisonner, qui ne vont point à un homme d'autant d'esprit que M. Gautier me paraît en avoir, m'ont fait faire une conjecture que vous trouverez hardie, et que je crois raisonnable. Il m'accuse, très sûrement sans en rien croire, de n'être point persuadé du sentiment que je soutiens. Moi, je le soupçonne, avec plus de fondement, d'être en secret de mon avis. Les places qu'il occupe, les circonstances où il se trouve l'auront mis dans une espèce de nécessité de prendre parti contre moi. La bienséance de notre siècle est bonne à bien des choses ; il m'aura donc réfuté par bienséance ; mais il aura pris toutes sortes de précautions, et employé tout l'art possible pour le faire de manière à ne persuader personne.

C'est dans cette vue qu'il commence par déclarer très mal à propos que la cause qu'il défend intéresse le bonheur de l'assemblée devant laquelle il parle, et la gloire du grand prince sous les lois duquel il a la douceur de vivre. C'est précisément comme s'il disait : Vous ne pouvez, messieurs, sans ingratitude envers votre respectable protecteur, vous dispenser de me donner raison ; et de plus, c'est votre propre cause que je plaide aujourd'hui devant vous ; ainsi de quelque côté que vous envisagiez mes preuves, j'ai droit de compter que vous ne vous rendrez pas difficiles sur leur solidité. Je dis que tout homme qui parle ainsi a plus d'attention à fermer la bouche aux gens que d'envie de les convaincre.

Si vous lisez attentivement la réfutation, vous n'y trouverez presque pas une ligne qui ne semble être là pour attendre et indiquer sa réponse. Un seul exemple suffira pour me faire entendre.

Les victoires que les Athéniens remportèrent sur les Perses et sur les Lacédémoniens mêmes font voir que les arts peuvent s'associer avec la vertu militaire. Je demande si ce n'est pas là une adresse pour rappeler ce que j'ai dit de la défaite de Xerxès, et pour me faire songer au dénouement de la guerre du Péloponnèse. *Leur gouvernement, devenu vénal sous Périclès, prend une nouvelle face ; l'amour du plaisir étouffe leur bravoure, les fonctions les plus honorables sont avilies, l'impunité multiplie les mauvais citoyens, les fonds destinés à la guerre sont destinés à nourrir la mollesse et l'oisiveté ; toutes ces causes de corruption quel rapport ont-elles aux sciences ?* Que fait ici M. Gautier, sinon de rappeler toute la Seconde Partie de mon Discours où j'ai montré ce rapport ? Remarquez l'art avec lequel il nous donne pour causes les effets de la corruption, afin d'engager tout homme de bon sens à remonter de lui-même à la première cause de ces causes prétendues. Remarquez encore comment, pour en laisser faire la réflexion au lecteur, il feint d'ignorer ce qu'on ne peut supposer qu'il ignore en effet, et ce que tous les historiens disent unanimement, que la dépravation des mœurs et du

gouvernement des Athéniens furent l'ouvrage des orateurs. Il est donc certain que m'attaquer de cette
manière, c'est bien clairement m'indiquer les réponses
que je dois faire.

Ceci n'est pourtant qu'une conjecture que je ne
prétends point garantir. M. Gautier n'approuverait
peut-être pas que je voulusse justifier son savoir aux
dépens de sa bonne foi : mais si en effet il a parlé
sincèrement en réfutant mon Discours, comment
M. Gautier, professeur en Histoire, professeur en
Mathématiques, membre de l'Académie de Nancy, ne
s'est-il pas un peu défié de tous les titres qu'il porte ?

Je ne répliquerai donc pas à M. Gautier, c'est un
point résolu. Je ne pourrais jamais répondre sérieusement, et suivre la réfutation pied à pied ; vous en voyez
la raison ; et ce serait mal reconnaître les éloges dont
M. Gautier m'honore, que d'employer le *ridiculum acri*,
l'ironie et l'amère plaisanterie. Je crains bien déjà qu'il
n'ait que trop à se plaindre du ton de cette lettre : au
moins n'ignorait-il pas, en écrivant sa réfutation, qu'il
attaquait un homme qui ne fait pas assez de cas de la
politesse pour vouloir apprendre d'elle à déguiser son
sentiment.

Au reste, je suis prêt à rendre à M. Gautier toute la
justice qui lui est due. Son ouvrage me paraît celui d'un
homme d'esprit qui a bien des connaissances. D'autres
y trouveront peut-être de la philosophie ; quant à moi
j'y trouve beaucoup d'érudition.

Je suis de tout mon cœur, monsieur, etc.

P. S. Je viens de lire dans la *Gazette d'Utrecht* du
22 octobre une pompeuse exposition de l'ouvrage de
M. Gautier, et cette exposition semble faite exprès pour
confirmer mes soupçons. Un auteur qui a quelque
confiance en son ouvrage laisse aux autres le soin d'en
faire l'éloge, et se borne à en faire un bon extrait. Celui
de la réfutation est tourné avec tant d'adresse que,
quoiqu'il tombe uniquement sur des bagatelles que je
n'avais employées que pour servir de transitions, il n'y
en a pas une seule sur laquelle un lecteur judicieux
puisse être de l'avis de M. Gautier.

Il n'est pas vrai, selon lui, que ce soit des vices des hommes que l'Histoire tire son principal intérêt.

Je pourrais laisser les preuves de raisonnement; et pour mettre M. Gautier sur son terrain, je lui citerais des autorités.

Heureux les peuples dont les rois ont fait peu de bruit dans l'Histoire.

Si jamais les hommes deviennent sages, leur histoire n'amusera guère.

M. Gautier dit avec raison qu'une société fût-elle toute composée d'homme justes ne saurait subsister sans lois; et il conclut de là qu'il n'est pas vrai que, sans les injustices des hommes, la jurisprudence serait inutile. Un si savant auteur confondrait-il la jurisprudence et les lois?

Je pourrais encore laisser les preuves de raisonnement; et pour mettre M. Gautier sur son terrain, je lui citerais des faits.

Les Lacédémoniens n'avaient ni jurisconsultes ni avocats; leurs lois n'étaient pas même écrites : cependant ils avaient des lois. Je m'en rapporte à l'érudition de M. Gautier, pour savoir si les lois étaient plus mal observées à Lacédémone que dans les pays où fourmillent les gens de loi.

Je ne m'arrêterai point à toutes les minuties qui servent de texte à M. Gautier, et qu'il étale dans la *Gazette*; mais je finirai par cette observation, que je soumets à votre examen.

Donnons partout raison à M. Gautier, et retranchons de mon Discours toutes les choses qu'il attaque, mes preuves n'auront presque rien perdu de leur force. Otons de l'écrit de M. Gautier tout ce qui ne touche pas le fond de la question; il n'y restera rien du tout.

Je conclus toujours qu'il ne faut point répondre à M. Gautier.

A Paris, ce premier nov. 1751.

RÉPONSE
AU ROI DE POLOGNE
DUC DE LORRAINE

OBSERVATIONS

DE

JEAN-JACQUES ROUSSEAU,
DE GENÈVE

sur la réponse qui a été faite à son Discours.

Je devrais plutôt un remerciement qu'une réplique à l'auteur anonyme[1] qui vient d'honorer mon Discours d'une réponse. Mais ce que je dois à la reconnaissance ne me fera point oublier ce que je dois à la vérité ; et je n'oublierai pas, non plus, que toutes les fois qu'il est question de raison, les hommes rentrent dans le droit de la nature, et reprennent leur première égalité.

Le Discours auquel j'ai à répliquer est plein de choses très vraies et très bien prouvées, auxquelles je ne vois aucune réponse : car quoique j'y sois qualifié de docteur, je serais bien fâché d'être au nombre de ceux qui savent répondre à tout.

Ma défense n'en sera pas moins facile. Elle se bornera à comparer avec mon sentiment les vérités qu'on m'objecte ; car si je prouve qu'elles ne l'attaquent point, ce sera, je crois, l'avoir assez bien défendu.

Je puis réduire à deux points principaux toutes les propositions établies par mon adversaire ; l'un renferme l'éloge des sciences ; l'autre traite de leur abus. Je les examinerai séparément.

---

1. L'ouvrage du roi de Pologne étant d'abord anonyme et non avoué par l'auteur m'obligeait à lui laisser l'incognito qu'il avait pris ; mais ce prince ayant depuis reconnu publiquement ce même ouvrage m'a dispensé de taire plus longtemps l'honneur qu'il m'a fait.

L'ouvrage du roi de Pologne sera imprimé dans le premier recueil du Supplément au recueil des écrits de M. Rousseau.

Il semble au ton de la réponse qu'on serait bien aise que j'eusse dit des sciences beaucoup plus de mal que je n'en ai dit en effet. On y suppose que leur éloge, qui se trouve à la tête de mon Discours, a dû me coûter beaucoup ; c'est, selon l'auteur, un aveu arraché à la vérité et que je n'ai pas tardé à rétracter.

Si cet aveu est un éloge arraché par la vérité, il faut donc croire que je pensais des sciences le bien que j'en ai dit ; le bien que l'auteur en dit lui-même n'est donc point contraire à mon sentiment. Cet aveu, dit-on, est arraché par force : tant mieux pour ma cause ; car cela montre que la vérité est chez moi plus forte que le penchant. Mais sur quoi peut-on juger que cet éloge est forcé ? Serait-ce pour être mal fait ? ce serait intenter un procès bien terrible à la sincérité des auteurs, que d'en juger sur ce nouveau principe. Serait-ce pour être trop court ? Il me semble que j'aurais pu facilement dire moins de choses en plus de pages. C'est, dit-on, que je me suis rétracté ; j'ignore en quel endroit j'ai fait cette faute ; et tout ce que je puis répondre, c'est que ce n'a pas été mon intention.

La science est très bonne en soi, cela est évident ; et il faudrait avoir renoncé au bon sens pour dire le contraire. L'auteur de toutes choses est la source de la vérité ; tout connaître est un de ses divins attributs. C'est donc participer en quelque sorte à la suprême intelligence, que d'acquérir des connaissances et d'étendre ses lumières. En ce sens j'ai loué le savoir, et c'est en ce sens que je loue mon adversaire. Il s'étend encore sur les divers genres d'utilité que l'homme peut retirer des arts et des sciences ; et j'en aurais volontiers dit autant, si cela eût été de mon sujet. Ainsi nous sommes parfaitement d'accord en ce point.

Mais comment se peut-il faire que les sciences, dont la source est si pure et la fin si louable, engendrent tant d'impiétés, tant d'hérésies, tant d'erreurs, tant de systèmes absurdes, tant de contrariétés, tant d'inepties, tant de satires amères, tant de misérables romans, tant de vers licencieux, tant de livres obscènes ; et dans ceux qui les cultivent, tant d'orgueil, tant d'avarice, tant de malignité, tant de cabales, tant de jalousies, tant de mensonges, tant de noirceurs, tant de calomnies, tant de lâches et honteuses flatteries ? Je disais que c'est parce que la science toute belle, toute sublime qu'elle est, n'est point faite pour l'homme ; qu'il a l'esprit trop borné pour y faire de grands progrès, et trop de passions dans le cœur pour n'en pas faire un mauvais usage ; que c'est assez pour lui de bien étudier ses devoirs, et que chacun a reçu toutes les lumières dont il a besoin pour cette étude. Mon adversaire avoue de son côté que les sciences deviennent nuisibles quand on en abuse, et que plusieurs en abusent en effet. En cela, nous ne disons pas, je crois, des choses fort différentes ; j'ajoute, il est vrai, qu'on en abuse beaucoup, et qu'on en abuse toujours, et il ne me semble pas que dans la réponse on ait soutenu le contraire.

Je peux donc assurer que nos principes, et par conséquent toutes les propositions qu'on en peut déduire, n'ont rien d'opposé, et c'est ce que j'avais à prouver. Cependant, quand nous venons à conclure, nos deux conclusions se trouvent contraires. La mienne était que, puisque les sciences font plus de mal aux mœurs que de bien à la société, il eût été à désirer que les hommes s'y fussent livrés avec moins d'ardeur. Celle de mon adversaire est que, quoique les sciences fassent beaucoup de mal, il ne faut pas laisser de les cultiver à cause du bien qu'elles font. Je m'en rapporte, non au public, mais au petit nombre des vrais philosophes, sur celle qu'il faut préférer de ces deux conclusions.

Il me reste de légères observations à faire sur quelques endroits de cette réponse, qui m'ont paru manquer un peu de la justesse que j'admire volontiers dans les autres, et qui ont pu contribuer par là à l'erreur de la conséquence que l'auteur en tire.

L'ouvrage commence par quelques personnalités que je ne relèverai qu'autant qu'elles seront à la question. L'auteur m'honore de plusieurs éloges, et c'est assurément m'ouvrir une belle carrière. Mais il y a trop peu de proportion entre ces choses : un silence respectueux sur les objets de notre admiration est souvent plus convenable que des louanges indiscrètes[1].

Mon Discours, dit-on, a de quoi surprendre[2]; il me semble que ceci demanderait quelque éclaircissement. On est encore surpris de le voir couronné; ce n'est pourtant pas un prodige de voir couronner de médiocres écrits. Dans tout autre sens cette surprise serait aussi honorable à l'Académie de Dijon qu'injurieuse à l'intégrité des Académies en général; et il est aisé de sentir combien j'en ferais le profit de ma cause.

On me taxe par des phrases fort agréablement arrangées de contradiction entre ma conduite et ma doctrine; on me reproche d'avoir cultivé moi-même les études que je condamne[3]; puisque la science et la vertu sont

---

1. Tous les princes, bons et mauvais, seront toujours bassement et indifféremment loués, tant qu'il y aura des courtisans et des gens de lettres. Quant aux princes qui sont de grands hommes, il leur faut des éloges plus modérés et mieux choisis. La flatterie offense leur vertu, et la louange même peut faire tort à leur gloire. Je sais bien, du moins, que Trajan serait beaucoup plus grand à mes yeux si Pline n'eût jamais écrit. Si Alexandre eût été en effet ce qu'il affectait de paraître, il n'eût point songé à son portrait ni à sa statue; mais, pour son panégyrique, il n'eût permis qu'à un Lacédémonien de le faire, au risque de n'en point avoir. Le seul éloge digne d'un roi est celui qui se fait entendre, non par la bouche mercenaire d'un orateur, mais par la voix d'un peuple libre. *Pour que je prisse plaisir de vos louanges*, disait l'empereur Julien à des courtisans qui vantaient sa justice, *il faudrait que vous osassiez dire le contraire, s'il était vrai.*

2. C'est de la question même qu'on pourrait être surpris; grande et belle question s'il en fut jamais, et qui pourra bien n'être pas sitôt renouvelée. L'Académie française vient de proposer pour le prix d'éloquence de l'année 1752 un sujet fort semblable à celui-là. Il s'agit de soutenir que l'*amour des lettres inspire l'amour de la vertu*. L'Académie n'a pas jugé à propos de laisser un tel sujet en problème; et cette sage Compagnie a doublé dans cette occasion le temps qu'elle accordait ci-devant aux auteurs, même pour les sujets les plus difficiles.

3. Je ne saurais me justifier, comme bien d'autres, sur ce que notre éducation ne dépend point de nous, et qu'on ne nous consulte pas pour nous empoisonner : c'est de très bon gré que je me suis jeté dans l'étude; et c'est de meilleur cœur encore que je l'ai abandonnée, en m'apercevant du trouble qu'elle jetait dans mon âme sans aucun profit pour ma raison. Je ne veux plus d'un métier trompeur, où l'on croit beaucoup faire pour la sagesse, en faisant tout pour la vanité.

incompatibles, comme on prétend que je m'efforce de le prouver, on me demande d'un ton assez pressant comment j'ose employer l'une en me déclarant pour l'autre.

Il y a beaucoup d'adresse à m'impliquer ainsi moi-même dans la question ; cette personnalité ne peut manquer de jeter de l'embarras dans ma réponse, ou plutôt dans mes réponses ; car malheureusement j'en ai plus d'une à faire. Tâchons du moins que la justesse y supplée à l'agrément.

1. Que la culture des sciences corrompe les mœurs d'une nation, c'est ce que j'ai osé soutenir, c'est ce que j'ose croire avoir prouvé. Mais comment aurais-je pu dire que dans chaque homme en particulier la science et la vertu sont incompatibles, moi qui ai exhorté les princes à appeler les vrais savants à leur cour, et à leur donner leur confiance, afin qu'on voie une fois ce que peuvent la science et la vertu réunies pour le bonheur du genre humain ? Ces vrais savants sont en petit nombre, je l'avoue ; car pour bien user de la science, il faut réunir de grands talents et de grandes vertus ; or c'est ce qu'on peut espérer de quelques âmes privilégiées, mais qu'on ne doit point attendre de tout un peuple. On ne saurait donc conclure de mes principes qu'un homme ne puisse être savant et vertueux tout à la fois.

2. On pourrait encore moins me presser personnellement par cette prétendue contradiction, quand même elle existerait réellement. J'adore la vertu, mon cœur me rend ce témoignage ; il me dit trop aussi, combien il y a loin de cet amour à la pratique qui fait l'homme vertueux ; d'ailleurs, je suis fort éloigné d'avoir de la science, et plus encore d'en affecter. J'aurais cru que l'aveu ingénu que j'ai fait au commencement de mon Discours me garantirait de cette imputation, je craignais bien plutôt qu'on ne m'accusât de juger des choses que je ne connaissais pas. On sent assez combien il m'était impossible d'éviter à la fois ces deux reproches. Que sais-je même, si l'on n'en viendrait point à les réunir, si je ne me hâtais de passer condam-

nation sur celui-ci, quelque peu mérité qu'il puisse être ?

3. Je pourrais rapporter à ce sujet ce que disaient les Pères de l'Eglise des sciences mondaines qu'ils méprisaient, et dont pourtant ils se servaient pour combattre les philosophes païens. Je pourrais citer la comparaison qu'ils en faisaient avec les vases des Egyptiens volés par les Israélites : mais je me contenterai pour dernière réponse de proposer cette question : Si quelqu'un venait pour me tuer et que j'eusse le bonheur de me saisir de son arme, me serait-il défendu, avant que de la jeter, de m'en servir pour le chasser de chez moi ?

Si la contradiction qu'on me reproche n'existe pas, il n'est donc pas nécessaire de supposer que je n'ai voulu que m'égayer sur un frivole paradoxe ; et cela me paraît d'autant moins nécessaire que le ton que j'ai pris, quelque mauvais qu'il puisse être, n'est pas du moins celui qu'on emploie dans les jeux d'esprit.

Il est temps de finir sur ce qui me regarde : on ne gagne jamais rien à parler de soi ; et c'est une indiscrétion que le public pardonne difficilement, même quand on y est forcé. La vérité est si indépendante de ceux qui l'attaquent et de ceux qui la défendent que les auteurs qui en disputent devraient bien s'oublier réciproquement ; cela épargnerait beaucoup de papier et d'encre. Mais cette règle si aisée à pratiquer avec moi ne l'est point du tout vis-à-vis de mon adversaire ; et c'est une différence qui n'est pas à l'avantage de ma réplique.

L'auteur, observant que j'attaque les sciences et les arts par leurs effets sur les mœurs, emploie pour me répondre le dénombrement des utilités qu'on en retire dans tous les Etats ; c'est comme si, pour justifier un accusé, on se contentait de prouver qu'il se porte fort bien, qu'il a beaucoup d'habileté, ou qu'il est fort riche. Pourvu qu'on m'accorde que les arts et les sciences nous rendent malhonnêtes gens, je ne disconviendrai pas qu'ils ne nous soient d'ailleurs très commodes ; c'est une conformité de plus qu'ils auront avec la plupart des vices.

L'auteur va plus loin, et prétend encore que l'étude

nous est nécessaire pour admirer les beautés de l'univers, et que le spectacle de la nature, exposé, ce semble, aux yeux de tous pour l'instruction des simples, exige lui-même beaucoup d'instruction dans les observateurs pour en être aperçu. J'avoue que cette proposition me surprend : serait-ce qu'il est ordonné à tous les hommes d'être philosophes, ou qu'il n'est ordonné qu'aux seuls philosophes de croire en Dieu ? L'Ecriture nous exhorte en mille endroits d'adorer la grandeur et la bonté de Dieu dans les merveilles de ses œuvres ; je ne pense pas qu'elle nous ait prescrit nulle part d'étudier la physique, ni que l'auteur de la nature soit moins bien adoré par moi qui ne sais rien que par celui qui connaît et le cèdre, et l'hysope, et la trompe de la mouche, et celle de l'éléphant : *Non enim nos Deus ista scire, sed tantummodo uti voluit*.

On croit toujours avoir dit ce que font les sciences quand on a dit ce qu'elles devraient faire. Cela me paraît pourtant fort différent : l'étude de l'univers devrait élever l'homme à son créateur, je le sais ; mais elle n'élève que la vanité humaine. Le philosophe, qui se flatte de pénétrer dans les secrets de Dieu, ose associer sa prétendue sagesse à la sagesse éternelle : il approuve, il blâme, il corrige, il prescrit des lois à la nature, et des bornes à la divinité ; et tandis qu'occupé de ses vains systèmes, il se donne mille peines pour arranger la machine du monde, le laboureur qui voit la pluie et le soleil tour à tour fertiliser son champ, admire, loue et bénit la main dont il reçoit ces grâces, sans se mêler de la manière dont elles lui parviennent. Il ne cherche point à justifier son ignorance ou ses vices par son incrédulité. Il ne censure point les œuvres de Dieu, et ne s'attaque point à son maître pour faire brillei sa suffisance. Jamais le mot impie d'Alphonse X ne tombera dans l'esprit d'un homme vulgaire : c'est à une bouche savante que ce blasphème était réservé.

La curiosité naturelle à l'homme, continue-t-on, *lui inspire l'envie d'apprendre*. Il devrait donc travailler à la contenir, comme tous ses penchants naturels. *Ses besoins lui en font sentir la nécessité*. A bien des égards les connaissances sont utiles; cependant les sauvages sont des hommes, et ne sentent point cette nécessité-là. *Ses emplois lui en imposent l'obligation.* Ils lui imposent bien plus souvent celle de renoncer à l'étude pour vaquer à ses devoirs[1]. *Ses progrès lui en font goûter le plaisir.* C'est pour cela même qu'il devrait s'en défier. *Ses premières découvertes augmentent l'avidité qu'il a de savoir.* Cela arrive en effet à ceux qui ont du talent. *Plus il connaît, plus il sent qu'il a de connaissances à acquérir*; c'est-à-dire que l'usage de tout le temps qu'il perd est de l'exciter à en perdre encore davantage : mais il n'y a guère qu'un petit nombre d'hommes de génie en qui la vue de leur ignorance se développe en apprenant, et c'est pour eux seulement que l'étude peut être bonne : à peine les petits esprits ont-ils appris quelque chose qu'ils croient tout savoir, et il n'y a sorte de sottise que cette persuasion ne leur fasse dire et faire. *Plus il a de connaissances acquises, plus il a de facilité à bien faire.* On voit qu'en parlant ainsi, l'auteur a bien plus consulté son cœur qu'il n'a observé les hommes.

Il avance encore qu'il est bon de connaître le mal pour apprendre à le fuir; et il fait entendre qu'on ne peut s'assurer de sa vertu qu'après l'avoir mise à l'épreuve. Ces maximes sont au moins douteuses et sujettes à bien des discussions. Il n'est pas certain que pour apprendre à bien faire, on soit obligé de savoir en combien de manières on peut faire le mal. Nous avons un guide intérieur, bien plus infaillible que tous les livres, et qui ne nous abandonne jamais dans le besoin. C'en serait assez pour nous conduire innocemment, si nous voulions l'écouter toujours; et comment serait-on obligé d'éprouver ses forces pour s'assurer de sa vertu, si c'est un des exercices de la vertu de fuir les occasions du vice?

L'homme sage est continuellement sur ses gardes, et

---

1. C'est une mauvaise marque pour une société, qu'il faille tant de Science dans ceux qui la conduisent, si les hommes étaient ce qu'ils doivent être, ils n'auraient guère besoin d'étudier pour apprendre les choses qu'ils ont à faire.

se défie toujours de ses propres forces; il réserve tout son courage pour le besoin, et ne s'expose jamais mal à propos. Le fanfaron est celui qui se vante sans cesse de plus qu'il ne peut faire, et qui, après avoir bravé et insulté tout le monde, se laisse battre à la première rencontre. Je demande lequel de ces deux portraits ressemble le mieux à un philosophe aux prises avec ses passions.

On me reproche d'avoir affecté de prendre chez les anciens mes exemples de vertu. Il y a bien de l'apparence que j'en aurais trouvé encore davantage si j'avais pu remonter plus haut : j'ai cité aussi un peuple moderne, et ce n'est pas ma faute si je n'en ai trouvé qu'un. On me reproche encore dans une maxime générale des parallèles odieux, où il entre, dit-on, moins de zèle et d'équité que d'envie contre mes compatriotes et d'humeur contre mes contemporains. Cependant, personne, peut-être, n'aime autant que moi son pays et ses compatriotes. Au surplus, je n'ai qu'un mot à répondre. J'ai dit mes raisons et ce sont elles qu'il faut peser. Quant à mes intentions, il en faut laisser le jugement à celui-là seul auquel il appartient.

Je ne dois point passer ici sous silence une objection considérable qui m'a déjà été faite par un philosophe[1] : *N'est-ce point*, me dit-on ici, *au climat, au tempérament, au manque d'occasion, au défaut d'objet, à l'économie du gouvernement, aux coutumes, aux lois, à toute autre cause qu'aux sciences qu'on doit attribuer cette différence qu'on remarque quelquefois dans les mœurs en différents pays et en différents temps ?*

Cette question renferme de grandes vues et demanderait des éclaircissements trop étendus pour convenir à cet écrit. D'ailleurs, il s'agirait d'examiner les relations très cachées, mais très réelles qui se trouvent entre la nature du gouvernement, et le génie, les mœurs et les connaissances des citoyens; et ceci me jetterait dans des discussions délicates, qui me pourraient mener trop

---

1. Préf. de l'Encycl.

loin. De plus, il me serait bien difficile de parler de gouvernement, sans donner trop beau jeu à mon adversaire ; et tout bien pesé, ce sont des recherches bonnes à faire à Genève, et dans d'autres circonstances.

Je passe à une accusation bien plus grave que l'objection précédente. Je la transcrirai dans ses propres termes ; car il est important de la mettre fidèlement sous les yeux du lecteur.

Plus le chrétien examine l'authenticité de ses titres, plus il se rassure dans la possession de sa croyance ; plus il étudie la révélation, plus il se fortifie dans la foi. C'est dans les divines Ecritures qu'il en découvre l'origine et l'excellence ; c'est dans les doctes écrits des Pères de l'Eglise qu'il en suit de siècle en siècle le développement ; c'est dans les livres de morale et les annales saintes qu'il en voit les exemples et qu'il s'en fait l'application.

Quoi ! l'ignorance enlèvera à la religion et à la vertu des appuis si puissants ! et ce sera à elle qu'un docteur de Genève enseignera hautement qu'on doit l'irrégularité des mœurs ! On s'étonnerait davantage d'entendre un si étrange paradoxe, si on ne savait que la singularité d'un système, quelque dangereux qu'il soit, n'est qu'une raison de plus pour qui n'a pour règle que l'esprit particulier.

J'ose le demander à l'auteur ; comment a-t-il pu jamais donner une pareille interprétation aux principes que j'ai établis ? Comment a-t-il pu m'accuser de blâmer l'étude de la religion, moi qui blâme surtout l'étude de nos vaines sciences, parce qu'elle nous détourne de celle de nos devoirs ? et qu'est-ce que l'étude des devoirs du chrétien sinon celle de sa religion même ?

Sans doute j'aurais dû blâmer expressément toutes ces puériles subtilités de la scolastique, avec lesquelles, sous prétexte d'éclaircir les principes de la religion, on en anéantit l'esprit en substituant l'orgueil scientifique à l'humilité chrétienne. J'aurais dû m'élever avec plus de force contre ces ministres indiscrets qui les premiers ont osé porter les mains à l'Arche, pour étayer avec leur faible savoir un édifice soutenu par la main de Dieu. J'aurais dû m'indigner contre ces hommes frivoles, qui par leurs misérables pointilleries ont avili la sublime simplicité de l'Evangile, et réduit en syllogismes la doctrine de Jésus-Christ. Mais il s'agit aujourd'hui de me défendre, et non d'attaquer.

Je vois que c'est par l'Histoire et les faits qu'il faudrait terminer cette dispute. Si je savais exposer en peu de mots ce que les sciences et la religion ont eu de commun dès le commencement, peut-être cela servirait-il à décider la question sur ce point.

Le peuple que Dieu s'était choisi n'a jamais cultivé les sciences, et on ne lui en a jamais conseillé l'étude ; cependant, si cette étude était bonne à quelque chose, il en aurait eu plus besoin qu'un autre. Au contraire, ses chefs firent toujours leurs efforts pour le tenir séparé autant qu'il était possible des nations idolâtres et savantes qui l'environnaient. Précaution moins nécessaire pour lui d'un côté que de l'autre ; car ce peuple faible et grossier était bien plus aisé à séduire par les fourberies des prêtres de Baal, que par les sophismes des philosophes.

Après des dispersions fréquentes parmi les Egyptiens et les Grecs, la science eut encore mille peines à germer dans les têtes des Hébreux. Joseph et Philon, qui partout ailleurs n'auraient été que deux hommes médiocres, furent des prodiges parmi eux. Les Saducéens, reconnaissables à leur irréligion, furent les philosophes de Jérusalem ; les Pharisiens, grands hypocrites, en furent les docteurs[1]. Ceux-ci, quoiqu'ils bornassent à peu près leur science à l'étude de la Loi, faisaient cette étude avec tout le faste et toute la suffisance dogmatique ; ils observaient aussi avec un très grand soin

---

1. On voyait régner entre ces deux partis cette haine et ce mépris réciproque qui régnèrent de tous temps entre les docteurs et les philosophes ; c'est-à-dire entre ceux qui font de leur tête un répertoire de la science d'autrui, et ceux qui se piquent d'en avoir une à eux. Mettez aux prises le maître de musique et le maître à danser du *Bourgeois gentilhomme*, vous aurez l'antiquaire et le bel esprit ; le chimiste et l'homme de lettres ; le jurisconsulte et le médecin ; le géomètre et le versificateur ; le théologien et le philosophe ; pour bien juger de tous ces gens-là, il suffit de s'en rapporter à eux-mêmes, et d'écouter ce que chacun vous dit, non de soi, mais des autres.

toutes les pratiques de la religion ; mais l'Evangile nous apprend l'esprit de cette exactitude, et le cas qu'il en fallait faire : au surplus, ils avaient tous très peu de science et beaucoup d'orgueil ; et ce n'est pas en cela qu'ils différaient le plus de nos docteurs d'aujourd'hui.

Dans l'établissement de la nouvelle loi, ce ne fut point à des savants que Jésus-Christ voulut confier sa doctrine et son ministère. Il suivit dans son choix la prédilection qu'il a montrée en toute occasion pour les petits et les simples. Et dans les instructions qu'il donnait à ses disciples, on ne voit pas un mot d'étude ni de science, si ce n'est pour marquer le mépris qu'il faisait de tout cela.

Après la mort de Jésus-Christ, douze pauvres pêcheurs et artisans entreprirent d'instruire et de convertir le monde. Leur méthode était simple ; ils prêchaient sans art, mais avec un cœur pénétré, et de tous les miracles dont Dieu honorait leur foi, le plus frappant était la sainteté de leur vie ; leurs disciples suivirent cet exemple, et le succès fut prodigieux. Les prêtres païens alarmés firent entendre aux princes que l'Etat était perdu parce que les offrandes diminuaient. Les persécutions s'élevèrent, et les persécuteurs ne firent qu'accélérer les progrès de cette religion qu'ils voulaient étouffer. Tous les chrétiens couraient au martyre, tous les peuples couraient au baptême : l'histoire de ces premiers temps est un prodige continuel.

Cependant les prêtres des idoles, non contents de persécuter les chrétiens, se mirent à les calomnier ; les philosophes, qui ne trouvaient pas leur compte dans une religion qui prêche l'humilité, se joignirent à leurs prêtres. Les simples se faisaient chrétiens, il est vrai ; mais les savants se moquaient d'eux, et l'on sait avec quel mépris saint Paul lui-même fut reçu des Athéniens. Les railleries et les injures pleuvaient de toutes parts sur la nouvelle secte. Il fallut prendre la plume pour se défendre. Saint Justin Martyr[1] écrivit le pre-

---

1. Ces premiers écrivains qui scellaient de leur sang le témoignage de leur plume seraient aujourd'hui des auteurs bien scandaleux ; car ils soutenaient précisément le même sentiment que moi. Saint Justin, dans son entretien avec Triphon, passe en revue les diverses sectes de

mier l'Apologie de sa foi. On attaqua les païens à leur tour; les attaquer c'était les vaincre; les premiers succès encouragèrent d'autres écrivains : sous prétexte d'exposer la turpitude du paganisme, on se jeta dans la

philosophie dont il avait autrefois essayé, et les rend si ridicules qu'on croirait lire un Dialogue de Lucien : aussi voit-on dans l'Apologie de Tertullien combien les premiers chrétiens se tenaient offensés d'être pris pour des philosophes.

Ce serait, en effet, un détail bien flétrissant pour la philosophie que l'exposition des maximes pernicieuses et des dogmes impies de ces diverses sectes. Les épicuriens niaient toute providence, les académiciens doutaient de l'existence de la divinité, et les stoïciens de l'immortalité de l'âme. Les sectes moins célèbres n'avaient pas de meilleurs sentiments; en voici un échantillon dans ceux de Théodore, chef d'une des deux branches des cyrénaïques, rapporté par Diogène Laërce. *Sustulit amicitiam quod ea neque insipientibus neque sapientibus adsit... Probobile dicebat prudentem virum non seipsum pro patria periculis exponere, neque enim pro insipientium commodis amittendam esse prudentiam. Furto quoque et adulterio et sacrilegio cum tempestivum erit daturum operam sapientem. Nihil quippe horum turpe natura esse. Sed auferatur de hisce vulgaris opinio, quæ e stultorum imperitorumque plebecula conflata est... Sapientem publice absque ullo pudore ac suspicione scortis congressurum.*

Ces opinions sont particulières, je le sais; mais y a-t-il une seule de toutes les sectes qui ne soit tombée dans quelque erreur dangereuse; et que dirons-nous de la distinction des deux doctrines si avidement reçue de tous les philosophes, et par laquelle ils professaient en secret des sentiments contraires à ceux qu'ils enseignaient publiquement? Pythagore fut le premier qui fit usage de la doctrine intérieure; il ne la découvrait à ses disciples qu'après de longues épreuves et avec le plus grand mystère; il leur donnait en secret des leçons d'athéisme, et offrait solennellement des hécatombes à Jupiter. Les philosophes se trouvèrent si bien de cette méthode qu'elle se répandit rapidement dans la Grèce, et de là dans Rome; comme on le voit par les ouvrages de Cicéron, qui se moquait avec ses amis des dieux immortels, qu'il attestait avec tant d'emphase sur la tribune aux harangues.

La doctrine intérieure n'a point été portée d'Europe à la Chine; mais elle y est née aussi avec la philosophie; et c'est à elle que les Chinois sont redevables de cette foule d'athées ou de philosophes qu'ils ont parmi eux. L'histoire de cette fatale doctrine, faite par un homme instruit et sincère, serait un terrible coup porté à la philosophie ancienne et moderne. Mais la philosophie bravera toujours la raison, la vérité, et le temps même; parce qu'elle a sa source dans l'orgueil humain, plus fort que toutes ces choses.

mythologie et dans l'érudition[1] ; on voulut montrer de
la science et du bel esprit, les livres parurent en foule, et
les mœurs commencèrent à se relâcher.

Bientôt on ne se contenta plus de la simplicité de
l'Evangile et de la foi des apôtres, il fallut toujours avoir
plus d'esprit que ses prédécesseurs. On subtilisa sur
tous les dogmes ; chacun voulut soutenir son opinion,
personne ne voulut céder. L'ambition d'être chef de
secte se fit entendre, les hérésies pullulèrent de toutes
parts.

L'emportement et la violence ne tardèrent pas à se
joindre à la dispute. Ces chrétiens si doux, qui ne
savaient que tendre la gorge aux couteaux, devinrent
entre eux des persécuteurs furieux pires que les idolâtres : tous trempèrent dans les mêmes excès, et le
parti de la vérité ne fut pas soutenu avec plus de
modération que celui de l'erreur.

Un autre mal encore plus dangereux naquit de la
même source. C'est l'introduction de l'ancienne philosophie dans la doctrine chrétienne. A force d'étudier les
philosophes grecs, on crut y voir des rapports avec le
christianisme. On osa croire que la religion en deviendrait plus respectable, revêtue de l'autorité de la philosophie ; il fut un temps où il fallait être platonicien pour
être orthodoxe ; et peu s'en fallut que Platon d'abord, et
ensuite Aristote, ne fût placé sur l'autel à côté de
Jésus-Christ.

L'Eglise s'éleva plus d'une fois contre ces abus. Ses
plus illustres défenseurs les déplorèrent souvent en
termes pleins de force et d'énergie : souvent ils ten-
tèrent d'en bannir toute cette science mondaine, qui en
souillait la pureté. Un des plus illustres papes en vint
même jusqu'à cet excès de zèle de soutenir que c'était

---

1. On a fait de justes reproches à Clément d'Alexandrie, d'avoir
affecté dans ses écrits une érudition profane, peu convenable à un
chrétien. Cependant, il semble qu'on était excusable alors de s'instruire de la doctrine contre laquelle on avait à se défendre. Mais qui
pourrait voir sans rire toutes les peines que se donnent aujourd'hui
nos savants pour éclaircir les rêveries de la mythologie ?

une chose honteuse d'asservir la parole de Dieu aux règles de la grammaire.

Mais ils eurent beau crier ; entraînés par le torrent, ils furent contraints de se conformer eux-mêmes à l'usage qu'ils condamnaient ; et ce fut d'une manière très savante que la plupart d'entre eux déclamèrent contre le progrès des sciences.

Après de longues agitations, les choses prirent enfin une assiette plus fixe. Vers le dixième siècle, le flambeau des sciences cessa d'éclairer la terre ; le clergé demeura plongé dans une ignorance que je ne veux pas justifier, puisqu'elle ne tombait pas moins sur les choses qu'il doit savoir que sur celles qui lui sont inutiles, mais à laquelle l'Eglise gagna du moins un peu plus de repos qu'elle n'en avait éprouvé jusque-là.

Après la renaissance des lettres, les divisions ne tardèrent pas à recommencer plus terribles que jamais. De savants hommes émurent la querelle, de savants hommes la soutinrent, et les plus capables se montrèrent toujours les plus obstinés. C'est en vain qu'on établit des conférences entre les docteurs des différents partis : aucun n'y portait l'amour de la réconciliation, ni peut-être celui de la vérité ; tous n'y portaient que le désir de briller aux dépens de leur adversaire, chacun voulait vaincre, nul ne voulait s'instruire, le plus fort imposait silence au plus faible ; la dispute se terminait toujours par des injures, et la persécution en a toujours été le fruit. Dieu seul sait quand tous ces maux finiront.

Les sciences sont florissantes aujourd'hui, la littérature et les arts brillent parmi nous ; quel profit en a tiré la religion ? Demandons-le à cette multitude de philosophes qui se piquent de n'en point avoir. Nos bibliothèques regorgent de livres de théologie ; et les casuistes fourmillent parmi nous. Autrefois nous avions des saints et point de casuistes. La science s'étend et la foi s'anéantit. Tout le monde veut enseigner à bien faire, et personne ne veut l'apprendre ; nous sommes tous devenus docteurs, et nous avons cessé d'être chrétiens.

Non, ce n'est point avec tant d'art et d'appareil que l'Evangile s'est étendu par tout l'univers, et que sa beauté ravissante a pénétré les cœurs. Ce divin livre, le seul nécessaire à un chrétien, et le plus utile de tous à quiconque même ne le serait pas, n'a besoin que d'être médité pour porter dans l'âme l'amour de son auteur, et la volonté d'accomplir ses préceptes. Jamais la vertu n'a parlé un si doux langage ; jamais la plus profonde sagesse ne s'est exprimée avec tant d'énergie et de simplicité. On n'en quitte point la lecture sans se sentir meilleur qu'auparavant. O vous, ministres de la Loi qui m'y est annoncée, donnez-vous moins de peine pour m'instruire de tant de choses inutiles. Laissez là tous ces livres savants, qui ne savent ni me convaincre, ni me toucher. Prosternez-vous au pied de ce Dieu de miséricorde que vous vous chargez de me faire connaître et aimer ; demandez-lui pour vous cette humilité profonde que vous devez me prêcher. N'étalez point à mes yeux cette science orgueilleuse, ni ce faste indécent qui vous déshonorent et qui me révoltent ; soyez touchés vous-mêmes, si vous voulez que je le sois ; et surtout, montrez-moi dans votre conduite la pratique de cette loi dont vous prétendez m'instruire. Vous n'avez pas besoin d'en savoir, ni de m'en enseigner davantage, et votre ministère est accompli. Il n'est point en tout cela question de belles-lettres, ni de philosophie. C'est ainsi qu'il convient de suivre et de prêcher l'Evangile, et c'est ainsi que ses premiers défenseurs l'ont fait triompher de toutes les nations, *non Aristotelico more*, disaient les Pères de l'Eglise, *sed Piscatorio*[1].

Je sens que je deviens long, mais j'ai cru ne pouvoir

---

1. Notre foi, dit Montaigne, ce n'est pas notre acquêt, c'est un pur présent de la libéralité d'autrui. Ce n'est pas par discours ou par notre entendement que nous avons reçu notre religion, c'est par autorité et par commandement étranger. La faiblesse de notre jugement nous y aide plus que la force, et notre aveuglement plus que notre clairvoyance. C'est par l'entremise de notre ignorance que nous sommes savants. Ce n'est pas merveille si nos moyens naturels et terrestres ne peuvent concevoir cette connaissance supernaturelle et céleste. Apportons-y seulement du nôtre, l'obéissance et la subjection : car, comme il est écrit, je détruirai la sapience des sages, et abattrai la prudence des prudents.

me dispenser de m'étendre un peu sur un point de l'importance de celui-ci. De plus, les lecteurs impatients doivent faire réflexion que c'est une chose bien commode que la critique ; car où l'on attaque avec un mot, il faut des pages pour se défendre.

Je passe à la deuxième partie de la réponse, sur laquelle je tâcherai d'être plus court, quoique je n'y trouve guère moins d'observations à faire.

Ce n'est pas des sciences, me dit-on, *c'est du sein des richesses que sont nés de tout temps la mollesse et le luxe*. Je n'avais pas dit non plus que le luxe fût né des sciences ; mais qu'ils étaient nés ensemble et que l'un n'allait guère sans l'autre. Voici comment j'arrangerais cette généalogie. La première source du mal est l'inégalité ; de l'inégalité sont venues les richesses ; car ces mots de pauvre et de riche sont relatifs, et partout où les hommes seront égaux, il n'y aura ni riches ni pauvres. Des richesses sont nés le luxe et l'oisiveté ; du luxe sont venus les beaux-arts, et de l'oisiveté les sciences. *Dans aucun temps les richesses n'ont été l'apanage des savants.* C'est en cela même que le mal est plus grand, les riches et les savants ne servent qu'à se corrompre mutuellement. Si les riches étaient plus savants, ou que les savants fussent plus riches ; les uns seraient de moins lâches flatteurs ; les autres aimeraient moins la basse flatterie, et tous en vaudraient mieux. C'est ce qui peut se voir par le petit nombre de ceux qui ont le bonheur d'être savants et riches tout à la fois. *Pour un Platon dans l'opulence, pour un Aristippe accrédité à la cour, combien de philosophes réduits au manteau et à la besace, enveloppés dans leur propre vertu et ignorés dans leur solitude ?* Je ne disconviens pas qu'il n'y ait un grand nombre de philosophes très pauvres, et sûrement très fâchés de l'être : je ne doute pas non plus que ce ne soit à leur seule pauvreté, que la plupart d'entre eux doivent leur philosophie : mais quand je voudrais bien les supposer vertueux, serait-ce sur leurs mœurs que le peuple ne voit point qu'il apprendrait à réformer les siennes ? *Les savants n'ont ni le goût, ni le loisir d'amasser de grands biens*. Je consens à croire qu'ils n'en ont pas le loisir. *Ils aiment l'étude.* Celui qui n'aimerait pas son métier serait un homme bien fou, ou bien misérable. *Ils vivent dans la médiocrité*; il faut être extrêmement disposé en leur faveur pour leur en faire un mérite. *Une vie laborieuse et modérée, passée dans le silence de la retraite, occupée de la lecture et du travail, n'est pas assurément une vie voluptueuse et criminelle.* Non pas du moins aux yeux des hommes : tout dépend de l'intérieur. Un homme peut être contraint à mener une telle vie, et avoir pourtant l'âme très corrompue ; d'ailleurs qu'importe qu'il soit lui-même vertueux et modeste, si les travaux dont il s'occupe nourrissent l'oisiveté et gâtent l'esprit de ses concitoyens ? *Les commodités de la vie, pour être souvent le fruit des arts, n'en sont pas davantage le partage des artistes.* Il ne me paraît guère qu'ils soient gens à se les refuser ; surtout ceux qui, s'occupant d'arts tout à fait inutiles et par conséquent très lucratifs, sont plus en état de se procurer tout ce qu'ils désirent. *Ils ne travaillent que pour les riches.* Au train que prennent les choses, je ne serais pas étonné de voir quelque jour les riches travailler pour eux. *Et ce sont les riches oisifs qui profitent et abusent des fruits de leur industrie.* Encore une fois, je ne vois point que nos artistes soient des gens si simples et si modestes ; le luxe ne saurait régner dans un ordre de citoyens qu'il ne se glisse bientôt parmi tous les autres sous différentes modifications, et partout il fait le même ravage.

Le luxe corrompt tout ; et le riche qui en jouit, et le misérable qui le convoite. On ne saurait dire que ce soit un mal en soi de porter des manchettes de point, un habit brodé, et une boîte émaillée. Mais c'en est un très grand de faire quelque cas de ces colifichets, d'estimer heureux le peuple qui les porte, et de consacrer à se mettre en état d'en acquérir de semblables un temps et des soins que tout homme doit à de plus nobles objets. Je n'ai pas besoin d'apprendre quel est le métier de celui qui s'occupe de telles vues, pour savoir le jugement que je dois porter de lui.

J'ai passé le beau portrait qu'on nous fait ici des savants, et je crois pouvoir me faire un mérite de cette complaisance. Mon adversaire est moins indulgent : non seulement il ne m'accorde rien qu'il puisse me refuser ; mais plutôt que de passer condamnation sur le mal que je pense de notre vaine et fausse politesse, il aime mieux excuser l'hypocrisie. Il me demande si je voudrais que le vice se montrât à découvert ? Assurément je le voudrais. La confiance et l'estime renaîtraient entre les bons, on apprendrait à se défier des méchants, et la société en serait plus sûre. J'aime mieux que mon ennemi m'attaque à force ouverte que de venir en trahison me frapper par-derrière. Quoi donc ! faudra-t-il joindre le scandale au crime ? Je ne sais ; mais je voudrais bien qu'on n'y joignît pas la fourberie. C'est une chose très commode pour les vicieux que toutes les maximes qu'on nous débite depuis longtemps sur le scandale : si on les voulait suivre à la rigueur, il faudrait se laisser piller, trahir, tuer impunément et ne jamais punir personne ; car c'est un objet très scandaleux qu'un scélérat sur la roue. Mais l'hypocrisie est un hommage que le vice rend à la vertu ? Oui, comme celui des assassins de César, qui se prosternait à ses pieds pour l'égorger plus sûrement. Cette pensée a beau être brillante, elle a beau être autorisée du nom célèbre de son auteur[1], elle n'en est pas plus juste. Dira-t-on jamais d'un filou, qui prend la livrée d'une maison pour faire son coup plus commodément, qu'il rend hommage au maître de la maison qu'il vole ? Non, couvrir sa méchanceté du dangereux manteau de l'hypocrisie, ce n'est point honorer la vertu ; c'est l'outrager en profanant ses enseignes ; c'est ajouter la lâcheté et la fourberie à tous les autres vices ; c'est se fermer pour jamais tout retour vers la probité. Il y a des caractères élevés qui portent jusque dans le crime je ne sais quoi de fier et de généreux, qui laisse voir au-dedans encore quelque étincelle de ce feu céleste fait pour animer les belles âmes. Mais l'âme vile et rampante de l'hypocrite est semblable à un cadavre, où l'on ne trouve plus ni feu, ni

---

1. Le duc de La Rochefoucauld.

chaleur, ni ressource à la vie. J'en appelle à l'expérience. On a vu de grands scélérats rentrer en eux-mêmes, achever saintement leur carrière et mourir en prédestinés. Mais ce que personne n'a jamais vu, c'est un hypocrite devenir homme de bien ; on aurait pu raisonnablement tenter la conversion de Cartouche, jamais un homme sage n'eût entrepris celle de Cromwell.

J'ai attribué au rétablissement des lettres et des arts l'élégance et la politesse qui règnent dans nos manières. L'auteur de la réponse me le dispute, et j'en suis étonné : car puisqu'il fait tant de cas de la politesse, et qu'il fait tant de cas des sciences, je n'aperçois pas l'avantage qui lui reviendra d'ôter à l'une de ces choses l'honneur d'avoir produit l'autre. Mais examinons ses preuves : elles se réduisent à ceci. *On ne voit point que les savants soient plus polis que les autres hommes ; au contraire, ils le sont souvent beaucoup moins ; donc notre politesse n'est pas l'ouvrage des sciences.*

Je remarquerai d'abord qu'il s'agit moins ici de sciences que de littérature, de beaux-arts et d'ouvrages de goût ; et nos beaux esprits, aussi peu savants qu'on voudra, mais si polis, si répandus, si brillants, si petits-maîtres, se reconnaîtront difficilement à l'air maussade et pédantesque que l'auteur de la réponse leur veut donner. Mais passons-lui cet antécédent ; accordons, s'il le faut, que les savants, les poètes et les beaux esprits sont tous également ridicules ; que Messieurs de l'Académie des belles-lettres, Messieurs de l'Académie des sciences, Messieurs de l'Académie française, sont des gens grossiers, qui ne connaissent ni le ton, ni les usages du monde, et exclus par état de la bonne compagnie ; l'auteur gagnera peu de chose à cela, et n'en sera pas plus en droit de nier que la politesse et l'urbanité qui règnent parmi nous soient l'effet du bon goût, puisé d'abord chez les anciens et répandu parmi les peuples de l'Europe par les livres agréables qu'on y publie de toutes parts[1]. Comme les meilleurs maîtres à

---

1. Quand il est question d'objets aussi généraux que les mœurs et les manières d'un peuple, il faut prendre garde de ne pas toujours rétrécir ses vues sur des exemples particuliers. Ce serait le moyen de

danser ne sont pas toujours les gens qui se présentent le mieux, on peut donner de très bonnes leçons de politesse sans vouloir ou pouvoir être fort poli soi-même. Ces pesants commentateurs qu'on nous dit qui connaissaient tout dans les anciens, hors la grâce et la finesse, n'ont pas laissé, par leurs ouvrages utiles, quoique méprisés, de nous apprendre à sentir ces beautés qu'ils ne sentaient point. Il en est de même de cet agrément du commerce, et de cette élégance de mœurs qu'on substitue à leur pureté, et qui s'est fait remarquer chez tous les peuples où les lettres ont été en honneur ; à Athènes, à Rome, à la Chine, partout on a vu la politesse et du langage et des manières accompagner toujours, non les savants et les artistes, mais les sciences et les beaux-arts.

L'auteur attaque ensuite les louanges que j'ai données à l'ignorance : et me taxant d'avoir parlé plus en orateur qu'en philosophe, il peint l'ignorance à son tour ; et l'on peut bien se douter qu'il ne lui prête pas de belles couleurs.

Je ne nie point qu'il ait raison, mais je ne crois pas avoir tort. Il ne faut qu'une distinction très juste et très vraie pour nous concilier.

Il y a une ignorance féroce[1] et brutale qui naît d'un

ne jamais apercevoir les sources des choses. Pour savoir si j'ai raison d'attribuer la politesse à la culture des lettres, il ne faut pas chercher si un savant ou un autre sont des gens polis ; mais il faut examiner les rapports qui peuvent être entre la littérature et la politesse, et voir ensuite quels sont les peuples chez lesquels ces choses se sont trouvées réunies ou séparées. J'en dis autant du luxe, de la liberté, et de toutes les autres choses qui influent sur les mœurs d'une nation, et sur lesquelles j'entends faire chaque jour tant de pitoyables raisonnements : examiner tout cela en petit et sur quelques individus, ce n'est pas philosopher, c'est perdre son temps et ses réflexions ; car on peut connaître à fond Pierre ou Jacques, et avoir fait très peu de progrès dans la connaissance des hommes.

1. Je serai fort étonné, si quelqu'un de mes critiques ne part de l'éloge que j'ai fait de plusieurs peuples ignorants et vertueux pour m'opposer la liste de toutes les troupes de brigands qui ont infecté la terre, et qui pour l'ordinaire n'étaient pas de fort savants hommes. Je les exhorte d'avance à ne pas se fatiguer à cette recherche, à moins qu'ils ne l'estiment nécessaire pour montrer de l'érudition. Si j'avais dit qu'il suffit d'être ignorant pour être vertueux ; ce ne serait pas la

mauvais cœur et d'un esprit faux ; une ignorance criminelle qui s'étend jusqu'aux devoirs de l'humanité ; qui multiplie les vices ; qui dégrade la raison, avilit l'âme et rend les hommes semblables aux bêtes : cette ignorance est celle que l'auteur attaque, et dont il fait un portrait fort odieux et fort ressemblant. Il y a une autre sorte d'ignorance raisonnable, qui consiste à borner sa curiosité à l'étendue des facultés qu'on a reçues ; une ignorance modeste, qui naît d'un vif amour pour la vertu, et n'inspire qu'indifférence sur toutes les choses qui ne sont point dignes de remplir le cœur de l'homme, et qui ne contribuent point à le rendre meilleur ; une douce et précieuse ignorance, trésor d'une âme pure et contente de soi, qui met toute sa félicité à se replier sur elle-même, à se rendre témoignage de son innocence, et n'a pas besoin de chercher un faux et vain bonheur dans l'opinion que les autres pourraient avoir de ses lumières. Voilà l'ignorance que j'ai louée, et celle que je demande au Ciel en punition du scandale que j'ai causé aux doctes par mon mépris déclaré pour les sciences humaines.

Que l'on compare, dit l'auteur, *à ces temps d'ignorance et de barbarie, ces siècles heureux où les sciences ont répandu partout l'esprit d'ordre et de justice*. Ces siècles heureux seront difficiles à trouver ; mais on en trouvera plus aisément où, grâce aux sciences, *ordre et justice* ne seront plus que de vains noms faits pour en imposer au peuple, et où l'apparence en aura été conservée avec soin, pour les détruire en effet plus impunément. *On voit de nos jours des guerres moins fréquentes, mais plus justes* ; en quelque temps que ce soit, comment la guerre pourra-t-elle être plus juste dans l'un des partis, sans être plus injuste dans l'autre ? Je ne saurais concevoir cela ! *Des actions moins étonnantes, mais plus héroïques*. Personne assurément ne disputera à mon adversaire le droit de juger de l'héroïsme ; mais pense-t-il que ce qui

peine de me répondre ; et par la même raison, je me croirai très dispensé de répondre moi-même à ceux qui perdront leur temps à me soutenir le contraire. Voyez le *Timon* de M. de Voltaire.

n'est point étonnant pour lui ne le soit pas pour nous ? *Des victoires moins sanglantes, mais plus glorieuses ; des conquêtes moins rapides, mais plus assurées ; des guerriers moins violents, mais plus redoutés ; sachant vaincre avec modération, traitant les vaincus avec humanité ; l'honneur est leur guide, la gloire leur récompense.* Je ne nie pas à l'auteur qu'il y ait de grands hommes parmi nous, il lui serait trop aisé d'en fournir la preuve ; ce qui n'empêche point que les peuples ne soient très corrompus. Au reste, ces choses sont si vagues qu'on pourrait presque les dire de tous les âges ; et il est impossible d'y répondre, parce qu'il faudrait feuilleter des bibliothèques et faire des in-folio pour établir des preuves pour ou contre.

Quand Socrate a maltraité les sciences, il n'a pu, ce me semble, avoir en vue, ni l'orgueil des stoïciens, ni la mollesse des épicuriens, ni l'absurde jargon des pyrrhoniens, parce qu'aucun de tous ces gens-là n'existait de son temps. Mais ce léger anachronisme n'est point messéant à mon adversaire : il a mieux employé sa vie qu'à vérifier des dates, et n'est pas plus obligé de savoir par cœur son Diogène Laërce que moi d'avoir vu de près ce qui se passe dans les combats.

Je conviens donc que Socrate n'a songé qu'à relever les vices des philosophes de son temps : mais je ne sais qu'en conclure, sinon que dès ce temps-là les vices pullulaient avec les philosophes. A cela on me répond que c'est l'abus de la philosophie, et je ne pense pas avoir dit le contraire. Quoi ! faut-il donc supprimer toutes les choses dont on abuse ? Oui sans doute, répondrai-je sans balancer : toutes celles qui sont inutiles ; toutes celles dont l'abus fait plus de mal que leur usage ne fait de bien.

Arrêtons-nous un instant sur cette dernière conséquence, et gardons-nous d'en conclure qu'il faille aujourd'hui brûler toutes les bibliothèques et détruire les universités et les académies. Nous ne ferions que replonger l'Europe dans la barbarie, et les mœurs n'y gagneraient rien[1]. C'est avec douleur que je vais pro-

---

1. *Les vices nous resteraient*, dit le philosophe que j'ai déjà cité, et *nous aurions l'ignorance de plus*. Dans le peu de lignes que cet auteur a

noncer une grande et fatale vérité. Il n'y a qu'un pas du savoir à l'ignorance ; et l'alternative de l'un à l'autre est fréquente chez les nations ; mais on n'a jamais vu de peuple, une fois corrompu, revenir à la vertu. En vain vous prétendriez détruire les sources du mal ; en vain vous ôteriez les aliments de la vanité, de l'oisiveté et du luxe ; en vain même vous ramèneriez les hommes à cette première égalité, conservatrice de l'innocence et source de toute vertu : leurs cœurs une fois gâtés le seront toujours ; il n'y a plus de remède, à moins de quelque grande révolution presque aussi à craindre que le mal qu'elle pourrait guérir, et qu'il est blâmable de désirer et impossible de prévoir.

Laissons donc les sciences et les arts adoucir en quelque sorte la férocité des hommes qu'ils ont corrompus ; cherchons à faire une diversion sage, et tâchons de donner le change à leurs passions. Offrons quelques aliments à ces tigres, afin qu'ils ne dévorent pas nos enfants. Les lumières du méchant sont encore moins à craindre que sa brutale stupidité ; elles le rendent au moins plus circonspect sur le mal qu'il pourrait faire, par la connaissance de celui qu'il en recevrait lui-même.

J'ai loué les académies et leurs illustres fondateurs, et j'en répéterai volontiers l'éloge. Quand le mal est incurable, le médecin applique des palliatifs, et proportionne les remèdes, moins aux besoins qu'au tempérament du malade. C'est aux sages législateurs d'imiter sa prudence ; et, ne pouvant plus approprier aux peuples malades la plus excellente police, de leur donner du moins, comme Solon, la meilleure qu'ils puissent comporter.

Il y a en Europe un grand prince, et ce qui est bien plus, un vertueux citoyen qui, dans la patrie qu'il a adoptée et qu'il rend heureuse, vient de former plusieurs institutions en faveur des lettres. Il a fait en cela une chose très digne de sa sagesse et de sa vertu. Quand il est question d'établissements politiques, c'est le

écrites sur ce grand sujet, on voit qu'il a tourné les yeux de ce côté, et qu'il a vu loin.

temps et le lieu qui décident de tout. Il faut pour leurs propres intérêts que les princes favorisent toujours les sciences et les arts ; j'en ai dit la raison : et dans l'état présent des choses, il faut encore qu'ils les favorisent aujourd'hui pour l'intérêt même des peuples. S'il y avait actuellement parmi nous quelque monarque assez borné pour penser et agir différemment, ses sujets resteraient pauvres et ignorants, et n'en seraient pas moins vicieux. Mon adversaire a négligé de tirer avantage d'un exemple si frappant et si favorable en apparence à sa cause ; peut-être est-il le seul qui l'ignore, ou qui n'y ait pas songé. Qu'il souffre donc qu'on le lui rappelle ; qu'il ne refuse point à de grandes choses les éloges qui leur sont dus ; qu'il les admire ainsi que nous, et ne s'en tienne pas plus fort contre les vérités qu'il attaque.

DERNIÈRE RÉPONSE
DE J.-J. ROUSSEAU

*Ne, dum tacemus, non verecundiæ sed diffidentiæ
causa tacere videamur.*

Cyprian. contra Demet.

DERNIÈRE RÉPONSE

DE J.-J. ROUSSEAU
DE GENÈVE[1].

C'est avec une extrême répugnance que j'amuse de mes disputes des lecteurs oisifs qui se soucient très peu de la vérité : mais la manière dont on vient de l'attaquer me force à prendre sa défense encore une fois, afin que mon silence ne soit pas pris par la multitude pour un aveu, ni pour un dédain par les philosophes.

Il faut me répéter ; je le sens bien, et le public ne me le pardonnera pas. Mais les sages diront : Cet homme n'a pas besoin de chercher sans cesse de nouvelles raisons ; c'est une preuve de la solidité des siennes[2].

1. Le discours auquel M. Rousseau répond ici est de M. Bordes, académicien de Lyon, et sera imprimé dans le premier volume du Supplément.
2. Il y a des vérités très certaines qui au premier coup d'œil paraissent des absurdités, et qui passeront toujours pour telles auprès de la plupart des gens. Allez dire à un homme du peuple que le soleil est plus près de nous en hiver qu'en été, ou qu'il est couché avant que nous cessions de le voir, il se moquera de vous. Il en est ainsi du sentiment que je soutiens. Les hommes les plus superficiels ont toujours été les plus prompts à prendre parti contre moi ; les vrais philosophes se hâtent moins ; et si j'ai la gloire d'avoir fait quelques prosélytes ; ce n'est que parmi ces derniers. Avant que de m'expliquer, j'ai longtemps et profondément médité mon sujet, et j'ai tâché de le considérer par toutes ses faces. Je doute qu'aucun de mes adversaires en puisse dire autant. Au moins n'aperçois-je point dans leurs écrits de ces vérités lumineuses qui ne frappent pas moins par leur évidence que par leur nouveauté, et qui sont toujours le fruit et la preuve d'une suffisante méditation. J'ose dire qu'ils ne m'ont jamais

Comme ceux qui m'attaquent ne manquent jamais de s'écarter de la question et de supprimer les distinctions essentielles que j'y ai mises, il faut toujours commencer par les y ramener. Voici donc un sommaire des propositions que j'ai soutenues et que je soutiendrai aussi longtemps que je ne consulterai d'autre intérêt que celui de la vérité.

Les sciences sont le chef-d'œuvre du génie et de la raison. L'esprit d'imitation a produit les beaux-arts, et l'expérience les a perfectionnés. Nous sommes redevables aux arts mécaniques d'un grand nombre d'inventions utiles qui ont ajouté aux charmes et aux commodités de la vie. Voilà des vérités dont je conviens de très bon cœur assurément. Mais considérons maintenant toutes ces connaissances par rapport aux mœurs[1].

Si des intelligences célestes cultivaient les sciences, il n'en résulterait que du bien : j'en dis autant des grands hommes, qui sont faits pour guider les autres. Socrate savant et vertueux fut l'honneur de l'humanité : mais les vices des hommes vulgaires empoisonnent les plus sublimes connaissances et les rendent pernicieuses aux

fait une objection raisonnable que je n'eusse prévue et à laquelle je n'aie répondu d'avance. Voilà pourquoi je suis réduit à redire toujours les mêmes choses.

1. *Les connaissances rendent les hommes doux*, dit ce philosophe illustre dont l'ouvrage toujours profond et quelquefois sublime respire partout l'amour de l'humanité. Il a écrit en ce peu de mots, et, ce qui est rare, sans déclamation, ce qu'on n'a jamais écrit de plus solide à l'avantage des lettres. Il est vrai, les connaissances rendent les hommes doux. Mais la douceur, qui est la plus aimable des vertus, est aussi quelquefois une faiblesse de l'âme. La vertu n'est pas toujours douce ; elle sait s'armer à propos de sévérité contre le vice, elle s'enflamme d'indignation contre le crime.

Et le juste au méchant ne sait point pardonner.

Ce fut une réponse très sage que celle d'un roi de Lacédémone à ceux qui louaient en sa présence l'extrême bonté de son collègue Charillus. *Et comment serait-il bon*, leur dit-il, *s'il ne sait pas être terrible aux méchants ? — Quod malos boni oderint, bonos oportet esse. —* Brutus n'était point un homme doux ; qui aurait le front de dire qu'il n'était pas vertueux ? Au contraire il y a des âmes lâches et pusillanimes qui n'ont ni feu ni chaleur, et qui ne sont douces que par indifférence pour le bien et pour le mal. Telle est la douceur qu'inspire aux peuples le goût des lettres.

nations ; les méchants en tirent beaucoup de choses
nuisibles ; les bons en tirent peu d'avantage. Si nul
autre que Socrate ne se fût piqué de philosophie à
Athènes, le sang d'un juste n'eût point crié vengeance
contre la patrie des sciences et des arts[1].

C'est une question à examiner, s'il serait avantageux
aux hommes d'avoir de la science, en supposant que ce
qu'ils appellent de ce nom le méritât en effet : mais c'est
une folie de prétendre que les chimères de la philosophie, les erreurs et les mensonges des philosophes
puissent jamais être bons à rien. Serons-nous toujours
dupes de mots ? et ne comprendrons-nous jamais
qu'études, connaissances, savoir et philosophie, ne sont
que de vains simulacres élevés par l'orgueil humain, et
très indignes des noms pompeux qu'il leur donne ?

A mesure que le goût de ces niaiseries s'étend chez
une nation, elle perd celui des solides vertus : car il en
coûte moins pour se distinguer par du babil que par de
bonnes mœurs dès qu'on est dispensé d'être homme de
bien pourvu qu'on soit un homme agréable.

Plus l'intérieur se corrompt et plus l'extérieur se
compose[2] : c'est ainsi que la culture des lettres
engendre insensiblement la politesse. Le goût naît
encore de la même source. L'approbation publique

---

1. Il en a coûté la vie à Socrate pour avoir dit précisément les
mêmes choses que moi. Dans le procès qui lui fut intenté, l'un de ses
accusateurs plaidait pour les artistes, l'autre pour les orateurs, le
troisième pour les poètes, tous pour la prétendue cause des dieux. Les
poètes, les artistes, les fanatiques, les rhéteurs triomphèrent ; et
Socrate périt. J'ai bien peur d'avoir fait trop d'honneur à mon siècle
en avançant que Socrate n'y eût point bu la ciguë. On remarquera que
je disais cela dès l'an 1752.

2. Je n'assiste jamais à la représentation d'une comédie de Molière
que je n'admire la délicatesse des spectateurs. Un mot un peu libre,
une expression plutôt grossière qu'obscène, tout blesse leurs chastes
oreilles ; et je ne doute nullement que les plus corrompus ne soient
toujours les plus scandalisés. Cependant si l'on comparait les mœurs
du siècle de Molière avec celles du nôtre, quelqu'un croira-t-il que le
résultat fût à l'avantage de celui-ci ? Quand l'imagination est une fois
salie, tout devient pour elle un sujet de scandale ; quand on n'a plus
rien de bon que l'extérieur, on redouble tous les soins pour le
conserver.

étant le premier prix des travaux littéraires, il est naturel que ceux qui s'en occupent réfléchissent sur les moyens de plaire; et ce sont ces réflexions qui à la longue forment le style, épurent le goût, et répandent partout les grâces et l'urbanité. Toutes ces choses seront, si l'on veut, le supplément de la vertu : mais jamais on ne pourra dire qu'elles soient la vertu, et rarement elles s'associeront avec elle. Il y aura toujours cette différence, que celui qui se rend utile travaille pour les autres, et que celui qui ne songe qu'à se rendre agréable ne travaille que pour lui. Le flatteur, par exemple, n'épargne aucun soin pour plaire, et cependant il ne fait que du mal.

La vanité et l'oisiveté, qui ont engendré nos sciences, ont aussi engendré le luxe. Le goût du luxe accompagne toujours celui des lettres, et le goût des lettres accompagne souvent celui du luxe[1] : toutes ces choses se tiennent assez fidèle compagnie, parce qu'elles sont l'ouvrage des mêmes vices.

Si l'expérience ne s'accordait pas avec ces propositions démontrées, il faudrait chercher les causes particulières de cette contrariété. Mais la première idée de ces propositions est née elle-même d'une longue méditation sur l'expérience : et pour voir à quel point elle les confirme, il ne faut qu'ouvrir les annales du monde.

Les premiers hommes furent très ignorants. Comment oserait-on dire qu'ils étaient corrompus, dans des temps où les sources de la corruption n'étaient pas encore ouvertes?

A travers l'obscurité des anciens temps et la rusticité des anciens peuples, on aperçoit chez plusieurs d'entre

---

1. On m'a opposé quelque part le luxe des Asiatiques, par cette même manière de raisonner qui fait qu'on m'oppose les vices des peuples ignorants. Mais par un malheur qui poursuit mes adversaires, ils se trompent même dans les faits qui ne prouvent rien contre moi. Je sais bien que les peuples de l'Orient ne sont pas moins ignorants que nous; mais cela n'empêche pas qu'ils ne soient aussi vains et ne fassent presque autant de livres. Les Turcs, ceux de tous qui cultivent le moins les lettres, comptaient parmi eux cinq cent quatre-vingts poètes classiques vers le milieu du siècle dernier.

eux de fort grandes vertus, surtout une sévérité de mœurs qui est une marque infaillible de leur pureté, la bonne foi, l'hospitalité, la justice, et, ce qui est très important, une grande horreur pour la débauche[1], mère féconde de tous les autres vices. La vertu n'est donc pas incompatible avec l'ignorance.

Elle n'est pas non plus toujours sa compagne : car plusieurs peuples très ignorants étaient très vicieux. L'ignorance n'est un obstacle ni au bien ni au mal; elle est seulement l'état naturel de l'homme[2].

1. Je n'ai nul dessein de faire ma cour aux femmes; je consens qu'elles m'honorent de l'épithète de pédant si redoutée de tous nos galants philosophes. Je suis grossier, maussade, impoli par principe, et ne veux point de prôneurs; ainsi je vais dire la vérité tout à mon aise.

L'homme et la femme sont faits pour s'aimer et s'unir; mais passé cette union légitime, tout commerce d'amour entre eux est une source affreuse de désordres dans la société et dans les mœurs. Il est certain que les femmes seules pourraient ramener l'honneur et la probité parmi nous : mais elles dédaignent des mains de la vertu un empire qu'elles ne veulent devoir qu'à leurs charmes; ainsi elles ne font que du mal, et reçoivent souvent elles-mêmes la punition de cette préférence. On a peine à concevoir comment, dans une religion si pure, la chasteté a pu devenir une vertu basse et monacale capable de rendre ridicule tout homme et je dirais presque toute femme qui oserait s'en piquer; tandis que chez les païens cette même vertu était universellement honorée, regardée comme propre aux grands hommes, et admirée dans leurs plus illustres héros. J'en puis nommer trois qui ne céderont le pas à nul autre, et qui, sans que la religion s'en mêlât, ont tous donné des exemples mémorables de continence : Cyrus, Alexandre et le jeune Scipion. De toutes les raretés que renferme le cabinet du roi, je ne voudrais voir que le bouclier d'argent qui fut donné à ce dernier par les peuples d'Espagne et sur lequel ils avaient fait graver le triomphe de sa vertu : c'est ainsi qu'il appartenait aux Romains de soumettre les peuples, autant par la vénération due à leurs mœurs que par l'effort de leurs armes; c'est ainsi que la ville des Falisques fut subjuguée et Pyrrhus, vainqueur, chassé de l'Italie.

Je me souviens d'avoir lu quelque part une assez bonne réponse du poète Dryden à un jeune seigneur anglais, qui lui reprochait que dans une de ses tragédies, Cléomène s'amusait à causer tête à tête avec son amante au lieu de former quelque entreprise digne de son amour. Quand je suis auprès d'une belle, lui disait le jeune lord, je sais mieux mettre le temps à profit. Je le crois, lui répliqua Dryden, mais aussi m'avouerez-vous bien que vous n'êtes pas un héros.

2. Je ne puis m'empêcher de rire en voyant je ne sais combien de fort savants hommes qui m'honorent de leur critique m'opposer

On n'en pourra pas dire autant de la science. Tous les peuples savants ont été corrompus, et c'est déjà un terrible préjugé contre elle. Mais comme les comparaisons de peuple à peuple sont difficiles, qu'il y faut faire entrer un fort grand nombre d'objets, et qu'elles manquent toujours d'exactitude par quelque côté ; on est beaucoup plus sûr de ce qu'on fait en suivant l'histoire d'un même peuple, et comparant les progrès de ses connaissances avec les révolutions de ses mœurs. Or le résultat de cet examen est que le beau temps, le temps de la vertu de chaque peuple, a été celui de son ignorance ; et qu'à mesure qu'il est devenu savant, artiste, et philosophe, il a perdu ses mœurs et sa probité ; il est redescendu à cet égard au rang des nations ignorantes et vicieuses qui font la honte de l'humanité. Si l'on veut s'opiniâtrer à y chercher des différences, j'en puis reconnaître une, et la voici : c'est que tous les peuples barbares, ceux mêmes qui sont sans vertu, honorent cependant toujours la vertu, au lieu qu'à force de progrès, les peuples savants et philosophes parviennent enfin à la tourner en ridicule et à la mépriser. C'est quand une nation est une fois à ce point qu'on peut dire que la corruption est au comble et qu'il ne faut plus espérer de remèdes.

Tel est le sommaire des choses que j'ai avancées, et dont je crois avoir donné les preuves. Voyons maintenant celui de la doctrine qu'on m'oppose.

« Les hommes sont méchants naturellement ; ils ont
« été tels avant la formation des sociétés ; et partout où
« les sciences n'ont pas porté leur flambeau, les
« peuples, abandonnés aux seules *facultés de l'instinct*,
« réduits avec les lions et les ours à une vie purement
« animale, sont demeurés plongés dans la barbarie et
« dans la misère.

toujours les vices d'une multitude de peuples ignorants, comme si cela faisait quelque chose à la question. De ce que la science engendre nécessairement le vice, s'ensuit-il que l'ignorance engendre nécessairement la vertu ? Ces manières d'argumenter peuvent être bonnes pour des rhéteurs, ou pour les enfants par lesquels on m'a fait réfuter dans mon pays ; mais les philosophes doivent raisonner d'autre sorte.

« La Grèce seule dans les anciens temps pensa et
« *s'éleva par l'esprit* à tout ce qui peut rendre un peuple
« recommandable. Des philosophes formèrent ses
« mœurs et lui donnèrent des lois.

« Sparte, il est vrai, fut pauvre et ignorante par
« institution et par choix ; mais ses lois avaient de
« grands défauts, ses citoyens un grand penchant à se
« laisser corrompre ; sa gloire fut peu solide, et elle
« perdit bientôt ses institutions, ses lois et ses mœurs.

« Athènes et Rome dégénèrent aussi. L'une céda à la
« fortune de la Macédoine ; l'autre succomba sous sa
« propre grandeur, parce que les lois d'une petite ville
« n'étaient pas faites pour gouverner le monde. S'il est
« arrivé quelquefois que la gloire des grands empires
« n'ait pas duré longtemps avec celle des lettres, c'est
« qu'elle était à son comble lorsque les lettres y ont été
« cultivées, et que c'est le fort des choses humaines de
« ne pas durer longtemps dans le même Etat. En
« accordant donc que l'altération des lois et des mœurs
« ait influé sur ces grands événements, on ne sera point
« forcé de convenir que les sciences et les arts y aient
« contribué : et l'on peut observer, au contraire, que le
« progrès et la décadence des lettres est toujours en
« proportion avec la fortune et l'abaissement des
« empires.

« Cette vérité se confirme par l'expérience des der-
« niers temps, où l'on voit dans une monarchie vaste et
« puissante la prospérité de l'Etat, la culture des
« sciences et des arts, et la vertu guerrière concourir à la
« fois à la gloire et à la grandeur de l'empire.

« Nos mœurs sont les meilleures qu'on puisse avoir ;
« plusieurs vices ont été proscrits parmi nous ; ceux qui
« nous restent appartiennent à l'humanité, et les
« sciences n'y ont nulle part.

« Le luxe n'a rien non plus de commun avec elles ;
« ainsi les désordres qu'il peut causer ne doivent point
« leur être attribués. D'ailleurs le luxe est nécessaire
« dans les grands Etats ; il y fait plus de bien que de
« mal ; il est utile pour occuper les citoyens oisifs et
« donner du pain aux pauvres.

« La politesse doit être plutôt comptée au nombre des
« vertus qu'au nombre des vices : elle empêche les
« hommes de se montrer tels qu'ils sont; précaution
« très nécessaire pour les rendre supportables les uns
« aux autres.

« Les sciences ont rarement atteint le but qu'elles se
« proposent; mais au moins elles y visent. On avance à
« pas lents dans la connaissance de la vérité : ce qui
« n'empêche pas qu'on y fasse quelque progrès.

« Enfin quand il serait vrai que les sciences et les arts
« amollissent le courage, les biens infinis qu'ils nous
« procurent ne seraient-ils pas encore préférables à cette
« vertu barbare et farouche qui fait frémir l'huma-
« nité? » Je passe l'inutile et pompeuse revue de ces
biens : et pour commencer sur ce dernier point par un
aveu propre à prévenir bien du verbiage, je déclare une
fois pour toutes que si quelque chose peut compenser la
ruine des mœurs, je suis prêt à convenir que les sciences
font plus de bien que de mal. Venons maintenant au
reste.

Je pourrais sans beaucoup de risque supposer tout
cela prouvé, puisque de tant d'assertions si hardiment
avancées, il y en a très peu qui touchent le fond de la
question, moins encore dont on puisse tirer contre mon
sentiment quelque conclusion valable, et que même la
plupart d'entre elles fourniraient de nouveaux arguments en ma faveur, si ma cause en avait besoin.

En effet : 1. Si les hommes sont méchants par leur
nature, il peut arriver, si l'on veut, que les sciences
produiront quelque bien entre leurs mains; mais il est
très certain qu'elles y feront beaucoup plus de mal : il
ne faut point donner d'armes à des furieux.

2. Si les sciences atteignent rarement leur but, il y
aura toujours beaucoup plus de temps perdu que de
temps bien employé. Et quand il serait vrai que nous
aurions trouvé les meilleures méthodes, la plupart de
nos travaux seraient encore aussi ridicules que ceux
d'un homme qui, bien sûr de suivre exactement la ligne
d'aplomb, voudrait mener un puits jusqu'au centre de
la terre.

3. Il ne faut point nous faire tant de peur de la vie purement animale, ni la considérer comme le pire état où nous puissions tomber ; car il vaudrait encore mieux ressembler à une brebis qu'à un mauvais ange.

4. La Grèce fut redevable de ses mœurs et de ses lois à des philosophes et à des législateurs. Je le veux. J'ai déjà dit cent fois qu'il est bon qu'il y ait des philosophes, pourvu que le peuple ne se mêle pas de l'être.

5. N'osant avancer que Sparte n'avait pas de bonnes lois, on blâme les lois de Sparte d'avoir eu de grands défauts : de sorte que, pour rétorquer les reproches que je fais aux peuples savants d'avoir toujours été corrompus, on reproche aux peuples ignorants de n'avoir pas atteint la perfection.

6. Le progrès des lettres est toujours en proportion avec la grandeur des empires. Soit. Je vois qu'on me parle toujours de fortune et de grandeur. Je parlais moi de mœurs et de vertu.

7. Nos mœurs sont les meilleures que de méchants hommes comme nous puissent avoir ; cela peut être. Nous avons proscrit plusieurs vices ; je n'en disconviens pas. Je n'accuse point les hommes de ce siècle d'avoir tous les vices ; ils n'ont que ceux des âmes lâches ; ils sont seulement fourbes et fripons. Quant aux vices qui supposent du courage et de la fermeté, je les en crois incapables.

8. Le luxe peut être nécessaire pour donner du pain aux pauvres : mais, s'il n'y avait point de luxe, il n'y aurait point de pauvres[1]. Il occupe les citoyens oisifs. Et

1. Le luxe nourrit cent pauvres dans nos villes, et en fait périr cent mille dans nos campagnes : l'argent qui circule entre les mains des riches et des artistes pour fournir à leurs superfluités est perdu pour la subsistance du laboureur ; et celui-ci n'a point d'habit précisément parce qu'il faut du galon aux autres. Le gaspillage des matières qui servent à la nourriture des hommes suffit seul pour rendre le luxe odieux à l'humanité. Mes adversaires sont bien heureux que la coupable délicatesse de notre langue m'empêche d'entrer là-dessus dans des détails qui les feraient rougir de la cause qu'ils osent défendre. Il faut des jus dans nos cuisines ; voilà pourquoi tant de malades manquent de bouillon. Il faut des liqueurs sur nos tables ; voilà pourquoi le paysan ne boit que de l'eau. Il faut de la poudre à nos perruques ; voilà pourquoi tant de pauvres n'ont point de pain.

pourquoi y a-t-il des citoyens oisifs ? Quand l'agriculture était en honneur, il n'y avait ni misère ni oisiveté, et il y avait beaucoup moins de vices.

9. Je vois qu'on a fort à cœur cette cause de luxe, qu'on feint pourtant de vouloir séparer de celle des sciences et des arts. Je conviendrai donc, puisqu'on le veut si absolument, que le luxe sert au soutien des Etats, comme les cariatides servent à soutenir les palais, qu'elles décorent ; ou plutôt, comme ces poutres dont on étaye des bâtiments pourris, et qui souvent achèvent de les renverser. Hommes sages et prudents, sortez de toute maison qu'on étaye.

Ceci peut montrer combien il me serait aisé de retourner en ma faveur la plupart des choses qu'on prétend m'opposer ; mais à parler franchement, je ne les trouve pas assez bien prouvées pour avoir le courage de m'en prévaloir.

On avance que les premiers hommes furent méchants ; d'où il suit que l'homme est méchant naturellement[1]. Ceci n'est pas une assertion de légère importance ; il me semble qu'elle eût bien valu la peine d'être prouvée. Les annales de tous les peuples qu'on ose citer en preuve sont beaucoup plus favorables à la supposition contraire ; et il faudrait bien des témoignages pour m'obliger de croire une absurdité. Avant que ces mots affreux de *tien* et de *mien* fussent inventés ; avant qu'il y eût de cette espèce d'hommes cruels et brutaux qu'on appelle maîtres, et de cette autre espèce d'hommes fripons et menteurs qu'on appelle esclaves ;

---

1. Cette note est pour les philosophes ; je conseille aux autres de la passer.

Si l'homme est méchant par sa nature, il est clair que les sciences ne feront que le rendre pire ; ainsi voilà leur cause perdue par cette seule supposition. Mais il faut bien faire attention que, quoique l'homme soit naturellement bon, comme je le crois, et comme j'ai le bonheur de le sentir, il ne s'ensuit pas pour cela que les sciences lui soient salutaires ; car toute position qui met un peuple dans le cas de les cultiver, annonce nécessairement un commencement de corruption qu'elles accélèrent bien vite. Alors le vice de la constitution fait tout le mal qu'aurait pu faire celui de la nature, et les mauvais préjugés tiennent lieu des mauvais penchants.

avant qu'il y eût des hommes assez abominables pour
oser avoir du superflu pendant que d'autres hommes
meurent de faim; avant qu'une dépendance mutuelle
les eût tous forcés à devenir fourbes, jaloux et traîtres;
je voudrais bien qu'on m'expliquât en quoi pouvaient
consister ces vices, ces crimes qu'on leur reproche avec
tant d'emphase. On m'assure qu'on est depuis longtemps désabusé de la chimère de l'âge d'or. Que n'ajou-
tait-on encore qu'il y a longtemps qu'on est désabusé de
la chimère de la vertu?

J'ai dit que les premiers Grecs furent vertueux avant
que la science les eût corrompus; et je ne veux pas me
rétracter sur ce point, quoiqu'en y regardant de plus
près, je ne sois pas sans défiance sur la solidité des
vertus d'un peuple si babillard, ni sur la justice des
éloges qu'il aimait tant à se prodiguer et que je ne vois
confirmés par aucun autre témoignage. Que m'oppose-
t-on à cela? Que les premiers Grecs dont j'ai loué la
vertu étaient éclairés et savants, puisque des philosophes formèrent leurs mœurs et leur donnèrent des
lois. Mais avec cette manière de raisonner, qui m'empêchera d'en dire autant de toutes les autres nations? Les
Perses n'ont-ils pas eu leurs mages, les Assyriens leurs
Chaldéens, les Indes leurs gymnosophistes, les Celtes
leurs druides? Ochus n'a-t-il pas brillé chez les Phéni-
ciens, Atlas chez les Libyens, Zoroastre chez les Perses,
Zamolxis chez les Thraces? Et plusieurs même n'ont-ils
pas prétendu que la philosophie était née chez les
barbares? C'étaient donc des savants à ce compte que
tous ces peuples-là? *A côté des Miltiade et des Thémistocle, on trouvait*, me dit-on, *les Aristide et les Socrate*. A
côté, si l'on veut; car que m'importe? Cependant
Miltiade, Aristide, Thémistocle, qui étaient des héros,
vivaient dans un temps, Socrate et Platon, qui étaient
des philosophes, vivaient dans un autre; et quand on
commença à ouvrir des écoles publiques de philosophie, la Grèce avilie et dégénérée avait déjà renoncé à
sa vertu et vendu sa liberté.

*La superbe Asie vit briser ses forces innombrables contre
une poignée d'hommes que la philosophie conduisait à la*

gloire. Il est vrai : la philosophie de l'âme conduit à la véritable gloire, mais celle-là ne s'apprend point dans les livres. *Tel est l'infaillible effet des connaissances de l'esprit*. Je prie le lecteur d'être attentif à cette conclusion. *Les mœurs et les lois sont la seule source du véritable héroïsme*. Les sciences n'y ont donc que faire. *En un mot, la Grèce dut tout aux sciences, et le reste du monde dut tout à la Grèce*. La Grèce ni le monde ne durent donc rien aux lois ni aux mœurs. J'en demande pardon à mes adversaires ; mais il n'y a pas moyen de leur passer ces sophismes.

Examinons encore un moment cette préférence qu'on prétend donner à la Grèce sur tous les autres peuples, et dont il semble qu'on se soit fait un point capital. *J'admirerai, si l'on veut, des peuples qui passent leur vie à la guerre ou dans les bois, qui couchent sur la terre et vivent de légumes*. Cette admiration est en effet très digne d'un vrai philosophe : il n'appartient qu'au peuple aveugle et stupide d'admirer des gens qui passent leur vie, non à défendre leur liberté, mais à se voler et se trahir mutuellement pour satisfaire leur mollesse ou leur ambition, et qui osent nourrir leur oisiveté de la sueur, du sang et des travaux d'un million de malheureux. *Mais est-ce parmi ces gens grossiers qu'on ira chercher le bonheur ?* On l'y chercherait beaucoup plus raisonnablement que la vertu parmi les autres. *Quel spectacle nous présenterait le genre humain composé uniquement de laboureurs, de soldats, de chasseurs et de bergers ?* Un spectacle infiniment plus beau que celui du genre humain composé de cuisiniers, de poètes, d'imprimeurs, d'orfèvres, de peintres et de musiciens. Il n'y a que le mot *soldat* qu'il faut rayer du premier tableau. La guerre est quelquefois un devoir, et n'est point faite pour être un métier. Tout homme doit être soldat pour la défense de sa liberté ; nul ne doit l'être pour envahir celle d'autrui : et mourir en servant la patrie est un emploi trop beau pour le confier à des mercenaires. *Faut-il donc, pour être dignes du nom d'hommes, vivre comme les lions et les ours ?* Si j'ai le bonheur de trouver un seul lecteur impartial et ami de la vérité, je le prie de jeter un coup d'œil sur la société actuelle, et d'y remarquer qui sont ceux qui vivent entre eux comme les lions et les ours, comme les tigres et les crocodiles. *Erigera-t-on en vertu les facultés de l'instinct pour se nourrir, se perpétuer et se défendre ?* Ce sont des vertus, n'en doutons pas, quand elles sont guidées par la raison et sagement ménagées ; et ce sont, surtout, des vertus quand elles sont employées à l'assistance de nos semblables. *Je ne vois là que des vertus animales, peu conformes à la dignité de notre être. Le corps est exercé, mais l'âme esclave ne fait que ramper et languir.* » Je dirais volontiers en parcourant les fastueuses recherches de toutes nos académies : « Je ne vois là que « d'ingénieuses subtilités, peu conformes à la dignité de « notre être. L'esprit est exercé, mais l'âme esclave ne « fait que ramper et languir. » *Otez les arts du monde,* nous dit-on ailleurs, *que reste-t-il ? les exercices du corps et les passions.* Voyez, je vous prie, comment la raison et la vertu sont toujours oubliées ! *Les arts ont donné l'être aux plaisirs de l'âme, les seuls qui soient dignes de nous.* C'est-à-dire qu'ils en ont substitué d'autres à celui de bien faire, beaucoup plus digne de nous encore. Qu'on suive l'esprit de tout ceci, on y verra, comme dans les raisonnements de la plupart de mes adversaires, un enthousiasme si marqué sur les merveilles de l'entendement que cette autre faculté, infiniment plus sublime et plus capable d'élever et d'ennoblir l'âme, n'y est jamais comptée pour rien ? Voilà l'effet toujours assuré de la culture des lettres. Je suis sûr qu'il n'y a pas actuellement un savant qui n'estime beaucoup plus l'éloquence de Cicéron que son zèle, et qui n'aimât infiniment mieux avoir composé les *Catilinaires* que d'avoir sauvé son pays.

L'embarras de mes adversaires est visible toutes les fois qu'il faut parler de Sparte. Que ne donneraient-ils point pour que cette fatale Sparte n'eût jamais existé ? et eux qui prétendent que les grandes actions ne sont bonnes qu'à être célébrées, à quel prix ne voudraient-ils point que les siennes ne l'eussent jamais été ! C'est une terrible chose qu'au milieu de cette fameuse Grèce qui

ne devait, dit-on, sa vertu qu'à la philosophie, l'État où
la vertu a été la plus pure et a duré le plus longtemps ait
été précisément celui où il n'y avait point de philosophes. Les mœurs de Sparte ont toujours été proposées
en exemple à toute la Grèce ; toute la Grèce était
corrompue, et il y avait encore de la vertu à Sparte ;
toute la Grèce était esclave, Sparte seule était encore
libre : cela est désolant. Mais enfin la fière Sparte perdit
ses mœurs et sa liberté, comme les avait perdues la
savante Athènes ; Sparte a fini. Que puis-je répondre à
cela ?

Encore deux observations sur Sparte, et je passe à
autre chose ; voici la première. *Après avoir été plusieurs
fois sur le point de vaincre, Athènes fut vaincue, il est vrai ;
et il est surprenant qu'elle ne l'eût pas été plus tôt, puisque
l'Attique était un pays tout ouvert, et qui ne pouvait se
défendre que par la supériorité de succès.* Athènes eût dû
vaincre par toutes sortes de raisons. Elle était plus
grande et beaucoup plus peuplée que Lacédémone ; elle
avait de grands revenus et plusieurs peuples étaient ses
tributaires ; Sparte n'avait rien de tout cela. Athènes
surtout par sa position avait un avantage dont Sparte
était privée, qui la mit en état de désoler plusieurs fois le
Péloponnèse, et qui devait seul lui assurer l'empire de
la Grèce. C'était un port vaste et commode ; c'était une
marine formidable dont elle était redevable à la prévoyance de ce rustre de Thémistocle qui ne savait pas
jouer de la flûte. On pourrait donc être surpris
qu'Athènes, avec tant d'avantages, ait pourtant enfin
succombé. Mais quoique la guerre du Péloponnèse, qui
a ruiné la Grèce, n'ait fait honneur ni à l'une ni à l'autre
république, et qu'elle ait surtout été de la part des
Lacédémoniens une infraction des maximes de leur
sage législateur, il ne faut pas s'étonner qu'à la longue le
vrai courage l'ait emporté sur les ressources, ni même
que la réputation de Sparte lui en ait donné plusieurs
qui lui facilitèrent la victoire. En vérité, j'ai bien de la
honte de savoir ces choses-là, et d'être forcé de les dire.

L'autre observation ne sera pas moins remarquable.
En voici le texte, que je crois devoir remettre sous les
yeux du lecteur.

Je suppose que tous les Etats dont la Grèce était composée eussent suivi les mêmes lois que Sparte, que nous resterait-il de cette contrée si célèbre ? A peine son nom serait parvenu jusqu'à nous. Elle aurait dédaigné de former des historiens, pour transmettre sa gloire à la postérité ; le spectacle de ses farouches vertus eût été perdu pour nous ; il nous serait indifférent, par conséquent, qu'elles eussent existé ou non. Les nombreux systèmes de philosophie qui ont épuisé toutes les combinaisons possibles de nos idées, et qui, s'ils n'ont pas étendu beaucoup les limites de notre esprit, nous ont appris du moins où elles étaient fixées ; ces chefs-d'œuvre d'éloquence et de poésie qui nous ont enseigné toutes les routes du cœur ; les arts utiles ou agréables qui conservent ou embellissent la vie ; enfin, l'inestimable tradition des pensées et des actions de tous les grands hommes, qui ont fait la gloire ou le bonheur de leurs pareils : toutes ces précieuses richesses de l'esprit eussent été perdues pour jamais. Les siècles se seraient accumulés, les générations des hommes se seraient succédé comme celles des animaux, sans aucun fruit pour la postérité, et n'auraient laissé après elles qu'un souvenir confus de leur existence ; le monde aurait vieilli, et les hommes seraient demeurés dans une enfance éternelle.

Supposons à notre tour qu'un Lacédémonien pénétré de la force de ces raisons eût voulu les exposer à ses compatriotes ; et tâchons d'imaginer le discours qu'il eût pu faire dans la place publique de Sparte.

« Citoyens, ouvrez les yeux et sortez de votre aveu-
« glement. Je vois avec douleur que vous ne travaillez
« qu'à acquérir de la vertu, qu'à exercer votre courage
« et maintenir votre liberté ; et cependant vous oubliez
« le devoir plus important d'amuser les oisifs des races
« futures. Dites-moi ; à quoi peut être bonne la vertu, si
« ce n'est à faire du bruit dans le monde ? Que vous aura
« servi d'être gens de bien, quand personne ne parlera
« de vous ? Qu'importera aux siècles à venir que vous
« vous soyez dévoués à la mort aux Thermopyles pour
« le salut des Athéniens, si vous ne laissez comme eux
« ni systèmes de philosophie, ni vers, ni comédies, ni
« statues[1] ? Hâtez-vous donc d'abandonner des lois qui

---

1. Périclès avait de grands talents, beaucoup d'éloquence, de magnificence et de goût : il embellit Athènes d'excellents ouvrages de

« ne sont bonnes qu'à vous rendre heureux ; ne songez
« qu'à faire beaucoup parler de vous quand vous ne
« serez plus ; et n'oubliez jamais que, si l'on ne célébrait
« les grands hommes, il serait inutile de l'être. »

Voilà, je pense, à peu près ce qu'aurait pu dire cet
homme, si les éphores l'eussent laissé achever.

Ce n'est pas dans cet endroit seulement qu'on nous
avertit que la vertu n'est bonne qu'à faire parler de soi.
Ailleurs on nous vante encore les pensées du philosophe, parce qu'elles sont immortelles et consacrées à
l'admiration de tous les siècles ; *tandis que les autres
voient disparaître leurs idées avec le jour, la circonstance, le
moment qui les a vus naître. Chez les trois quarts des
hommes, le lendemain efface la veille, sans qu'il en reste la
moindre trace.* Ah ! il en reste au moins quelqu'une dans
le témoignage d'une bonne conscience, dans les malheureux qu'on a soulagés, dans les bonnes actions
qu'on a faites, et dans la mémoire de ce Dieu bienfaisant qu'on aura servi en silence. *Mort ou vivant,* disait le
bon Socrate, *l'homme de bien n'est jamais oublié des
dieux.* On me répondra, peut-être, que ce n'est pas de
ces sortes de pensées qu'on a voulu parler ; et moi je dis
que toutes les autres ne valent pas la peine qu'on en
parle.

sculpture, d'édifices somptueux et de chefs-d'œuvre dans tous les
arts. Aussi Dieu sait comment il a été prôné par la foule des écrivains !
Cependant il reste encore à savoir si Périclès a été un bon magistrat :
car dans la conduite des États il ne s'agit pas d'élever des statues, mais
de bien gouverner des hommes. Je ne m'amuserai point à développer
les motifs secrets de la guerre du Péloponnèse, qui fut la ruine de la
République ; je ne rechercherai point si le conseil d'Alcibiade était
bien ou mal fondé, si Périclès fut justement ou injustement accusé de
malversation ; je demanderai seulement si les Athéniens devinrent
meilleurs ou pires sous son gouvernement ; je prierai qu'on me
nomme quelqu'un parmi les citoyens, parmi les esclaves, même
parmi ses propres enfants, dont ses soins aient fait un homme de bien.
Voilà pourtant, ce me semble, la première fonction du magistrat et du
souverain. Car le plus court et le plus sûr moyen de rendre les
hommes heureux n'est pas d'orner leurs villes ni même de les
enrichir, mais de les rendre bons.

Il est aisé de s'imaginer que faisant si peu de cas de Sparte, on ne montre guère plus d'estime pour les anciens Romains. *On consent à croire que c'étaient de grands hommes, quoiqu'ils ne fissent que de petites choses.* Sur ce pied-là j'avoue qu'il y a longtemps qu'on n'en fait plus que de grandes. On reproche à leur tempérance et à leur courage de n'avoir pas été de vraies vertus, mais des qualités forcées[1] : cependant quelques pages après, on avoue que Fabricius méprisait l'or de Pyrrhus, et l'on ne peut ignorer que l'histoire romaine est pleine d'exemples de la facilité qu'eussent eue à s'enrichir ces magistrats, ces guerriers vénérables qui faisaient tant de cas de leur pauvreté[2]. Quant au courage, ne sait-on pas que la lâcheté ne saurait entendre raison? et qu'un poltron ne laisse pas de fuir, quoique sûr d'être tué en fuyant? *C'est,* dit-on, *vouloir contraindre un homme fort et robuste à bégayer dans un*

1. Je vois la plupart des esprits de mon temps faire les ingénieux à obscurcir la gloire des belles et généreuses actions anciennes, leur donnant quelque interprétation vile, et leur controuvant des occasions et des causes vaines. Grande subtilité! Qu'on me donne l'action la plus excellente et pure, je m'en vais y fournir vraisemblablement cinquante vicieuses intentions. Dieu sait, à qui les veut étendre, quelle diversité d'images ne souffre notre interne volonté. Ils ne font pas tant malicieusement que lourdement et grossièrement les ingénieux avec leur médisance. La même peine qu'on prend à détracter ces grands noms, et la même licence, je la prendrais volontiers à leur donner un tour d'épaule pour les hausser. Ces rares figures et triées pour l'exemple du monde par le contentement des sages, je ne me feindrais pas de les recharger d'honneur, autant que mon invention pourrait, en interprétation et favorables circonstances. Et il faut croire que les efforts de notre invention sont bien au-dessous de leur mérite. C'est l'office de gens de bien de peindre la vertu la plus belle qu'il se puisse. Et ne messiérait pas quand la passion nous transporterait à la faveur de si saintes formes. Ce n'est pas Rousseau qui dit tout cela, c'est Montaigne.

2. Curius refusant les présents des Samnites disait qu'il aimait mieux commander à ceux qui avaient de l'or que d'en avoir lui-même. Curius avait raison. Ceux qui aiment les richesses sont faits pour servir, et ceux qui les méprisent pour commander. Ce n'est pas la force de l'or qui asservit les pauvres aux riches, mais c'est qu'ils veulent s'enrichir à leur tour; sans cela, ils seraient nécessairement les maîtres.

berceau que de vouloir rappeler les grands Etats aux petites vertus des petites républiques. Voilà une phrase qui ne doit pas être nouvelle dans les cours. Elle eût été très digne de Tibère ou de Catherine de Médicis, et je ne doute pas que l'un ou l'autre n'en ait souvent employé de semblables.

Il serait difficile d'imaginer qu'il fallût mesurer la morale avec un instrument d'arpenteur. Cependant on ne saurait dire que l'étendue des Etats soit tout à fait indifférente aux mœurs des citoyens. Il y a sûrement quelque proportion entre ces choses ; je ne sais si cette proportion ne serait point inverse[1]. Voilà une importante question à méditer ; et je crois qu'on peut bien la regarder encore comme indécise, malgré le ton plus méprisant que philosophique avec lequel elle est ici tranchée en deux mots.

C'était, continue-t-on, *la folie de Caton : avec l'humeur et les préjugés héréditaires dans sa famille, il déclama toute sa vie, combattit et mourut sans avoir rien fait d'utile pour sa patrie.* Je ne sais s'il n'a rien fait pour sa patrie ; mais je sais qu'il a beaucoup fait pour le genre humain, en lui donnant le spectacle et le modèle de la vertu la plus pure qui ait jamais existé : il a appris à ceux qui aiment sincèrement le véritable honneur, à savoir résister aux vices de leur siècle et à détester cette horrible maxime des gens à la mode *qu'il faut faire comme les autres* ; maxime avec laquelle ils iraient loin sans doute, s'ils avaient le malheur de tomber dans quelque bande de Cartouchiens. Nos descendants apprendront un jour que dans ce siècle de sages et de philosophes, le plus vertueux des hommes a été tourné en ridicule et traité de fou, pour n'avoir pas voulu fouiller sa grande âme des crimes de ses contemporains, pour n'avoir pas voulu être un scélérat avec César et les autres brigands de son temps.

---

1. La hauteur de mes adversaires me donnerait à la fin de l'indiscrétion, si je continuais à disputer contre eux. Ils croient m'en imposer avec leur mépris pour les petits Etats : ne craignent-ils point que je ne leur demande une fois s'il est bon qu'il y en ait de grands ?

On vient de voir comment nos philosophes parlent de Caton. On va voir comment en parlaient les anciens philosophes. *Ecce spectaculum dignum ad quod respiciat, intentus operi suo, Deus. Ecce par Deo dignum, vir fortis cum mala fortuna compositus. Non video, inquam, quid habeat in terris Jupiter pulchrius, si convertere animum velit, quam ut spectet Catonem, jam partibus non semel fractis, nihilominus inter ruinas publicas erectum.*

Voici ce qu'on nous dit ailleurs des premiers Romains. *J'admire les Brutus, les Decius, les Lucrèce, les Virginius, les Scevola.* C'est quelque chose dans le siècle où nous sommes. *Mais j'admirerai encore plus un Etat puissant et bien gouverné.* Un Etat puissant et bien gouverné ! Et moi aussi, vraiment. *Où les citoyens ne seront point condamnés à des vertus si cruelles.* J'entends ; il est plus commode de vivre dans une constitution de choses où chacun soit dispensé d'être homme de bien. Mais si les citoyens de cet Etat qu'on admire se trouvaient réduits par quelque malheur ou à renoncer à la vertu, ou à pratiquer ces vertus cruelles, et qu'ils eussent la force de faire leur devoir, serait-ce donc une raison de les admirer moins ?

Prenons l'exemple qui révolte le plus notre siècle, et examinons la conduite de Brutus souverain magistrat, faisant mourir ses enfants qui avaient conspiré contre l'Etat dans un moment critique où il ne fallait presque rien pour le renverser. Il est certain que, s'il leur eût fait grâce, son collègue eût infailliblement sauvé tous les autres complices, et que la république était perdue. Qu'importe, me dira-t-on ? Puisque cela est si indifférent, supposons donc qu'elle eût subsisté, et que Brutus ayant condamné à mort quelque malfaiteur, le coupable lui eût parlé ainsi : « Consul, pourquoi me « fais-tu mourir ? Ai-je fait pis que de trahir ma patrie ? « et ne suis-je pas aussi ton enfant ? » Je voudrais bien qu'on prît la peine de me dire ce que Brutus aurait pu répondre.

Brutus, me dira-t-on encore, devait abdiquer le consulat, plutôt que de faire périr ses enfants. Et moi je dis que tout magistrat qui, dans une circonstance aussi périlleuse, abandonne le soin de la patrie et abdique la magistrature, est un traître qui mérite la mort.

Il n'y a point de milieu; il fallait que Brutus fût un infâme, ou que les têtes de Titus et de Tiberinus tombassent par son ordre sous la hache des licteurs. Je ne dis pas pour cela que beaucoup des gens eussent choisi comme lui.

Quoiqu'on ne se décide pas ouvertement pour les derniers temps de Rome, on laisse pourtant assez entendre qu'on les préfère aux premiers; et l'on a autant de peine à apercevoir de grands hommes à travers la simplicité de ceux-ci, que j'en ai moi-même à apercevoir d'honnêtes gens à travers la pompe des autres. On oppose Titus à Fabricius : mais on a omis cette différence qu'au temps de Pyrrhus tous les Romains étaient des Fabricius, au lieu que sous le règne de Tite il n'y avait que lui seul d'homme de bien[1]. J'oublierai, si l'on veut, les actions héroïques des premiers Romains et les crimes des derniers : mais ce que je ne saurais oublier, c'est que la vertu était honorée des uns et méprisée des autres; et que quand il y avait des couronnes pour les vainqueurs des jeux du cirque, il n'y en avait plus pour celui qui sauvait la vie à un citoyen. Qu'on ne croie pas, au reste, que ceci soit particulier à Rome. Il fut un temps où la république d'Athènes était assez riche pour dépenser des sommes immenses à ses spectacles, et pour payer très chèrement les auteurs, les comédiens, et même les spectateurs : ce même temps fut celui où il ne se trouva point d'argent pour défendre l'Etat contre les entreprises de Philippe.

On vient enfin aux peuples modernes; et je n'ai garde de suivre les raisonnements qu'on juge à propos de faire à ce sujet. Je remarquerai seulement que c'est un

---

1. Si Titus n'eût été empereur, nous n'aurions jamais entendu parler de lui; car il eût continué de vivre comme les autres : et il ne devint homme de bien que quand, cessant de recevoir l'exemple de son siècle, il lui fut permis d'en donner un meilleur. *Privatus atque etiam sub patre principe, ne odio quidem, nedum vituperatione publica caruit. At illi ea fama pro bono cessit, conversaque est in maximas laudes.*

avantage peu honorable que celui qu'on se procure, non en réfutant les raisons de son adversaire, mais en l'empêchant de les dire.

Je ne suivrai pas non plus toutes les réflexions qu'on prend la peine de faire sur le luxe, sur la politesse, sur l'admirable éducation de nos enfants[1], sur les meilleures méthodes pour étendre nos connaissances, sur l'utilité des sciences et l'agrément des beaux-arts, et sur d'autres points dont plusieurs ne me regardent pas, dont quelques-uns se réfutent d'eux-mêmes, et dont les autres ont déjà été réfutés. Je me contenterai de citer encore quelques morceaux pris au hasard, et qui me paraîtront avoir besoin d'éclaircissement. Il faut bien que je me borne à des phrases, dans l'impossibilité de suivre des raisonnements dont je n'ai pu saisir le fil.

On prétend que les nations ignorantes qui ont eu *des idées de la gloire et de la vertu sont des exceptions singulières qui ne peuvent former aucun préjugé contre les sciences.* Fort bien ; mais toutes les nations savantes, avec leurs belles idées de gloire et de vertu, en ont toujours perdu l'amour et la pratique. Cela est sans exception : passons à la preuve. *Pour nous en convaincre, jetons les yeux sur l'immense continent de l'Afrique, où nul mortel n'est assez hardi pour pénétrer, ou assez heureux pour l'avoir tenté impunément.* Ainsi de ce que nous n'avons pu pénétrer dans le continent de l'Afrique, de ce nous ignorons ce qui s'y passe, on nous fait conclure que les peuples en sont chargés de vices : c'est si nous avions trouvé le moyen d'y porter les nôtres qu'il faudrait tirer cette

---

1. Il ne faut pas demander si les pères et les maîtres seront attentifs à écarter mes dangereux écrits des yeux de leurs enfants et de leurs élèves. En effet, quel affreux désordre, quelle indécence ne serait-ce point, si ces enfants si bien élevés venaient à dédaigner tant de jolies choses, et à préférer tout de bon la vertu au savoir ? Ceci me rappelle la réponse d'un précepteur lacédémonien, à qui l'on demandait par moquerie ce qu'il enseignerait à son élève. *Je lui apprendrai*, dit-il, *à aimer les choses honnêtes.* Si je rencontrais un tel homme parmi nous, je lui dirais à l'oreille : Gardez-vous bien de parler ainsi ; car jamais vous n'auriez de disciples ; mais dites que vous leur apprendrez à babiller agréablement et je vous réponds de votre fortune.

conclusion. Si j'étais chef de quelqu'un des peuples de la Nigritie, je déclare que je ferais élever sur la frontière du pays une potence où je ferais pendre sans rémission le premier Européen qui oserait y pénétrer, et le premier citoyen qui tenterait d'en sortir[1]. *L'Amérique ne nous offre pas des spectacles moins honteux pour l'espèce humaine.* Surtout depuis que les Européens y sont. *On comptera cent peuples barbares ou sauvages dans l'ignorance pour un seul vertueux.* Soit ; on en comptera du moins un : mais de peuple vertueux et cultivant les sciences, on n'en a jamais vu. *La terre abandonnée sans culture n'est point oisive ; elle produit des poisons, elle nourrit des monstres.* Voilà ce qu'elle commence à faire dans les lieux où le goût des arts frivoles a fait abandonner celui de l'agriculture. *Notre âme*, peut-on dire aussi, *n'est point oisive quand la vertu l'abandonne. Elle produit des fictions, des romans, des satires, des vers ; elle nourrit des vices.*

Si des barbares ont fait des conquêtes, c'est qu'ils étaient très injustes. Qu'étions-nous donc, je vous prie, quand nous avons fait cette conquête de l'Amérique qu'on admire si fort ? Mais le moyen que des gens qui ont du canon, des cartes marines et des boussoles, puissent commettre des injustices ! Me dira-t-on que l'événement marque la valeur des conquérants ? Il marque seulement leur ruse et leur habileté ; il marque qu'un homme adroit et subtil peut tenir de son industrie les succès qu'un brave homme n'attend que de sa valeur. Parlons sans partialité. Qui jugerons-nous le plus courageux, de l'odieux Cortez subjuguant le Mexique à force de poudre, de perfidie et de trahisons, ou de l'infortuné Guatimozin étendu par d'honnêtes Européens sur des charbons ardents pour avoir ses trésors, tançant un de ses officiers à qui le même traitement

---

1. On me demandera peut-être quel mal peut faire à l'Etat un citoyen qui en sort pour n'y plus rentrer ? Il fait du mal aux autres par le mauvais exemple qu'il donne, il en fait à lui-même par les vices qu'il va chercher. De toutes manières c'est à la loi de le prévenir, et il vaut encore mieux qu'il soit pendu que méchant.

arrachait quelques plaintes, et lui disant fièrement : Et moi, suis-je sur des roses ?

Dire que les sciences sont nées de l'oisiveté, c'est abuser visiblement des termes ; elles naissent du loisir, mais elles garantissent de l'oisiveté, de sorte qu'un homme qui s'amuserait au bord d'un grand chemin à tirer sur les passants pourrait dire qu'il occupe son loisir à se garantir de l'oisiveté ? Je n'entends point cette distinction de l'oisiveté et du loisir. Mais je sais très certainement que nul honnête homme ne peut jamais se vanter d'avoir du loisir, tant qu'il y aura du bien à faire, une patrie à servir, des malheureux à soulager ; et je défie qu'on me montre dans mes principes aucun sens honnête dont ce mot *loisir* puisse être susceptible. *Le citoyen que ses besoins attachent à la charrue n'est pas plus occupé que le géomètre ou l'anatomiste.* Pas plus que l'enfant qui élève un château de cartes, mais plus utilement. *Sous prétexte que le pain est nécessaire, faut-il que tout le monde se mette à labourer la terre ?* Pourquoi non ? Qu'ils paissent même, s'il le faut. J'aime encore mieux voir les hommes brouter l'herbe dans les champs que s'entre-dévorer dans les villes. Il est vrai que tels que je les demande, ils ressembleraient beaucoup à des bêtes ; et que tels qu'ils sont, ils ressemblent beaucoup à des hommes.

L'état d'ignorance est un état de crainte et de besoin. Tout est danger alors pour notre fragilité. La mort gronde sur nos têtes ; elle est cachée dans l'herbe que nous foulons aux pieds. Lorsqu'on craint tout et qu'on a besoin de tout, quelle disposition plus raisonnable que celle de vouloir tout connaître ? Il ne faut que considérer les inquiétudes continuelles des médecins et des anatomistes sur leur vie et sur leur santé, pour savoir si les connaissances servent à nous rassurer sur nos dangers. Comme elles nous en découvrent toujours beaucoup plus que de moyens de nous en garantir, ce n'est pas une merveille si elles ne font qu'augmenter nos alarmes et nous rendre pusillanimes. Les animaux vivent sur tout cela dans une sécurité profonde, et ne s'en trouvent pas plus mal. Une génisse n'a pas besoin d'étudier la botanique pour apprendre à trier son foin, et le loup dévore sa proie sans songer à l'indigestion. Pour répondre à cela, osera-t-on prendre le parti de l'instinct contre la raison ? C'est précisément ce que je demande.

Il semble, nous dit-on, qu'on ait trop de laboureurs, et qu'on craigne de manquer de philosophes. Je demanderai à mon tour si l'on craint que les professions lucratives ne manquent de sujets pour les exercer. C'est bien mal connaître l'empire de la cupidité. Tout nous jette dès notre enfance dans les conditions utiles. Et quels préjugés n'a-t-on pas à vaincre, quel courage ne faut-il pas, pour oser n'être qu'un Descartes, un Newton, un Locke ?

Leibniz et Newton sont morts comblés de biens et d'honneurs, et ils en méritaient encore davantage. Dirons-nous que c'est par modération qu'ils ne se sont point élevés jusqu'à la charrue ? Je connais assez l'empire de la cupidité, pour savoir que tout nous porte aux professions lucratives ; voilà pourquoi je dis que tout nous éloigne des professions utiles. Un Hebert, un Lafrenaye, un Dulac, un Martin gagnent plus d'argent en un jour que tous les laboureurs d'une province ne sauraient faire en un mois. Je pourrais proposer un problème assez singulier sur le passage qui m'occupe actuellement. Ce serait, en ôtant les deux premières lignes et le lisant isolé, de deviner s'il est tiré de mes écrits ou de ceux de mes adversaires.

Les bons livres sont la seule défense des esprits faibles, c'est-à-dire des trois quarts des hommes, contre la contagion de l'exemple. Premièrement, les savants ne feront jamais autant de bons livres qu'ils donnent de mauvais exemples. Secondement, il y aura toujours plus de mauvais livres que de bons. En troisième lieu, les meilleurs guides que les honnêtes gens puissent avoir sont la raison et la conscience : *Paucis est opus litteris ad mentem bonam.* Quant à ceux qui ont l'esprit louche ou la conscience endurcie, la lecture ne peut jamais leur être bonne à rien. Enfin, pour quelque homme que ce soit, il n'y a de livres nécessaires que ceux de la religion, les seuls que je n'ai jamais condamnés.

On prétend nous faire regretter l'éducation des Perses. Remarquez que c'est Platon qui prétend cela. J'avais cru me faire une sauvegarde de l'autorité de ce philosophe : mais je vois que rien ne me peut garantir de l'animosité de mes adversaires : *Tros Rutulusve fuat*; ils aiment mieux se percer l'un l'autre que de me donner le moindre quartier, et se font plus de mal qu'à moi[1]. *Cette éducation était*, dit-on, *fondée sur des principes barbares; parce qu'on donnait un maître pour l'exercice de chaque vertu, quoique la vertu soit indivisible; parce qu'il s'agit de l'inspirer, et non de l'enseigner; d'en faire aimer la pratique, et non d'en démontrer la théorie.* Que de choses n'aurais-je point à répondre? mais il ne faut pas faire au lecteur l'injure de lui tout dire. Je me contenterai de ces deux remarques. La première, que celui qui veut élever un enfant, ne commence pas par lui dire qu'il faut pratiquer la vertu; car il n'en serait pas entendu : mais il lui enseigne premièrement à être vrai, et puis à être tempérant, et puis courageux, etc. et enfin il lui apprend que la collection de toutes ces choses s'appelle vertu. La seconde, que c'est nous qui nous contentons de démontrer la théorie; mais les Perses enseignaient la pratique. Voyez mon Discours, page 49.

Tous les reproches qu'on fait à la philosophie attaquent l'esprit humain. J'en conviens. *Ou plutôt l'auteur de la nature, qui nous a faits tels que nous sommes.* S'il nous a faits philosophes, à quoi bon nous donner tant de peine pour le devenir? *Les philosophes étaient des hommes; ils se sont trompés; doit-on s'en étonner?* C'est quand ils ne se tromperont plus qu'il faudra s'en étonner. *Plaignons-les, profitons de leurs fautes, et corrigeons-nous.* Oui, corrigeons-nous, et ne philosophons plus... *Mille routes conduisent à l'erreur, une seule mène à la vérité!* Voilà précisément ce que je disais. *Faut-il être surpris qu'on se soit mépris si souvent sur celle-ci, et qu'elle ait été découverte si tard?* Ah! nous l'avons donc trouvée à la fin!

---

1. Il me passe par la tête un nouveau projet de défense, et je ne réponds pas que je n'aie encore la faiblesse de l'exécuter quelque jour. Cette défense ne sera composée que de raisons tirées des philosophes; d'où il s'ensuivra qu'ils ont tous été des bavards comme je le prétends, si l'on trouve leurs raisons mauvaises; ou que j'ai cause gagnée, si on les trouve bonnes.

On nous oppose un jugement de Socrate, qui porta, non sur les savants, mais sur les sophistes, non sur les sciences, mais sur l'abus qu'on en peut faire. Que peut demander de plus celui qui soutient que toutes nos sciences ne sont qu'abus et tous nos savants que de vrais sophistes ? *Socrate était chef d'une secte qui enseignait à douter.* Je rabattrais bien de ma vénération pour Socrate si je croyais qu'il eût eu la sotte vanité de vouloir être chef de secte. *Et il censurait avec justice l'orgueil de ceux qui prétendaient tout savoir.* C'est-à-dire l'orgueil de tous les savants. *La vraie science est bien éloignée de cette affectation.* Il est vrai. Mais c'est de la nôtre que je parle. *Socrate est ici témoin contre lui-même.* Ceci me paraît difficile à entendre. *Le plus savant des Grecs ne rougissait point de son ignorance.* Le plus savant des Grecs ne savait rien, de son propre aveu ; tirez la conclusion pour les autres. *Les sciences n'ont donc pas leurs sources dans nos vices.* Nos sciences ont donc leurs sources dans nos vices. *Elles ne sont donc pas toutes nées de l'orgueil humain.* J'ai déjà dit mon sentiment là-dessus. *Déclamation vaine, qui ne peut faire illusion qu'à des esprits prévenus.* Je ne sais point répondre à cela.

En parlant des bornes du luxe, on prétend qu'il ne faut pas raisonner sur cette matière du passé au présent. *Lorsque les hommes marchaient tout nus, celui qui s'avisa le premier de porter des sabots passa pour un voluptueux ; de siècle en siècle, on n'a cessé de crier à la corruption, sans comprendre ce qu'on voulait dire.*

Il est vrai que jusqu'à ce temps, le luxe, quoique souvent en règne, avait du moins été regardé dans tous les âges comme la source funeste d'une infinité de maux. Il était réservé à M. Melon de publier le premier cette doctrine empoisonnée, dont la nouveauté lui a acquis plus de sectateurs que la solidité de ses raisons. Je ne crains point de combattre seul dans mon siècle ces maximes odieuses qui ne tendent qu'à détruire et avilir la vertu, et à faire des riches et des misérables, c'est-à-dire toujours des méchants.

On croit m'embarrasser beaucoup en me demandant à quel point il faut borner le luxe. Mon sentiment est

qu'il n'en faut point du tout. Tout est source de mal
au-delà du nécessaire physique. La nature ne nous
donne que trop de besoins ; et c'est au moins une très
haute imprudence de les multiplier sans nécessité, et de
mettre ainsi son âme dans une plus grande dépendance.
Ce n'est pas sans raison que Socrate, regardant l'étalage
d'une boutique, se félicitait de n'avoir à faire de rien de
tout cela. Il y a cent à parier contre un que le premier
qui porta des sabots était un homme punissable, à
moins qu'il n'eût mal aux pieds. Quant à nous, nous
sommes trop obligés d'avoir des souliers, pour n'être
pas dispensés d'avoir de la vertu.

J'ai déjà dit ailleurs que je ne proposais point de
bouleverser la société actuelle, de brûler les bibliothèques et tous les livres, de détruire les collèges et les
académies : et je dois ajouter ici que je ne propose point
non plus de réduire les hommes à se contenter du
simple nécessaire. Je sens bien qu'il ne faut pas former
le chimérique projet d'en faire d'honnêtes gens : mais
je me suis cru obligé de dire sans déguisement la vérité
qu'on m'a demandée. J'ai vu le mal et tâché d'en
trouver les causes. D'autres plus hardis ou plus insensés pourront chercher le remède.

Je me lasse et je pose la plume pour ne la plus
reprendre dans cette trop longue dispute. J'apprends
qu'un très grand nombre d'auteurs[1] se sont exercés à
me réfuter. Je suis très fâché de ne pouvoir répondre à
tous ; mais je crois avoir montré, par ceux que j'ai
choisis[2] pour cela, que ce n'est pas la crainte qui me
retient à l'égard des autres.

---

1. Il n'y a pas jusqu'à de petites feuilles critiques faites pour
l'amusement des jeunes gens où l'on ne m'ait fait l'honneur de se
souvenir de moi. Je ne les ai point lues et ne les lirai point très
assurément ; mais rien ne m'empêche d'en faire le cas qu'elles
méritent, et je ne doute point que tout cela ne soit fort plaisant.

2. On m'assure que M. Gautier m'a fait l'honneur de me répliquer, quoique je ne lui eusse point répondu et que j'eusse même
exposé mes raisons pour n'en rien faire. Apparemment que M. Gautier ne trouve pas ces raisons bonnes puisqu'il prend la peine de les
réfuter. Je vois bien qu'il faut céder à M. Gautier ; et je conviens de
très bon cœur du tort que j'ai eu de ne lui pas répondre ; ainsi nous
voilà d'accord. Mon regret est de ne pouvoir réparer ma faute. Car

J'ai tâché d'élever un monument qui ne dût point à l'art sa force et sa solidité : la vérité seule, à qui je l'ai consacré, a droit de le rendre inébranlable. Et si je repousse encore une fois les coups qu'on lui porte, c'est plus pour m'honorer moi-même en la défendant que pour lui prêter un secours dont elle n'a pas besoin.

Qu'il me soit permis de protester, en finissant, que le seul amour de l'humanité et de la vertu m'a fait rompre le silence ; et que l'amertume de mes invectives contre les vices dont je suis le témoin ne naît que de la douleur qu'ils m'inspirent, et du désir ardent que j'aurais de voir les hommes plus heureux, et surtout plus dignes de l'être.

par malheur il n'est plus temps, et personne ne saurait de quoi je veux parler.

LETTRE A M. L'ABBÉ RAYNAL

auteur du *Mercure de France*.

Je dois, monsieur, des remerciements à ceux qui vous ont fait passer les observations que vous avez la bonté de me communiquer, et je tâcherai d'en faire mon profit; je vous avouerai pourtant que je trouve mes censeurs un peu sévères sur ma logique, et je soupçonne qu'ils se seraient montrés moins scrupuleux, si j'avais été de leur avis. Il me semble au moins que s'ils avaient eux-mêmes un peu de cette exactitude rigoureuse qu'ils exigent de moi, je n'aurais aucun besoin des éclaircissements que je leur vais demander.

L'auteur semble, disent-ils, *préférer la situation où était l'Europe avant le renouvellement des sciences; état pire que l'ignorance par le faux savoir ou le jargon qui était en règne.* L'auteur de cette observation semble me faire dire que le faux savoir, ou le jargon scolastique soit préférable à la science, et c'est moi-même qui ai dit qu'il était pire que l'ignorance; mais qu'entend-il par ce mot *situation*? L'applique-t-il aux lumières ou aux mœurs, ou s'il confond ces choses que j'ai tant pris de peine à distinguer? Au reste, comme c'est ici le fond de la question, j'avoue qu'il est très maladroit à moi de n'avoir fait que sembler prendre parti là-dessus.

Ils ajoutent que *l'auteur préfère la rusticité à la politesse*.

Il est vrai que l'auteur préfère la rusticité à l'orgueilleuse et fausse politesse de notre siècle, et il en a dit la raison. *Et qu'il fait main basse sur tous les savants et les artistes.* Soit, puisqu'on le veut ainsi, je consens de supprimer toutes les distinctions que j'y avais mises.

Il aurait dû, disent-ils encore, *marquer le point d'où il part, pour désigner l'époque de la décadence.* J'ai fait plus ; j'ai rendu ma proposition générale : j'ai assigné ce premier degré de la décadence des mœurs au premier moment de la culture des lettres dans tous les pays du monde, et j'ai trouvé le progrès de ces deux choses toujours en proportion. *Et en remontant à cette première époque, faire comparaison des mœurs de ce temps-là avec les nôtres.* C'est ce que j'aurais fait encore plus au long dans un volume in-quarto.

Sans cela nous ne voyons point jusqu'où il faudrait remonter, à moins que ce ne soit au temps des Apôtres. Je ne vois pas, moi, l'inconvénient qu'il y aurait à cela, si le fait était vrai. Mais je demande justice au censeur : Voudrait-il que j'eusse dit que le temps de la plus profonde ignorance était celui des Apôtres ?

Ils disent de plus, par rapport au luxe, qu'en bonne politique on sait qu'il doit être interdit dans les petits Etats, mais que le cas d'un royaume, tel que la France par exemple, est tout différent. Les raisons en sont connues. N'ai-je pas ici encore quelque sujet de me plaindre ? Ces raisons sont celles auxquelles j'ai tâché de répondre. Bien ou mal, j'ai répondu. Or on ne saurait guère donner à un auteur une plus grande marque de mépris qu'en ne lui répliquant que par les mêmes arguments qu'il a réfutés. Mais faut-il leur indiquer la difficulté qu'ils ont à résoudre ? La voici : *Que deviendra la vertu quand il faudra s'enrichir à quelque prix que ce soit*[1] *?* Voilà ce que je leur ai demandé, et ce que je leur demande encore.

Quant aux deux observations suivantes, dont la première commence par ces mots : *Enfin voici ce qu'on objecte*, et l'autre par ceux-ci : *mais ce qui touche de plus près* ; je supplie le lecteur de m'épargner la peine de les transcrire. L'Académie m'avait demandé si le réta-

---

1. *Disc.*, p. 44.

blissement des sciences et des arts avait contribué à épurer les mœurs. Telle était la question que j'avais à résoudre : cependant voici qu'on me fait un crime de n'en avoir pas résolu une autre. Certainement cette critique est tout au moins fort singulière. Cependant j'ai presque à demander pardon au lecteur de l'avoir prévue, car c'est ce qu'il pourrait croire en lisant les cinq ou six dernières pages de mon discours.

Au reste, si mes censeurs s'obstinent à désirer encore des conclusions pratiques, je leur en promets de très clairement énoncées dans ma première réponse.

Sur l'inutilité des lois somptuaires pour déraciner le luxe une fois établi, on dit que *l'auteur n'ignore pas ce qu'il y a à dire là-dessus.* Vraiment non. Je n'ignore pas que quand un homme est mort il ne faut point appeler de médecins.

On ne saurait mettre dans un trop grand jour des vérités qui heurtent autant de front le goût général, et il importe d'ôter toute prise à la chicane. Je ne suis pas tout à fait de cet avis, et je crois qu'il faut laisser des osselets aux enfants.

Il est aussi bien des lecteurs qui les goûteront mieux dans un style tout uni, que sous cet habit de cérémonie qu'exigent les discours académiques. Je suis fort du goût de ces lecteurs-là. Voici donc un point dans lequel je puis me conformer au sentiment de mes censeurs, comme je fais dès aujourd'hui.

J'ignore quel est l'adversaire dont on me menace dans le *Post-Scriptum.* Tel qu'il puisse être, je ne saurais me résoudre à répondre à un ouvrage, avant que de l'avoir lu, ni à me tenir pour battu, avant que d'avoir été attaqué.

Au surplus, soit que je réponde aux critiques qui me sont annoncées, soit que je me contente de publier l'ouvrage augmenté qu'on me demande, j'avertis mes censeurs qu'ils pourraient bien n'y pas trouver les modifications qu'ils espèrent. Je prévois que quand il sera question de me défendre, je suivrai sans scrupule toutes les conséquences de mes principes.

Je sais d'avance avec quels grands mots on m'atta-

quera. Lumières, connaissances, lois, morale, raison,
bienséance, égards, douceur, aménité, politesse, éducation, etc. A tout cela je ne répondrai que par deux
autres mots, qui sonnent encore plus fort à mon oreille.
Vertu, vérité ! m'écrierai-je sans cesse ; vérité, vertu ! Si
quelqu'un n'aperçoit là que des mots, je n'ai plus rien à
lui dire.

LETTRE
DE JEAN-JACQUES ROUSSEAU
DE GENÈVE,

Sur une nouvelle Réfutation de son Discours,
par un académicien de Dijon.

Je viens, monsieur, de voir une brochure intitulée,
*Discours qui a remporté le prix à l'Académie de Dijon en
1750, et accompagné de la réfutation de ce Discours, par un
académicien de Dijon qui lui a refusé son suffrage*; et je
pensais en parcourant cet écrit, qu'au lieu de s'abaisser
jusqu'à être l'éditeur de mon Discours, l'académicien
qui lui refusa son suffrage aurait bien dû publier
l'ouvrage auquel il l'avait accordé : c'eût été une très
bonne manière de réfuter le mien.

Voilà donc un de mes juges qui ne dédaigne pas de
devenir un de mes adversaires, et qui trouve très
mauvais que ses collègues m'aient honoré du prix :
j'avoue que j'en ai été fort étonné moi-même; j'avais
tâché de le mériter, mais je n'avais rien fait pour
l'obtenir. D'ailleurs, quoique je susse que les académies
n'adoptent point les sentiments des auteurs qu'elles
couronnent, et que le prix s'accorde, non à celui qu'on
croit avoir soutenu la meilleure cause, mais à celui qui a
le mieux parlé; même en me supposant dans ce cas,
j'étais bien éloigné d'attendre d'une académie cette
impartialité, dont les savants ne se piquent nullement
toutes les fois qu'il s'agit de leurs intérêts.

Mais si j'ai été surpris de l'équité de mes juges,
j'avoue que je ne le suis pas moins de l'indiscrétion de
mes adversaires : comment osent-ils témoigner si publiquement leur mauvaise humeur sur l'honneur que j'ai

reçu ? Comment n'aperçoivent-ils point le tort irréparable qu'ils font en cela à leur propre cause ? Qu'ils ne se flattent pas que personne prenne le change sur le sujet de leur chagrin : ce n'est pas parce que mon Discours est mal fait, qu'ils sont fâchés de le voir couronné ; on en couronne tous les jours d'aussi mauvais, et ils ne disent mot ; c'est par une autre raison qui touche de plus près à leur métier, et qui n'est pas difficile à voir. Je savais bien que les sciences corrompaient les mœurs, rendaient les hommes injustes et jaloux, et leur faisaient tout sacrifier à leur intérêt et à leur vaine gloire ; mais j'avais cru m'apercevoir que cela se faisait avec un peu plus de décence et d'adresse : je voyais que les gens de lettres parlaient sans cesse d'équité, de modération, de vertu, et que c'était sous la sauvegarde sacrée de ces beaux mots qu'ils se livraient impunément à leurs passions et à leurs vices ; mais je n'aurais jamais cru qu'ils eussent le front de blâmer publiquement l'impartialité de leurs confrères. Partout ailleurs, c'est la gloire des juges de prononcer selon l'équité contre leur propre intérêt ; il n'appartient qu'aux sciences de faire à ceux qui les cultivent, un crime de leur intégrité : voilà vraiment un beau privilège qu'elles ont là.

J'ose le dire, l'Académie de Dijon en faisant beaucoup pour ma gloire, a beaucoup fait pour la sienne : un jour à venir les adversaires de ma cause tireront avantage de ce jugement, pour prouver que la culture des lettres peut s'associer avec l'équité et le désintéressement. Alors les partisans de la vérité leur répondront : voilà un exemple particulier qui semble faire contre nous ; mais souvenez-vous du scandale que ce jugement causa dans le temps parmi la foule des gens de lettres, et de la manière dont ils s'en plaignirent, et tirez de là une juste conséquence sur leurs maximes.

Ce n'est pas, à mon avis, une moindre imprudence de se plaindre que l'Académie ait proposé son sujet en problème : je laisse à part le peu de vraisemblance qu'il y avait, que dans l'enthousiasme universel qui règne aujourd'hui, quelqu'un eût le courage de renoncer volontairement au prix, en se déclarant pour la négative ; mais je ne sais comment des philosophes osent trouver mauvais qu'on leur offre des voies de discussion : bel amour de la vérité, qui tremble qu'on examine le pour et le contre ! Dans les recherches de philosophie, le meilleur moyen de rendre un sentiment suspect, c'est de donner l'exclusion au sentiment contraire : quiconque s'y prend ainsi, a bien l'air d'un homme de mauvaise foi, qui se défie de la bonté de sa cause. Toute la France est dans l'attente de la pièce qui remportera cette année le prix à l'Académie française ; non seulement elle effacera très certainement mon Discours, ce qui ne sera guère difficile, mais on ne saurait même douter qu'elle ne soit un chef-d'œuvre. Cependant, que fera cela à la solution de la question ? rien du tout ; car chacun dira, après l'avoir lue : *Ce discours est fort beau ; mais si l'auteur avait eu la liberté de prendre le sentiment contraire, il en eût peut-être fait un plus beau encore.*

J'ai parcouru la nouvelle réfutation ; car c'en est encore une, et je ne sais par quelle fatalité les écrits de mes adversaires qui portent ce titre si décisif, sont toujours ceux où je suis le plus mal réfuté. Je l'ai donc parcourue cette réfutation, sans avoir le moindre regret à la résolution que j'ai prise de ne plus répondre à personne ; je me contenterai de citer un seul passage, sur lequel le lecteur pourra juger si j'ai tort ou raison : le voici.

Je conviendrai qu'on peut être honnête homme sans talents ; mais n'est-on engagé dans la société qu'à être honnête homme ? Et qu'est-ce qu'un honnête homme ignorant et sans talents ? un fardeau inutile, à charge même à la terre, etc. Je ne répondrai pas, sans doute, à un auteur capable d'écrire de cette manière ; mais je crois qu'il peut m'en remercier.

Il n'y aurait guère moyen, non plus, à moins que de vouloir être aussi diffus que l'auteur, de répondre à la nombreuse collection des passages latins, des vers de La Fontaine, de Boileau, de Molière, de Voiture, de Regnard, de M. Gresset, ni à l'histoire de Nemrod, ni à celle des paysans picards ; car que peut-on dire à un philosophe, qui nous assure qu'il veut du mal aux ignorants, parce que son fermier de Picardie, qui n'est pas un docteur, le paie exactement à la vérité, mais ne lui donne pas assez d'argent de sa terre ? L'auteur est si occupé de ses terres, qu'il me parle même de la mienne. Une terre à moi ! la terre de Jean-Jacques Rousseau ! en vérité je lui conseille de me calomnier[1] plus adroitement.

Si j'avais à répondre à quelque partie de la réfutation, ce serait aux personnalités dont cette critique est remplie ; mais comme elles ne font rien à la question, je ne m'écarterai point de la constante maxime que j'ai toujours suivie de me renfermer dans le sujet que je traite, sans y mêler rien de personnel : le véritable respect qu'on doit au public, est de lui épargner, non de tristes vérités qui peuvent lui être utiles, mais bien toutes les petites hargneries d'auteurs[2] dont on remplit les écrits polémiques, et qui ne sont bonnes qu'à satisfaire une honteuse animosité. On veut que j'aie pris dans Clénard[3] un mot de Cicéron, soit : que j'aie fait des

---

1. Si l'auteur me fait l'honneur de réfuter cette lettre, il ne faut pas douter qu'il ne me prouve dans une belle et docte démonstration, soutenue de très graves autorités, que ce n'est point un crime d'avoir une terre : en effet, il se peut qu'il ne n'en soit pas un pour d'autres, mais c'en serait un pour moi.

2. On peut voir dans le Discours de Lyon un très beau modèle, de la manière dont il convient aux philosophes d'attaquer et de combattre sans personnalités et sans invectives. Je me flatte qu'on trouvera aussi dans ma réponse, qui est sous presse, un exemple de la manière dont on peut défendre ce qu'on croit vrai, avec la force dont on est capable, sans aigreur contre ceux qui l'attaquent.

3. Si je disais qu'une si bizarre citation vient à coup sûr de quelqu'un à qui la méthode grecque de Clénard est plus familière que les *Offices* de Cicéron, et qui par conséquent semble se porter assez gratuitement pour défenseur des bonnes lettres ; si j'ajoutais qu'il y a des professions, comme par exemple, la chirurgie, où l'on emploie tant de termes dérivés du grec, que cela met ceux qui les exercent, dans la nécessité d'avoir quelques notions élémentaires de cette langue ; ce serait prendre le ton du nouvel adversaire, et répondre comme il aurait pu faire à ma place. Je puis répondre, moi, que quand j'ai hasardé le mot *Investigation*, j'ai voulu rendre un service à la

solécismes, à la bonne heure ; que je cultive les belles-lettres et la musique, malgré le mal que j'en pense ; j'en conviendrai si l'on veut, je dois porter dans un âge plus raisonnable la peine des amusements de ma jeunesse : mais enfin, qu'importe tout cela, et au public et à la cause des sciences ? Rousseau peut mal parler français, et que la grammaire n'en soit pas plus utile à la vertu. Jean-Jacques peut avoir une mauvaise conduite, et que celle des savants n'en soit pas meilleure : voilà toute la réponse que je ferai, et je crois, toute celle que je dois faire à la nouvelle réfutation.

Je finirai cette lettre, et ce que j'ai à dire sur un sujet si longtemps débattu, par un conseil à mes adversaires, qu'ils mépriseront à coup sûr, et qui pourtant serait plus avantageux qu'ils ne pensent au parti qu'ils veulent défendre ; c'est de ne pas tellement écouter leur zèle, qu'ils négligent de consulter leurs forces, et *quid valeant humeri*. Ils me diront sans doute que j'aurais dû prendre cet avis pour moi-même, et cela peut être vrai ; mais il y a au moins cette différence que j'étais seul de mon parti, au lieu que le leur étant celui de la foule, les derniers venus semblaient dispensés de se mettre sur les rangs, ou obligés de faire mieux que les autres.

De peur que cet avis ne paraisse téméraire ou présomptueux, je joins ici un échantillon des raisonne-

---

langue, en essayant d'y introduire un terme doux, harmonieux, dont le sens est déjà connu, et qui n'a point de synonyme en français. C'est, je crois, toutes les conditions qu'on exige pour autoriser cette liberté salutaire :

> *Ego cur, acquirere pauca*
> *Si possum, invideor ; cum lingua Catonis et Enni*
> *Sermonem Patrium ditaverit ?*

J'ai surtout voulu rendre exactement mon idée ; je sais, il est vrai, que la première règle de tous nos écrivains, est d'écrire correctement, et, comme ils disent, de parler français ; c'est qu'ils ont des prétentions, et qu'ils veulent passer pour avoir de la correction et de l'élégance. Ma première règle, à moi qui ne me soucie nullement de ce qu'on pensera de mon style, est de me faire entendre : toutes les fois qu'à l'aide de dix solécismes, je pourrai m'exprimer plus fortement ou plus clairement, je ne balancerai jamais. Pourvu que je sois bien compris des philosophes, je laisse volontiers les puristes courir après les mots.

ments de mes adversaires, par lequel on pourra juger de
la justesse et de la force de leurs critiques : *Les peuples
de l'Europe,* ai-je dit, *vivaient il y a quelques siècles dans
un état pire que l'ignorance ; je ne sais quel jargon scientifique, encore plus méprisable qu'elle, avait usurpé le nom
du savoir, et opposait à son retour un obstacle presque
invincible : il fallait une révolution pour ramener les
hommes au sens commun.* Les peuples avaient perdu le
sens commun, non parce qu'ils étaient ignorants, mais
parce qu'ils avaient la bêtise de croire savoir quelque
chose, avec les grands mots d'Aristote et l'impertinente
doctrine de Raymond Lulle ; il fallait une révolution
pour leur apprendre qu'ils ne savaient rien, et nous en
aurions grand besoin d'une autre pour nous apprendre
la même vérité. Voici là-dessus l'argument de mes
adversaires : *Cette révolution est due aux lettres ; elles ont
ramené le sens commun, de l'aveu de l'auteur ; mais aussi,
selon lui, elles ont corrompu les mœurs : il faut donc qu'un
peuple renonce au sens commun pour avoir de bonnes
mœurs.* Trois écrivains de suite ont répété ce beau
raisonnement : je leur demande maintenant lequel ils
aiment mieux que j'accuse, ou leur esprit, de n'avoir pu
pénétrer le sens très clair de ce passage, ou leur mauvaise foi, d'avoir feint de ne pas l'entendre ? Ils sont
gens de lettres, ainsi leur choix ne sera pas douteux.
Mais que dirons-nous des plaisantes interprétations
qu'il plaît à ce dernier adversaire de prêter à la figure de
mon frontispice ? J'aurais cru faire injure aux lecteurs,
et les traiter comme des enfants, de leur interpréter une
allégorie si claire ; de leur dire que le flambeau de
Prométhée est celui des sciences fait pour animer les
grands génies ; que le satyre qui, voyant le feu pour la
première fois, court à lui, et veut l'embrasser, repré-
sente les hommes vulgaires, qui séduits par l'éclat des
lettres, se livrent indiscrètement à l'étude ; que le Prométhée qui crie et les avertit du danger, est le citoyen de
Genève. Cette allégorie est juste, belle, j'ose la croire
sublime. Que doit-on penser d'un écrivain qui l'a
méditée, et qui n'a pu parvenir à l'entendre ? On peut
croire que cet homme-là n'eût pas été un grand docteur
parmi les Egyptiens ses amis.

Je prends donc la liberté de proposer à mes adversaires, et surtout au dernier, cette sage leçon d'un philosophe sur un autre sujet : sachez qu'il n'y a point d'objections qui puissent faire autant de tort à votre parti que les mauvaises réponses ; sachez que si vous n'avez rien dit qui vaille, on avilira votre cause, en vous faisant l'honneur de croire qu'il n'y avait rien de mieux à dire.

Je suis, etc.

PRÉFACE
D'UNE SECONDE LETTRE
À BORDES.

Forcé par de nouvelles attaques à rompre le silence que je m'étais imposé dans cette longue dispute, je reprends sans scrupule la plume que j'avais quittée. Si je puis, au gré des sages, jeter de nouvelles lumières sur les importantes maximes que j'ai établies, peu m'importe que le public s'ennuie de voir si longtemps débattre la même question : car quand même la faute n'en serait pas aux agresseurs, je ne suis point d'humeur à sacrifier mon zèle pour la vérité au soin de ma réputation, et je ne vois pas pourquoi je craindrais tant d'ennuyer des lecteurs à qui je crains si peu de déplaire.

Je crois avoir découvert de grandes choses et je les ai dites avec une franchise assez dangereuse, sans qu'il y ait beaucoup de mérite à tout cela ; car mon indépendance a fait tout mon courage et de longues méditations m'ont tenu lieu de génie. Un solitaire qui se plaît à vivre avec lui-même prend naturellement le goût de la réflexion, et un homme qui s'intéresse vivement au bonheur des autres sans avoir besoin d'eux pour faire le sien, est dispensé de ménager leur fausse délicatesse dans ce qu'il a d'utile à leur dire. Plus une telle situation est rare, et plus ayant le bonheur de m'y trouver je me crois obligé d'en tirer parti en faveur de la vérité, et de la dire sans scrupule toutes les fois qu'elle me paraîtra intéresser l'innocence ou le bonheur des hommes. Si j'ai fait une faute en m'engageant mal à propos au silence, je n'en dois point faire une plus grande en me piquant de tenir ma parole contre mon devoir et c'est pour demeurer constant dans mes principes que je veux être prompt à abandonner mes erreurs aussitôt que je les aperçois.

Je vais donc reprendre le fil de mes idées et continuer d'écrire ainsi que j'ai toujours fait, comme un être isolé qui ne désire et ne craint rien de personne, qui parle aux autres pour eux et non pas pour lui, comme un homme qui chérit trop ses frères pour ne pas haïr leurs vices, et qui voudrait qu'ils apprissent une fois à se voir aussi méchants qu'ils sont, pour désirer au moins de se rendre aussi bons qu'ils pourraient être.

Je sais fort bien que la peine que je prends est inutile, et je n'ai point dans mes exhortations le chimérique plaisir d'espérer la réformation des hommes : Je sais qu'ils se moqueront de moi parce que je les aime et de mes maximes parce qu'elles leur sont profitables : Je sais qu'ils n'en seront pas moins avides de gloire et d'argent quand je les aurai convaincus que ces deux passions sont la source de tous leurs maux, et qu'ils sont méchants par l'une et malheureux par l'autre : Je suis très sûr qu'ils traiteront d'extravagance mon dédain pour ces objets de leur admiration et de leurs travaux : Mais j'aime mieux essuyer leurs railleries que de partager leurs fautes, et quoi qu'il en puisse être de leur devoir, le mien est de leur dire la vérité ou ce que je prends pour l'être : c'est à une voix plus puissante qu'il appartient de la leur faire aimer.

J'ai supporté paisiblement les invectives d'une multitude d'auteurs à qui je n'ai jamais fait d'autre mal que de les exhorter à devenir gens de bien. Ils se sont égayés tout à leur aise à mes dépens; ils m'ont fait aussi ridicule qu'ils ont voulu; ils se sont publiquement déchaînés contre mes écrits et même contre ma personne sans que jamais j'aie été tenté de repousser leurs outrages autrement que par ma conduite. Si je les ai mérités, je n'aurais pu me venger qu'en cherchant à les leur rendre, et bien loin de me plaire à cette odieuse guerre, plus j'aurais trouvé de vérités à dire, et plus mon cœur en eût été attristé. Si je ne mérite pas leurs injures, c'est à eux seuls qu'ils en ont dit : Peut-être même leur animosité aura-t-elle difficilement dans le public l'effet qu'ils s'en sont promis et dont je ne me soucie guère ; l'extrême passion est souvent maladroite et avertit de s'en défier. Peut-être, sur leurs propres écrits, m'estimera-t-on meilleur que je ne suis en effet, quand on verra qu'avec tant d'ardeur à me noircir, le plus grand crime qu'ils aient trouvé à me reprocher est d'avoir souffert qu'un artiste illustre fît mon portrait.

Il s'en faut beaucoup que je ne sois capable du même sang-froid envers ceux qui laissant ma personne à quartier attaquent avec quelque adresse les vérités que j'ai établies. Ce triste et grand système, fruit d'un examen sincère de la nature de l'homme, de ses facultés et de sa destination, m'est cher, quoiqu'il m'humilie ; car je sens combien il nous importe que l'orgueil ne nous fasse pas prendre le change sur ce qui doit faire notre véritable grandeur, et combien il est à craindre qu'à force de vouloir nous élever au-dessus de notre nature nous ne retombions au-dessous d'elle. En tout état de cause, il est utile aux hommes, sinon de connaître la vérité, au moins de n'être pas dans l'erreur, et c'en est une la plus dangereuse de toutes de craindre moins l'erreur que l'ignorance, et d'aimer mieux, dans une alternative forcée, être vicieux et misérables que pauvres et grossiers.

Mon sentiment a été combattu avec chaleur, ainsi que je l'avais prévu, par une multitude d'écrivains ; j'ai répondu jusqu'ici à tous ceux qui m'ont paru en valoir la peine et je suis bien déterminé à en user de même à l'avenir, non pour ma propre gloire, car ce n'est point J.-J. Rousseau que je veux défendre ; il a dû se tromper souvent : toutes les fois qu'il me paraîtra dans ce cas, je l'abandonnerai sans scrupule, et sans peine, même lorsqu'il aura raison, pourvu qu'il ne soit question que de lui seul. Ainsi, tant qu'on se bornera à me reprocher d'avoir publié de mauvais ouvrages, ou de savoir mal raisonner ou de faire des fautes de langue, ou des erreurs d'histoire, ou de mal écrire ou d'avoir de l'humeur, je serai peu fâché de tous ces reproches, je n'en serai point surpris et je n'y répondrai jamais. Mais quant au système que j'ai soutenu, je le défendrai de toute ma force aussi longtemps que je demeurerai convaincu qu'il est celui de la vérité et de la vertu et que c'est pour l'avoir abandonné mal à propos que la plupart des hommes, dégénérés de leur bonté primitive, sont tombés dans toutes les erreurs qui les aveuglent et dans toutes les misères qui les accablent.

Ayant tant d'intérêts à combattre, tant de préjugés à vaincre et tant de choses dures à annoncer, j'ai cru devoir pour l'intérêt même de mes lecteurs, ménager en quelque sorte leur pusillanimité et ne leur laisser apercevoir que successivement ce que j'avais à leur dire. Si le seul Discours de Dijon a tant excité de murmures et causé de scandale, qu'eût-ce été si j'avais développé du premier instant toute l'étendue d'un système vrai mais affligeant, dont la question traitée dans ce Discours n'est qu'un corollaire ? Ennemi déclaré de la violence des méchants, j'aurais passé tout au moins pour celui de la tranquillité publique, et si les zélés du parti contraire n'eussent point travaillé charitablement à me perdre pour la grande gloire de la philosophie, on ne peut douter au moins, qu'ayant en tête un homme inconnu, ils n'eussent aisément réussi à tourner en ridicule l'ouvrage et l'auteur, et qu'en commençant par se moquer de mon système, ce moyen mis en crédit par tant d'expériences ne les eût dispensés de l'incommode soin d'examiner mes preuves.

Quelques précautions m'ont donc été d'abord nécessaires, et c'est pour pouvoir tout faire entendre que je n'ai pas voulu tout dire. Ce n'est que successivement et toujours pour peu de lecteurs, que j'ai développé mes idées. Ce n'est point moi que j'ai ménagé, mais la vérité, afin de la faire passer plus sûrement et de la rendre utile. Souvent je me suis donné beaucoup de peine pour tâcher de renfermer dans une phrase, dans une ligne, dans un mot jeté comme au hasard, le résultat d'une longue suite de réflexions. Souvent la plupart de mes lecteurs auront dû trouver mes discours mal liés et presque entièrement décousus, faute d'apercevoir le tronc dont je ne leur montrais que les rameaux. Mais c'en était assez pour ceux qui savent entendre, et je n'ai jamais voulu parler aux autres.

Cette méthode m'a mis dans le cas d'avoir souvent à répliquer à mes adversaires, soit pour résoudre des objections, soit pour étendre et éclaircir des idées qui en avaient besoin, soit pour achever de développer toutes les parties de mon système à mesure que les suffrages des sages m'assuraient l'attention publique. Je croyais, il est vrai, avoir suffisamment pourvu à toutes ces choses par mes réponses précédentes, au moins pour les lecteurs que j'avais en vue : Mais voyant au second Discours de l'académicien de Lyon qu'il ne m'a point encore entendu, j'aime mieux m'accuser de maladresse que lui de mauvaise volonté. Je vais donc tâcher de m'expliquer mieux, et puisqu'il est temps de parler à découvert, je vais vaincre enfin mon dégoût et écrire une fois pour le peuple.

L'ouvrage que je me propose d'examiner est rempli de sophismes agréables qui ont encore plus d'éclat que de subtilité, et qui séduisant par un certain coloris de style et par les ruses d'une logique adroite sont doublement dangereux pour la multitude. Je vais prendre des moyens tout contraires dans cette analyse, et, suivant pas à pas les raisonnements de l'auteur avec autant d'exactitude qu'il me sera possible, j'emploierai uniquement dans cette discussion la simplicité et le zèle d'un ami de la vérité et de l'humanité, qui met toute sa gloire à rendre hommage à l'une, et tout son bonheur à être utile à l'autre.

[DISCOURS SUR L'ORIGINE ET LES FONDEMENTS DE L'INÉGALITÉ PARMI LES HOMMES]

À LA RÉPUBLIQUE DE GENÈVE.

MAGNIFIQUES, TRÈS HONORÉS, ET SOUVERAINS SEIGNEURS,

Convaincu qu'il n'appartient qu'au citoyen vertueux de rendre à sa patrie des honneurs qu'elle puisse avouer, il y a trente ans que je travaille à mériter de vous offrir un hommage public ; et cette heureuse occasion suppléant en partie à ce que mes efforts n'ont pu faire, j'ai cru qu'il me serait permis de consulter ici le zèle qui m'anime, plus que le droit qui devrait m'autoriser. Ayant eu le bonheur de naître parmi vous, comment pourrais-je méditer sur l'égalité que la nature a mise entre les hommes et sur l'inégalité qu'ils ont instituée, sans penser à la profonde sagesse avec laquelle l'une et l'autre, heureusement combinées dans cet Etat, concourent de la manière la plus approchante de la loi naturelle et la plus favorable à la société, au maintien de l'ordre public et au bonheur des particuliers ? En recherchant les meilleures maximes que le bon sens puisse dicter sur la constitution d'un gouvernement, j'ai été si frappé de les voir toutes en exécution dans le vôtre que même sans être né dans vos murs, j'aurais cru ne pouvoir me dispenser d'offrir ce tableau de la société humaine à celui de tous les peuples qui me paraît en posséder les plus grands avantages, et en avoir le mieux prévenu les abus.

Si j'avais eu à choisir le lieu de ma naissance, j'aurais choisi une société d'une grandeur bornée par l'étendue des facultés humaines, c'est-à-dire par la possibilité d'être bien gouvernée, et où chacun suffisant à son emploi, nul n'eût été contraint de commettre à d'autres les fonctions dont il était chargé : un État où tous les particuliers se connaissant entre eux, les manœuvres *obscures* du vice ni la modestie de la vertu n'eussent pu se dérober aux regards et au jugement du public, et où cette douce habitude de se voir et de se connaître, fît de l'amour de la patrie l'amour des citoyens plutôt que celui de la terre.

J'aurais voulu naître dans un pays où le souverain et le peuple ne pussent avoir qu'un seul et même intérêt, afin que tous les mouvements de la machine ne tendissent jamais qu'au bonheur commun ; ce qui ne pouvant se faire à moins que le peuple et le souverain ne soient une même personne, il s'ensuit que j'aurais voulu naître sous un gouvernement démocratique, sagement tempéré.

J'aurais voulu vivre et mourir libre, c'est-à-dire tellement soumis aux lois que ni moi ni personne n'en pût secouer l'honorable joug ; ce joug salutaire et doux, que les têtes les plus fières portent d'autant plus docilement qu'elles sont faites pour n'en porter aucun autre.

J'aurais donc voulu que personne dans l'État n'eût pu se dire au-dessus de la loi, et que personne au-dehors n'en pût imposer que l'État fût obligé de reconnaître. Car quelle que puisse être la constitution d'un gouvernement, s'il s'y trouve un seul homme qui ne soit pas soumis à la loi, tous les autres sont nécessairement à la discrétion de celui-là[1] ; et s'il y a un chef

1. Hérodote raconte qu'après le meurtre du faux Smerdis, les sept libérateurs de la Perse s'étant assemblés pour délibérer sur la forme de gouvernement qu'ils donneraient à l'État, Otanès opina fortement pour la république ; avis d'autant plus extraordinaire dans la bouche d'un satrape qu'outre la prétention qu'il pouvait avoir à l'empire, les Grands craignent plus que la mort une sorte de gouvernement qui les force à respecter les hommes. Otanès, comme on peut bien croire, ne fut point écouté et, voyant qu'on allait procéder à l'élection d'un monarque, lui qui ne voulait ni obéir ni commander, céda volontairement aux autres concurrents son droit à la couronne, demandant pour tout dédommagement d'être libre et indépendant, lui et sa postérité, ce qui lui fut accordé. Quand Hérodote ne nous apprendrait pas la restriction qui fut mise à ce privilège, il faudrait nécessairement la

national, et un autre chef étranger, quelque partage
d'autorité qu'ils puissent faire, il est impossible que
l'un et l'autre soient bien obéis et que l'Etat soit bien
gouverné.

Je n'aurais point voulu habiter une République de
nouvelle institution, quelques bonnes lois qu'elle pût
avoir ; de peur que le gouvernement autrement constitué peut-être qu'il ne faudrait pour le moment, ne
convenant pas aux nouveaux citoyens, ou les citoyens
au nouveau gouvernement, l'Etat ne fût sujet à être
ébranlé et détruit presque dès sa naissance. Car il en est
de la liberté comme de ces aliments solides et suc-
culents, ou de ces vins généreux, propres à nourrir et
fortifier les tempéraments robustes qui en ont l'habitude, mais qui accablent, ruinent et enivrent les faibles
et délicats qui n'y sont point faits. Les peuples une fois
accoutumés à des maîtres ne sont plus en état de s'en
passer. S'ils tentent de secouer le joug, ils s'éloignent
d'autant plus de la liberté que prenant pour elle une
licence effrénée qui lui est opposée, leurs révolutions les
livrent presque toujours à des séducteurs qui ne font
qu'aggraver leurs chaînes. Le peuple romain lui-même,
ce modèle de tous les peuples libres, ne fut point en état
de se gouverner en sortant de l'oppression des Tar-
quins. Avili par l'esclavage et les travaux ignominieux
qu'ils lui avaient imposés, ce n'était d'abord qu'une
stupide populace qu'il fallut ménager et gouverner avec
la plus grande sagesse, afin que s'accoutumant peu à
peu à respirer l'air salutaire de la liberté, ces âmes
énervées ou plutôt abruties sous la tyrannie, acquissent
par degrés cette sévérité de mœurs et cette fierté de
courage qui en firent enfin le plus respectable de tous
les peuples. J'aurais donc cherché pour ma patrie une

supposer ; autrement Otanès, ne reconnaissant aucune sorte de loi et
n'ayant de compte à rendre à personne, aurait été tout-puissant dans
l'Etat et plus puissant que le roi même. Mais il n'y avait guère
d'apparence qu'un homme capable de se contenter en pareil cas d'un
tel privilège fût capable d'en abuser. En effet, on ne voit pas que ce
droit ait jamais causé le moindre trouble dans le royaume, ni par le
sage Otanès, ni par aucun de ses descendants.

heureuse et tranquille république dont l'ancienneté se perdît en quelque sorte dans la nuit des temps ; qui n'eût éprouvé que des atteintes propres à manifester et affermir dans ses habitants le courage et l'amour de la patrie, et où les citoyens, accoutumés de longue main à une sage indépendance, fussent, non seulement libres, mais dignes de l'être.

J'aurais voulu me choisir une patrie, détournée par une heureuse impuissance du féroce amour des conquêtes, et garantie par une position encore plus heureuse de la crainte de devenir elle-même la conquête d'un autre Etat : une ville libre placée entre plusieurs peuples dont aucun n'eût intérêt à l'envahir, et dont chacun eût intérêt d'empêcher les autres de l'envahir eux-mêmes, une république, en un mot, qui ne tentât point l'ambition de ses voisins et qui pût raisonnablement compter sur leur secours au besoin. Il s'ensuit que dans une position si heureuse, elle n'aurait rien eu à craindre que d'elle-même, et que si ses citoyens s'étaient exercés aux armes, c'eût été plutôt pour entretenir chez eux cette ardeur guerrière et cette fierté de courage qui sied si bien à la liberté et qui en nourrit le goût que par la nécessité de pourvoir à leur propre défense.

J'aurais cherché un pays où le droit de législation fût commun à tous les citoyens ; car qui peut mieux savoir qu'eux sous quelles conditions il leur convient de vivre ensemble dans une même société ? Mais je n'aurais pas approuvé des plébiscites semblables à ceux des Romains où les chefs de l'Etat et les plus intéressés à sa conservation étaient exclus des délibérations dont souvent dépendait son salut, et où par une absurde inconséquence les magistrats étaient privés des droits dont jouissaient les simples citoyens.

Au contraire, j'aurais désiré que pour arrêter les projets intéressés et mal conçus, et les innovations dangereuses qui perdirent enfin les Athéniens, chacun n'eût pas le pouvoir de proposer de nouvelles lois à sa fantaisie ; que ce droit appartînt aux seuls magistrats ; qu'ils en usassent même avec tant de circonspection, que le peuple de son côté fût si réservé à donner son consentement à ces lois, et que la promulgation ne pût s'en faire qu'avec tant de solennité, qu'avant que la constitution fût ébranlée on eût le temps de se convaincre que c'est surtout la grande antiquité des lois qui les rend saintes et vénérables, que le peuple méprise bientôt celles qu'il voit changer tous les jours, et qu'en s'accoutumant à négliger les anciens usages sous prétexte de faire mieux, on introduit souvent de grands maux pour en corriger de moindres.

J'aurais fui surtout, comme nécessairement mal gouvernée, une république où le peuple, croyant pouvoir se passer de ses magistrats ou ne leur laisser qu'une autorité précaire, aurait imprudemment gardé l'administration des affaires civiles et l'exécution de ses propres lois ; telle dut être la grossière constitution des premiers gouvernements sortant immédiatement de l'état de nature, et tel fut encore un des vices qui perdirent la république d'Athènes.

Mais j'aurais choisi celle où les particuliers se contentant de donner la sanction aux lois, et de décider en corps et sur le rapport des chefs les plus importantes affaires publiques, établiraient des tribunaux respectés, en distingueraient avec soin les divers départements ; éliraient d'année en année les plus capables et les plus intègres de leurs concitoyens pour administrer la justice et gouverner l'État ; et où la vertu des magistrats portant ainsi témoignage de la sagesse du peuple, les uns et les autres s'honoreraient mutuellement. De sorte que si jamais de funestes malentendus venaient à troubler la concorde publique, ces temps mêmes d'aveuglement et d'erreurs fussent marqués par des témoignages de modération, d'estime réciproque, et d'un commun respect pour les lois ; présages et garants d'une réconciliation sincère et perpétuelle.

Tels sont, MAGNIFIQUES, TRÈS HONORÉS, ET SOUVERAINS SEIGNEURS, les avantages que j'aurais recherchés dans la patrie que je me serais choisie. Que si la providence y avait ajouté de plus une situation charmante, un climat tempéré, un pays fertile, et l'aspect le plus délicieux qui soit sous le ciel, je n'aurais désiré pour combler mon bonheur que de jouir de tous ces biens dans le sein de cette heureuse patrie, vivant paisiblement dans une douce société avec mes concitoyens, exerçant envers eux, et à leur exemple, l'humanité, l'amitié et toutes les vertus, et laissant après moi l'honorable mémoire d'un homme de bien, et d'un honnête et vertueux patriote.

Si, moins heureux ou trop tard sage, je m'étais vu réduit à finir en d'autres climats une infirme et languissante carrière, regrettant inutilement le repos et la paix dont une jeunesse imprudente m'aurait privé ; j'aurais du moins nourri dans mon âme ces mêmes sentiments dont je n'aurais pu faire usage dans mon pays, et pénétré d'une affection tendre et désintéressée pour mes concitoyens éloignés, je leur aurais adressé du fond de mon cœur à peu près le discours suivant.

Mes chers concitoyens ou plutôt mes frères, puisque les liens du sang ainsi que les lois nous unissent presque tous, il m'est doux de ne pouvoir penser à vous, sans penser en même temps à tous les biens dont vous jouissez et dont nul de vous peut-être ne sent mieux le prix que moi qui les ai perdus. Plus je réfléchis sur votre situation politique et civile, et moins je puis imaginer que la nature des choses humaines puisse en comporter une meilleure. Dans tous les autres gouvernements, quand il est question d'assurer le plus grand bien de l'Etat, tout se borne toujours à des projets en idées, et tout au plus à de simples possibilités. Pour vous, votre bonheur est tout fait, il ne faut qu'en jouir, et vous n'avez plus besoin pour devenir parfaitement heureux que de savoir vous contenter de l'être. Votre souveraineté acquise ou recouvrée à la pointe de l'épée, et conservée durant deux siècles à force de valeur et de sagesse, est enfin pleinement et universellement reconnue. Des traités honorables fixent vos limites, assurent vos droits, et affermissent votre repos. Votre constitution est excellente, dictée par la plus sublime raison, et garantie par des puissances amies et respectables ; votre Etat est tranquille, vous n'avez ni guerres ni conquérants à craindre; vous n'avez point d'autres maîtres que de sages lois que vous avez faites, administrées par des magistrats intègres qui sont de votre choix; vous n'êtes ni assez riches pour vous énerver par la mollesse et perdre dans de vaines délices le goût du vrai bonheur et des solides vertus, ni assez pauvres pour avoir besoin de plus de secours étrangers que ne vous en procure votre industrie; et cette liberté précieuse qu'on ne maintient chez les grandes nations qu'avec des impôts exorbitants, ne vous coûte presque rien à conserver.

Puisse durer toujours pour le bonheur de ses citoyens et l'exemple des peuples une république si sagement et si heureusement constituée! Voilà le seul vœu qui vous reste à faire, et le seul soin qui vous reste à prendre. C'est à vous seuls désormais, non à faire votre bonheur, vos ancêtres vous en ont évité la peine, mais à le rendre durable par la sagesse d'en bien user. C'est de votre union perpétuelle, de votre obéissance aux lois; de votre respect pour leurs ministres que dépend votre conservation. S'il reste parmi vous le moindre germe d'aigreur ou de défiance, hâtez-vous de le détruire comme un levain funeste d'où résulteraient tôt ou tard vos malheurs et la ruine de l'Etat. Je vous conjure de rentrer tous au fond de votre cœur et de consulter la voix secrète de votre conscience. Quelqu'un parmi vous connaît-il dans l'univers un corps plus intègre, plus éclairé, plus respectable que celui de votre magistrature? Tous ses membres ne vous donnent-ils pas l'exemple de la modération, de la simplicité de mœurs, du respect pour les lois et de la plus sincère réconciliation : rendez donc sans réserve à de si sages chefs cette salutaire confiance que la raison doit à la vertu; songez qu'ils sont de votre choix, qu'ils le justifient, et que les honneurs dus à ceux que vous avez constitués en dignité retombent nécessairement sur vous-mêmes. Nul de vous n'est assez peu éclairé pour ignorer qu'où cessent la vigueur des lois et l'autorité de leurs défenseurs, il ne peut y avoir ni sûreté ni liberté pour personne. De quoi s'agit-il donc entre vous que de faire de bon cœur et

avec une juste confiance ce que vous seriez toujours
obligés de faire par un véritable intérêt, par devoir, et
pour la raison ? Qu'une coupable et funeste indifférence
pour le maintien de la constitution, ne vous fasse jamais
négliger au besoin les sages avis des plus éclairés et des
plus zélés d'entre vous. Mais que l'équité, la modération, la plus respectueuse fermeté, continuent de régler
toutes vos démarches et de montrer en vous à tout
l'univers l'exemple d'un peuple fier et modeste, aussi
jaloux de sa gloire que de sa liberté. Gardez-vous,
surtout et ce sera mon dernier conseil, d'écouter jamais
des interprétations sinistres et des discours envenimés
dont les motifs secrets sont souvent plus dangereux que
les actions qui en sont l'objet. Toute une maison
s'éveille et se tient en alarmes aux premiers cris d'un
bon et fidèle gardien qui n'aboie jamais qu'à l'approche
des voleurs ; mais on hait l'importunité de ces animaux
bruyants qui troublent sans cesse le repos public, et
dont les avertissements continuels et déplacés ne se font
pas même écouter au moment qu'ils sont nécessaires.

Et vous MAGNIFIQUES ET TRÈS HONORÉS
SEIGNEURS ; vous dignes et respectables magistrats
d'un peuple libre ; permettez-moi de vous offrir en
particulier mes hommages et mes devoirs. S'il y a dans
le monde un rang propre à illustrer ceux qui l'occupent,
c'est sans doute celui que donnent les talents et la vertu,
celui dont vous vous êtes rendus dignes, et auquel vos
concitoyens vous ont élevés. Leur propre mérite ajoute
encore au vôtre un nouvel éclat, et choisis par des
hommes capables d'en gouverner d'autres, pour les
gouverner eux-mêmes, je vous trouve autant au-dessus
des autres magistrats qu'un peuple libre, et surtout
celui que vous avez l'honneur de conduire, est par ses
lumières et par sa raison au-dessus de la populace des
autres Etats.

Qu'il me soit permis de citer un exemple dont il
devrait rester de meilleures traces, et qui sera toujours
présent à mon cœur. Je ne me rappelle point sans la
plus douce émotion la mémoire du vertueux citoyen de
qui j'ai reçu le jour, et qui souvent entretint mon

enfance du respect qui vous était dû. Je le vois encore
vivant du travail de ses mains, et nourrissant son âme
des vérités les plus sublimes. Je vois Tacite, Plutarque
et Grotius, mêlés devant lui avec les instruments de son
métier. Je vois à ses côtés un fils chéri recevant avec
trop peu de fruit les tendres instructions du meilleur
des pères. Mais si les égarements d'une folle jeunesse
me firent oublier durant un temps de si sages leçons,
j'ai le bonheur d'éprouver enfin que, quelque penchant
qu'on ait vers le vice, il est difficile qu'une éducation
dont le cœur se mêle reste perdue pour toujours.

Tels sont, MAGNIFIQUES ET TRÈS HONORÉS
SEIGNEURS, les citoyens et même les simples habitants nés dans l'Etat que vous gouvernez ; tels sont ces
hommes instruits et sensés dont, sous le nom d'ouvriers
et de peuple, on a chez les autres nations des idées si
basses et si fausses. Mon père, je l'avoue avec joie,
n'était point distingué parmi ses concitoyens ; il n'était
que ce qu'ils sont tous, et tel qu'il était, il n'y a point de
pays où sa société n'eût été recherchée, cultivée, et
même avec fruit, par les plus honnêtes gens. Il ne
m'appartient pas, et grâce au ciel, il n'est pas nécessaire
de vous parler des égards que peuvent attendre de vous
des hommes de cette trempe, vos égaux par l'éducation,
ainsi que par les droits de la nature et de la naissance ;
vos inférieurs par leur volonté, par la préférence qu'ils
devaient à votre mérite, qu'ils lui ont accordée, et pour
laquelle vous leur devez à votre tour une sorte de
reconnaissance. J'apprends avec une vive satisfaction
de combien de douceur et de condescendance vous
tempérez avec eux la gravité convenable aux ministres
des lois, combien vous leur rendez en estime et en
attentions ce qu'ils vous doivent d'obéissance et de
respects ; conduite pleine de justice et de sagesse,
propre à éloigner de plus en plus la mémoire des
événements malheureux qu'il faut oublier pour ne les
revoir jamais : conduite d'autant plus judicieuse que ce
peuple équitable et généreux se fait un plaisir de son
devoir, qu'il aime naturellement à vous honorer, et que
les plus ardents à soutenir leurs droits sont les plus
portés à respecter les vôtres.

Il ne doit pas être étonnant que les chefs d'une société civile en aiment la gloire et le bonheur, mais il l'est trop pour le repos des hommes que ceux qui se regardent comme les magistrats, ou plutôt comme les maîtres d'une patrie plus sainte et plus sublime, témoignent quelque amour pour la patrie terrestre qui les nourrit. Qu'il m'est doux de pouvoir faire en notre faveur une exception si rare, et placer au rang de nos meilleurs citoyens ces zélés, dépositaires des dogmes sacrés autorisés par les lois, ces vénérables pasteurs des âmes, dont la vive et douce éloquence porte d'autant mieux dans les cœurs les maximes de l'Evangile qu'ils commencent toujours par les pratiquer eux-mêmes ! Tout le monde sait avec quel succès le grand art de la chaire est cultivé à Genève ; mais, trop accoutumés à voir dire d'une manière et faire d'une autre, peu de gens savent jusqu'à quel point l'esprit du christianisme, la sainteté des mœurs, la sévérité pour soi-même et la douceur pour autrui, règnent dans le corps de nos ministres. Peut-être appartient-il à la seule ville de Genève de montrer l'exemple édifiant d'une aussi parfaite union entre une société de théologiens et de gens de lettres. C'est en grande partie sur leur sagesse et leur modération reconnues, c'est sur leur zèle pour la prospérité de l'Etat que je fonde l'espoir de son éternelle tranquillité ; et je remarque avec un plaisir mêlé d'étonnement et de respect combien ils ont horreur pour les affreuses maximes de ces hommes sacrés et barbares dont l'Histoire fournit plus d'un exemple, et qui, pour soutenir les prétendus droits de Dieu, c'est-à-dire leurs intérêts, étaient d'autant moins avares du sang humain qu'ils se flattaient que le leur serait toujours respecté.

Pourrais-je oublier cette précieuse moitié de la république qui fait le bonheur de l'autre, et dont la douceur et la sagesse y maintiennent la paix et les bonnes mœurs ? Aimables et vertueuses citoyennes, le sort de votre sexe sera toujours de gouverner le nôtre. Heureux ! quand votre chaste pouvoir, exercé seulement dans l'union conjugale, ne se fait sentir que pour la gloire de l'Etat et le bonheur public. C'est ainsi que les femmes commandaient à Sparte, et c'est ainsi que vous méritez de commander à Genève. Quel homme barbare pourrait résister à la voix de l'honneur et de la raison dans la bouche d'une tendre épouse; et qui ne mépriserait un vain luxe, en voyant votre simple et modeste parure, qui par l'éclat qu'elle tient de vous semble être la plus favorable à la beauté? C'est à vous de maintenir toujours par votre aimable et innocent empire et par votre esprit insinuant l'amour des lois dans l'Etat et la concorde parmi les citoyens; de réunir par d'heureux mariages les familles divisées; et surtout de corriger par la persuasive douceur de vos leçons et par les grâces modestes de votre entretien, les travers que nos jeunes gens vont prendre en d'autres pays, d'où, au lieu de tant de choses utiles dont ils pourraient profiter, ils ne rapportent, avec un ton puéril et des airs ridicules pris parmi des femmes perdues, que l'admiration de je ne sais quelles prétendues grandeurs, frivoles dédommagements de la servitude, qui ne vaudront jamais l'auguste liberté. Soyez donc toujours ce que vous êtes, les chastes gardiennes des mœurs et les doux liens de la paix, et continuez de faire valoir en toute occasion les droits du cœur et de la nature au profit du devoir et de la vertu.

Je me flatte de n'être point démenti par l'événement, en fondant sur de tels garants l'espoir du bonheur commun des citoyens et de la gloire de la république. J'avoue qu'avec tous ces avantages, elle ne brillera pas de cet éclat dont la plupart des yeux sont éblouis et dont le puéril et funeste goût est le plus mortel ennemi du bonheur et de la liberté. Qu'une jeunesse dissolue aille chercher ailleurs des plaisirs faciles et de longs repentirs. Que les prétendus gens de goût admirent en d'autres lieux la grandeur des palais, la beauté des équipages, les superbes ameublements, la pompe des spectacles, et tous les raffinements de la mollesse et du luxe. A Genève, on ne trouvera que des hommes, mais pourtant un tel spectacle a bien son prix, et ceux qui le rechercheront vaudront bien les admirateurs du reste.

Daignez MAGNIFIQUES, TRÈS HONORÉS et

SOUVERAINS SEIGNEURS, recevoir tous avec la
même bonté les respectueux témoignages de l'intérêt
que je prends à votre prospérité commune. Si j'étais
assez malheureux pour être coupable de quelque transport indiscret dans cette vive effusion de mon cœur, je
vous supplie de le pardonner à la tendre affection d'un
vrai patriote, et au zèle ardent et légitime d'un homme
qui n'envisage point de plus grand bonheur pour lui-
même que celui de vous voir tous heureux.

Je suis avec le plus profond respect
MAGNIFIQUES, TRÈS HONORÉS ET SOUVE-
RAINS SEIGNEURS,

Votre très humble et très obéissant serviteur et conci-
toyen.

A Chambéry, le 12 juin 1754.

JEAN-JACQUES ROUSSEAU.

PRÉFACE

La plus utile et la moins avancée de toutes les
connaissances humaines me paraît être celle de
l'homme[1] et j'ose dire que la seule inscription du
temple de Delphes contenait un précepte plus important et plus difficile que tous les gros livres des moralistes. Aussi je regarde le sujet de ce Discours comme
une des questions les plus intéressantes que la philo-

1. Dès mon premier pas je m'appuie avec confiance sur une de ces
autorités respectables pour les philosophes, parce qu'elles viennent
d'une raison solide et sublime qu'eux seuls savent trouver et sentir.
   « Quelque intérêt que nous ayons à nous connaître nous-mêmes, je
« ne sais si nous ne connaissons pas mieux tout ce qui n'est pas nous.
« Pourvus par la nature d'organes uniquement destinés à notre
« conservation, nous ne les employons qu'à recevoir les impressions
« étrangères, nous ne cherchons qu'à nous répandre au-dehors, et à
« exister hors de nous ; trop occupés à multiplier les fonctions de nos
« sens et à augmenter l'étendue extérieure de notre être, rarement
« faisons-nous usage de ce sens intérieur qui nous réduit à nos vraies
« dimensions et qui sépare de nous tout ce qui n'en est pas. C'est
« cependant de ce sens dont il faut nous servir, si nous voulons nous
« connaître ; c'est le seul par lequel nous puissions nous juger. Mais
« comment donner à ce sens son activité et toute son étendue ?
« Comment dégager notre âme, dans laquelle il réside, de toutes les
« illusions de notre esprit ? Nous avons perdu l'habitude de l'em-
« ployer, elle est demeurée sans exercice au milieu du tumulte de nos
« sensations corporelles, elle s'est desséchée par le feu de nos pas-
« sions ; le cœur, l'esprit, le sens, tout a travaillé contre elle. »
Hist. Nat. T 4, p. 151, *De la Nat. de l'homme.*

sophie puisse proposer, et malheureusement pour nous
comme une des plus épineuses que les philosophes
puissent résoudre. Car comment connaître la source de
l'inégalité parmi les hommes, si l'on ne commence par
les connaître eux-mêmes ? et comment l'homme
viendra-t-il à bout de se voir tel que l'a formé la nature,
à travers tous les changements que la succession des
temps et des choses a dû produire dans sa constitution
originelle, et de démêler ce qu'il tient de son propre
fonds d'avec ce que les circonstances et ses progrès ont
ajouté ou changé à son état primitif. Semblable à la
statue de Glaucus que le temps, la mer et les orages
avaient tellement défigurée qu'elle ressemblait moins à
un dieu qu'à une bête féroce, l'âme humaine altérée au
sein de la société par mille causes sans cesse renais-
santes, par l'acquisition d'une multitude de connaissances et d'erreurs, par les changements arrivés à la
constitution des corps, et par le choc continuel des
passions, a, pour ainsi dire, changé d'apparence au
point d'être presque méconnaissable ; et l'on n'y retrouve plus, au lieu d'un être agissant toujours par des
principes certains et invariables, au lieu de cette céleste
et majestueuse simplicité dont son auteur l'avait
empreinte, que le difforme contraste de la passion qui
croit raisonner et de l'entendement en délire.

Ce qu'il y a de plus cruel encore, c'est que tous les
progrès de l'espèce humaine l'éloignant sans cesse de
son état primitif, plus nous accumulons de nouvelles
connaissances, et plus nous nous ôtons les moyens
d'acquérir la plus importante de toutes, et que c'est en
un sens à force d'étudier l'homme que nous nous
sommes mis hors d'état de le connaître.

Il est aisé de voir que c'est dans ces changements
successifs de la constitution humaine qu'il faut chercher
la première origine des différences qui distinguent les
hommes, lesquels d'un commun aveu sont naturellement aussi égaux entre eux que l'étaient les animaux de
chaque espèce, avant que diverses causes physiques
eussent introduit dans quelques-unes les variétés que
nous y remarquons. En effet, il n'est pas concevable

que ces premiers changements, par quelque moyen qu'ils soient arrivés, aient altéré tout à la fois et de la même manière tous les individus de l'espèce ; mais les uns s'étant perfectionnés ou détériorés, et ayant acquis diverses qualités bonnes ou mauvaises qui n'étaient point inhérentes à leur nature, les autres restèrent plus longtemps dans leur état originel ; et telle fut parmi les hommes la première source de l'inégalité, qu'il est plus aisé de démontrer ainsi en général que d'en assigner avec précision les véritables causes.

Que mes lecteurs ne s'imaginent donc pas que j'ose me flatter d'avoir vu ce qui me paraît si difficile à voir. J'ai commencé quelques raisonnements ; j'ai hasardé quelques conjectures, moins dans l'espoir de résoudre la question que dans l'intention de l'éclaircir et de la réduire à son véritable état. D'autres pourront aisément aller plus loin dans la même route, sans qu'il soit facile à personne d'arriver au terme. Car ce n'est pas une légère entreprise de démêler ce qu'il y a d'originaire et d'artificiel dans la nature actuelle de l'homme, et de bien connaître un état qui n'existe plus, qui n'a peut-être point existé, qui probablement n'existera jamais, et dont il est pourtant nécessaire d'avoir des notions justes pour bien juger de notre état présent. Il faudrait même plus de philosophie qu'on ne pense à celui qui entreprendrait de déterminer exactement les précautions à prendre pour faire sur ce sujet de solides observations ; et une bonne solution du problème suivant ne me paraîtrait pas indigne des Aristotes et des Plines de notre siècle. *Quelles expériences seraient nécessaires pour parvenir à connaître l'homme naturel ; et quels sont les moyens de faire ces expériences au sein de la société ?* Loin d'entreprendre de résoudre ce problème, je crois en avoir assez médité le sujet, pour oser répondre d'avance que les plus grands philosophes ne seront pas trop bons pour diriger ces expériences, ni les plus puissants souverains pour les faire ; concours auquel il n'est guère raisonnable de s'attendre surtout avec la persévérance ou plutôt la succession de lumières et de bonne volonté nécessaire de part et d'autre pour arriver au succès.

Ces recherches si difficiles à faire, et auxquelles on a si peu songé jusqu'ici, sont pourtant les seuls moyens qui nous restent de lever une multitude de difficultés qui nous dérobent la connaissance des fondements réels de la société humaine. C'est cette ignorance de la nature de l'homme qui jette tant d'incertitude et d'obscurité sur la véritable définition du droit naturel : car l'idée du droit, dit M. Burlamaqui, et plus encore celle du droit naturel, sont manifestement des idées relatives à la nature de l'homme. C'est donc de cette nature même de l'homme, continue-t-il, de sa constitution et de son état qu'il faut déduire les principes de cette science.

Ce n'est point sans surprise et sans scandale qu'on remarque le peu d'accord qui règne sur cette importante matière entre les divers auteurs qui en ont traité. Parmi les plus graves écrivains à peine en trouve-t-on deux qui soient du même avis sur ce point. Sans parler des anciens philosophes qui semblent avoir pris à tâche de se contredire entre eux sur les principes les plus fondamentaux, les jurisconsultes romains assujettissent indifféremment l'homme et tous les autres animaux à la même loi naturelle, parce qu'ils considèrent plutôt sous ce nom la loi que la nature s'impose à elle-même que celle qu'elle prescrit ; ou plutôt, à cause de l'acception particulière selon laquelle ces jurisconsultes entendent le mot de loi qu'ils semblent n'avoir pris en cette occasion que pour l'expression des rapports généraux établis par la nature entre tous les êtres animés, pour leur commune conservation. Les modernes ne reconnaissant sous le nom de loi qu'une règle prescrite à un être moral, c'est-à-dire intelligent, libre, et considéré dans ses rapports avec d'autres êtres, bornent conséquemment au seul animal doué de raison, c'est-à-dire à l'homme, la compétence de la loi naturelle ; mais définissant cette loi chacun à sa mode, ils l'établissent tous sur des principes si métaphysiques qu'il y a, même parmi nous, bien peu de gens en état de comprendre ces principes, loin de pouvoir les trouver d'eux-mêmes. De sorte que toutes les définitions de ces savants hommes, d'ailleurs en perpétuelle contradiction entre elles, s'accordent seulement en ceci, qu'il est impossible d'entendre la loi de nature et par conséquent d'y obéir, sans être un très grand raisonneur et un profond métaphysicien. Ce qui signifie précisément que les hommes ont dû employer pour l'établissement de la société des lumières qui ne se développent qu'avec beaucoup de peine et pour fort peu de gens dans le sein de la société même.

Connaissant si peu la nature et s'accordant si mal sur le sens du mot *loi*, il serait bien difficile de convenir d'une bonne définition de la loi naturelle. Aussi toutes celles qu'on trouve dans les livres, outre le défaut de n'être point uniformes, ont-elles encore celui d'être tirées de plusieurs connaissances que les hommes n'ont point naturellement, et des avantages dont ils ne peuvent concevoir l'idée qu'après être sortis de l'état de nature. On commence par rechercher les règles dont, pour l'utilité commune, il serait à propos que les hommes convinssent entre eux; et puis on donne le nom de loi naturelle à la collection de ces règles, sans autre preuve que le bien qu'on trouve qui résulterait de leur pratique universelle. Voilà assurément une manière très commode de composer des définitions, et d'expliquer la nature des choses par des convenances presque arbitraires.

Mais tant que nous ne connaîtrons point l'homme naturel, c'est en vain que nous voudrons déterminer la loi qu'il a reçue ou celle qui convient le mieux à sa constitution. Tout ce que nous pouvons voir très clairement au sujet de cette loi, c'est que non seulement pour qu'elle soit loi il faut que la volonté de celui qu'elle oblige puisse s'y soumettre avec connaissance, mais qu'il faut encore pour qu'elle soit naturelle qu'elle parle immédiatement par la voix de la nature.

Laissant donc tous les livres scientifiques qui ne nous apprennent qu'à voir les hommes tels qu'ils se sont faits, et méditant sur les premières et plus simples opérations de l'âme humaine, j'y crois apercevoir deux principes antérieurs à la raison, dont l'un nous intéresse ardemment à notre bien-être et à la conservation de nous-mêmes, et l'autre nous inspire une répugnance naturelle à voir périr ou souffrir tout être sensible et principalement nos semblables. C'est du concours et de la combinaison que notre esprit est en état de faire de ces deux principes, sans qu'il soit nécessaire d'y faire entrer celui de la sociabilité, que me paraissent découler toutes les règles du droit naturel ; règles que la raison est ensuite forcée de rétablir sur d'autres fondements, quand par ses développements successifs elle est venue à bout d'étouffer la nature.

De cette manière, on n'est point obligé de faire de l'homme un philosophe avant que d'en faire un homme ; ses devoirs envers autrui ne lui sont pas uniquement dictés par les tardives leçons de la sagesse ; et tant qu'il ne résistera point à l'impulsion intérieure de la commisération, il ne fera jamais du mal à un autre homme ni même à aucun être sensible, excepté dans le cas légitime où sa conservation se trouvant intéressée, il est obligé de se donner la préférence à lui-même. Par ce moyen, on termine aussi les anciennes disputes sur la participation des animaux à la loi naturelle. Car il est clair que, dépourvus de lumières et de liberté, ils ne peuvent reconnaître cette loi ; mais tenant en quelque chose à notre nature par la sensibilité dont ils sont doués, on jugera qu'ils doivent aussi participer au droit naturel, et que l'homme est assujetti envers eux à quelque espèce de devoirs. Il semble, en effet, que si je suis obligé de ne faire aucun mal à mon semblable, c'est moins parce qu'il est un être raisonnable que parce qu'il est un être sensible ; qualité qui, étant commune à la bête et à l'homme, doit au moins donner à l'une le droit de n'être point maltraitée inutilement par l'autre.

Cette même étude de l'homme originel, de ses vrais besoins, et des principes fondamentaux de ses devoirs, est encore le seul bon moyen qu'on puisse employer pour lever ces foules de difficultés qui se présentent sur l'origine de l'inégalité morale, sur les vrais fondements du corps politique, sur les droits réciproques de ses membres, et sur mille autres questions semblables, aussi importantes que mal éclaircies.

En considérant la société humaine d'un regard tranquille et désintéressé, elle ne semble montrer d'abord que la violence des hommes puissants et l'oppression des faibles; l'esprit se révolte contre la dureté des uns; on est porté à déplorer l'aveuglement des autres; et comme rien n'est moins stable parmi les hommes que ces relations extérieures que le hasard produit plus souvent que la sagesse, et qu'on appelle faiblesse ou puissance, richesse ou pauvreté, les établissements humains paraissent au premier coup d'œil fondés sur des monceaux de sable mouvant; ce n'est qu'en les examinant de près, ce n'est qu'après avoir écarté la poussière et le sable qui environnent l'édifice, qu'on aperçoit la base inébranlable sur laquelle il est élevé, et qu'on apprend à en respecter les fondements. Or sans l'étude sérieuse de l'homme, de ses facultés naturelles, et de leurs développements successifs, on ne viendra jamais à bout de faire ces distinctions, et de séparer dans l'actuelle constitution des choses ce qu'a fait la volonté divine d'avec ce que l'art humain a prétendu faire. Les recherches politiques et morales auxquelles donne lieu l'importante question que j'examine sont donc utiles de toute manière, et l'histoire hypothétique des gouvernements est pour l'homme une leçon instructive à tous égards. En considérant ce que nous serions devenus, abandonnés à nous-mêmes, nous devons apprendre à bénir celui dont la main bienfaisante, corrigeant nos institutions et leur donnant une assiette inébranlable, a prévenu les désordres qui devraient en résulter, et fait naître notre bonheur des moyens qui semblaient devoir combler notre misère.

Quem te Deus esse
Jussit, et humanâ quâ parte locatus es in re,
Disce.

QUESTION
proposée par l'Académie de Dijon.

Quelle est l'origine de l'inégalité parmi les hommes, et si elle est autorisée par la loi naturelle.

AVERTISSEMENT
SUR LES NOTES

J'ai ajouté quelques notes à cet ouvrage selon ma coutume paresseuse de travailler à bâtons rompus. Ces notes s'écartent quelquefois assez du sujet pour n'être pas bonnes à lire avec le texte. Je les ai donc rejetées à la fin du Discours, dans lequel j'ai tâché de suivre de mon mieux le plus droit chemin. Ceux qui auront le courage de recommencer pourront s'amuser la seconde fois à battre les buissons, et tenter de parcourir les notes; il y aura peu de mal que les autres ne les lisent point du tout[1].

---

1. Pour des raisons de commodité nous avons maintenu les notes de Rousseau au bas des pages. (Note de l'éditeur.)

DISCOURS

SUR L'ORIGINE, ET LES FONDEMENTS
DE L'INÉGALITÉ PARMI LES HOMMES.

C'est de l'homme que j'ai à parler, et la question que j'examine m'apprend que je vais parler à des hommes, car on n'en propose point de semblables quand on craint d'honorer la vérité. Je défendrai donc avec confiance la cause de l'humanité devant les sages qui m'y invitent, et je ne serai pas mécontent de moi-même si je me rends digne de mon sujet et de mes juges.

Je conçois dans l'espèce humaine deux sortes d'inégalité ; l'une que j'appelle naturelle ou physique, parce qu'elle est établie par la nature, et qui consiste dans la différence des âges, de la santé, des forces du corps, et des qualités de l'esprit, ou de l'âme, l'autre qu'on peut appeler inégalité morale, ou politique, parce qu'elle dépend d'une sorte de convention, et qu'elle est établie, ou du moins autorisée par le consentement des hommes. Celle-ci consiste dans les différents privilèges, dont quelques-uns jouissent, au préjudice des autres, comme d'être plus riches, plus honorés, plus puissants qu'eux, ou même de s'en faire obéir.

On ne peut pas demander quelle est la source de l'inégalité naturelle, parce que la réponse se trouverait énoncée dans la simple définition du mot. On peut encore moins chercher s'il n'y aurait point quelque liaison essentielle entre les deux inégalités ; car ce serait demander, en d'autres termes, si ceux qui commandent valent nécessairement mieux que ceux qui obéissent, et si la force du corps ou de l'esprit, la sagesse ou la vertu, se trouvent toujours dans les mêmes individus, en proportion de la puissance, ou de la richesse : question bonne peut-être à agiter entre des esclaves entendus de leurs maîtres, mais qui ne convient pas à des hommes raisonnables et libres, qui cherchent la vérité.

De quoi s'agit-il donc précisément dans ce Discours ? De marquer dans le progrès des choses le moment où le droit succédant à la violence, la nature fut soumise à la loi ; d'expliquer par quel enchaînement de prodiges le fort put se résoudre à servir le faible, et le peuple à acheter un repos en idée, au prix d'une félicité réelle.

Les philosophes qui ont examiné les fondements de la société ont tous senti la nécessité de remonter jusqu'à l'état de nature, mais aucun d'eux n'y est arrivé. Les uns n'ont point balancé à supposer à l'homme dans cet état la notion du juste et de l'injuste, sans se soucier de montrer qu'il dût avoir cette notion, ni même qu'elle lui fût utile. D'autres ont parlé du droit naturel que chacun a de conserver ce qui lui appartient, sans expliquer ce qu'ils entendaient par appartenir ; d'autres donnant d'abord au plus fort l'autorité sur le plus faible, ont aussitôt fait naître le gouvernement, sans songer au temps qui dut s'écouler avant que le sens des mots d'autorité et de gouvernement pût exister parmi les hommes. Enfin tous, parlant sans cesse de besoin, d'avidité, d'oppression, de désirs, et d'orgueil, ont transporté à l'état de nature des idées qu'ils avaient prises dans la société. Ils parlaient de l'homme sauvage, et ils peignaient l'homme civil. Il n'est pas même venu dans l'esprit de la plupart des nôtres de douter que l'état de nature eût existé, tandis qu'il est évident, par la lecture des Livres Sacrés, que le premier homme, ayant reçu immédiatement de Dieu des lumières et des préceptes, n'était point lui-même dans cet état, et qu'en ajoutant aux écrits de Moïse la foi que leur doit tout philosophe chrétien, il faut nier que, même avant le déluge, les hommes se soient jamais trouvés dans le pur état de nature, à moins qu'ils n'y soient retombés par quelque événement extraordinaire. Paradoxe fort embarrassant à défendre, et tout à fait impossible à prouver.

Commençons donc par écarter tous les faits, car ils ne touchent point à la question. Il ne faut pas prendre les recherches, dans lesquelles on peut entrer sur ce sujet, pour des vérités historiques, mais seulement pour des raisonnements hypothétiques et conditionnels; plus propres à éclaircir la nature des choses, qu'à en montrer la véritable origine, et semblables à ceux que font tous les jours nos physiciens sur la formation du monde. La religion nous ordonne de croire que Dieu lui-même ayant tiré les hommes de l'état de nature, immédiatement après la création, ils sont inégaux parce qu'il a voulu qu'ils le fussent; mais elle ne nous défend pas de former des conjectures tirées de la seule nature de l'homme et des êtres qui l'environnent, sur ce qu'aurait pu devenir le genre humain, s'il fût resté abandonné à lui-même. Voilà ce qu'on me demande, et ce que je me propose d'examiner dans ce Discours. Mon sujet intéressant l'homme en général, je tâcherai de prendre un langage qui convienne à toutes les nations, ou plutôt, oubliant les temps et les lieux, pour ne songer qu'aux hommes à qui je parle, je me supposerai dans le lycée d'Athènes, répétant les leçons de mes maîtres, ayant les Platons et les Xénocrates pour juges, et le genre humain pour auditeur.

O homme, de quelque contrée que tu sois, quelles que soient tes opinions, écoute. Voici ton histoire telle que j'ai cru la lire, non dans les livres de tes semblables qui sont menteurs, mais dans la nature qui ne ment jamais. Tout ce qui sera d'elle sera vrai. Il n'y aura de faux que ce que j'y aurai mêlé du mien sans le vouloir. Les temps dont je vais parler sont bien éloignés. Combien tu as changé de ce que tu étais! C'est pour ainsi dire la vie de ton espèce que je te vais décrire d'après les qualités que tu as reçues, que ton éducation et tes habitudes ont pu dépraver, mais qu'elles n'ont pu détruire. Il y a, je le sens, un âge auquel l'homme individuel voudrait s'arrêter; tu chercheras l'âge auquel tu désirerais que ton espèce se fût arrêtée. Mécontent de ton état présent, par des raisons qui annoncent à ta postérité malheureuse de plus grands mécontentements encore, peut-être voudrais-tu pouvoir rétrograder ; et ce sentiment doit faire l'éloge de tes premiers aïeux, la critique de tes contemporains, et l'effroi de ceux qui auront le malheur de vivre après toi.

PREMIÈRE PARTIE

Quelque important qu'il soit, pour bien juger de l'état naturel de l'homme, de le considérer dès son origine, et de l'examiner, pour ainsi dire, dans le premier embryon de l'espèce ; je ne suivrai point son organisation à travers ses développements successifs. Je ne m'arrêterai pas à rechercher dans le système animal ce qu'il put être au commencement, pour devenir enfin ce qu'il est ; je n'examinerai pas si, comme le pense Aristote, ses ongles allongés ne furent point d'abord des griffes crochues ; s'il n'était point velu comme un ours, et si marchant à quatre pieds[1], ses regards dirigés vers

1. Les changements qu'un long usage de marcher sur deux pieds a pu produire dans la conformation de l'homme, les rapports qu'on observe encore entre ses bras et les jambes antérieures des quadrupèdes et l'induction tirée de leur manière de marcher ont pu faire naître des doutes sur celle qui devait nous être la plus naturelle. Tous les enfants commencent par marcher à quatre pieds et ont besoin de notre exemple et de nos leçons pour apprendre à se tenir debout. Il y a même des nations sauvages, telles que les Hottentots qui, négligeant beaucoup les enfants, les laissent marcher sur les mains si longtemps qu'ils ont ensuite bien de la peine à les redresser ; autant en font les enfants des Caraïbes des Antilles. Il y a divers exemples d'hommes quadrupèdes et je pourrais entre autres citer celui de cet enfant qui fut trouvé, en 1344, auprès de Hesse où il avait été nourri par des loups et qui disait depuis à la cour du prince Henri que, s'il n'eût tenu qu'à lui, il eût mieux aimé retourner avec eux que de vivre parmi les hommes. Il avait tellement pris l'habitude de marcher comme ces animaux qu'il fallut lui attacher des pièces de bois qui le forçaient à se tenir debout et en équilibre sur ses deux pieds. Il en était de même de l'enfant qu'on trouva en 1694 dans les forêts de Lituanie et qui vivait parmi les ours. Il ne donnait, dit M. de Condillac, aucune marque de raison, marchait sur ses pieds et sur ses mains, n'avait aucun langage et formait des sons qui ne ressemblaient en rien à ceux d'un homme. Le petit sauvage d'Hanovre qu'on mena il y a plusieurs années à la

cour d'Angleterre, avait toutes les peines du monde à s'assujettir à marcher sur deux pieds et l'on trouva en 1719 deux autres sauvages dans les Pyrénées, qui couraient par les montagnes à la manière des quadrupèdes. Quant à ce qu'on pourrait objecter que c'est se priver de l'usage des mains dont nous tirons tant d'avantages, outre que l'exemple des singes montre que la main peut fort bien être employée des deux manières, cela prouverait seulement que l'homme peut donner à ses membres une destination plus commode que celle de la nature, et non que la nature a destiné l'homme à marcher autrement qu'elle ne lui enseigne.

Mais il y a, ce me semble, de beaucoup meilleures raisons, à dire pour soutenir que l'homme est un bipède. Premièrement quand on ferait voir qu'il a pu d'abord être conformé autrement que nous le voyons et cependant devenir enfin ce qu'il est, ce n'en serait pas assez pour conclure que cela se soit fait ainsi. Car, après avoir montré la possibilité de ces changements, il faudrait encore, avant que de les admettre, en montrer au moins la vraisemblance. De plus, si les bras de l'homme paraissent avoir pu lui servir de jambes au besoin, c'est la seule observation favorable à ce système, sur un grand nombre d'autres qui lui sont contraires. Les principales sont : que la manière dont la tête de l'homme est attachée à son corps, au lieu de diriger sa vue horizontalement, comme l'ont tous les autres animaux, et comme il l'a lui-même en marchant debout, lui eût tenu, marchant à quatre pieds, les yeux directement fichés vers la terre, situation très peu favorable à la conservation de l'individu ; que la queue qui lui manque, et dont il n'a que faire marchant à deux pieds, est utile aux quadrupèdes, et qu'aucun d'eux n'en est privé ; que le sein de la femme, très bien situé pour un bipède qui tient son enfant dans ses bras, l'est si mal pour un quadrupède que nul ne l'a placé de cette manière ; que le train de derrière étant d'une excessive hauteur à proportion des jambes de devant, ce qui fait que marchant à quatre nous nous traînons sur les genoux, le tout eût fait un animal mal proportionné et marchant peu commodément ; que s'il eût posé le pied à plat ainsi que la main, il aurait eu dans la jambe postérieure une articulation de moins que les autres animaux, savoir celle qui joint le canon au tibia, et qu'en ne posant que la pointe du pied, comme il aurait sans doute été contraint de faire, le tarse, sans parler de la pluralité des os qui le composent, paraît trop gros pour tenir lieu de canon et ses articulations avec le métatarse et le tibia trop rapprochées pour donner à la jambe humaine dans cette situation la même flexibilité qu'ont celles des quadrupèdes. L'exemple des enfants étant pris dans un âge où les forces naturelles ne sont point encore développées ni les membres raffermis, ne conclut rien du tout et j'aimerais autant dire que les chiens ne sont pas destinés à marcher, parce qu'ils ne font que ramper quelques semaines après leur naissance. Les faits particuliers ont encore peu de force contre la pratique universelle de tous les hommes, même des nations qui, n'ayant eu aucune communication avec les autres, n'avaient pu rien imiter d'elles. Un enfant abandonné dans une forêt avant que de pouvoir marcher, et nourri par quelque bête, aura suivi l'exemple de sa

la terre, et bornés à un horizon de quelques pas, ne marquaient point à la fois le caractère, et les limites de ses idées. Je ne pourrais former sur ce sujet que des conjectures vagues, et presque imaginaires. L'anatomie comparée a fait encore trop peu de progrès, les observations des naturalistes sont encore trop incertaines, pour qu'on puisse établir sur des pareils fondements la base d'un raisonnement solide ; ainsi, sans avoir recours aux connaissances surnaturelles que nous avons sur ce point, et sans avoir égard aux changements qui ont dû survenir dans la conformation, tant intérieure qu'extérieure, de l'homme, à mesure qu'il appliquait ses membres à de nouveaux usages, et qu'il se nourrissait de nouveaux aliments, je le supposerai conforme de tous temps, comme je le vois aujourd'hui, marchant à deux pieds, se servant de ses mains comme nous faisons des nôtres, portant ses regards sur toute la nature, et mesurant des yeux la vaste étendue du ciel.

En dépouillant cet être, ainsi constitué, de tous les dons surnaturels qu'il a pu recevoir, et de toutes les facultés artificielles qu'il n'a pu acquérir que par de longs progrès, en le considérant, en un mot, tel qu'il a dû sortir des mains de la nature, je vois un animal moins fort que les uns, moins agile que les autres, mais, à tout prendre, organisé le plus avantageusement de tous. Je le vois se rassasiant sous un chêne, se désaltérant au premier ruisseau, trouvant son lit au pied du même arbre qui lui a fourni son repas, et voilà ses besoins satisfaits.

La terre abandonnée à sa fertilité naturelle[1], et cou-

nourrice en s'exerçant à marcher comme elle ; l'habitude lui aura pu donner des facilités qu'il ne tenait point de la nature ; et comme des manchots parviennent à force d'exercice à faire avec leurs pieds tout ce que nous faisons de nos mains, il sera parvenu enfin à employer ses mains à l'usage des pieds.

1. S'il se trouvait parmi mes lecteurs quelque assez mauvais physicien pour me faire des difficultés sur la supposition de cette fertilité naturelle de la terre, je vais lui répondre par le passage suivant :

« Comme les végétaux tirent pour leur nourriture beaucoup plus de
« substance de l'air et de l'eau qu'ils n'en tirent de la terre, il arrive
« qu'en pourrissant ils rendent à la terre plus qu'ils n'en ont tiré ;

verte de forêts immenses que la cognée ne mutila
jamais, offre à chaque pas des magasins et des retraites
aux animaux de toute espèce. Les hommes dispersés
parmi eux observent, imitent leur industrie, et s'élèvent
ainsi jusqu'à l'instinct des bêtes, avec cet avantage que
chaque espèce n'a que le sien propre, et que l'homme
n'en ayant peut-être aucun qui lui appartienne, se les
approprie tous, se nourrit également de la plupart des
aliments divers[1] que les autres animaux se partagent, et

« d'ailleurs une forêt détermine les eaux de la pluie en arrêtant les
« vapeurs. Ainsi dans un bois que l'on conserverait bien longtemps
« sans y toucher, la couche de terre qui sert à la végétation aug-
« menterait considérablement ; mais les animaux rendant moins à la
« terre qu'ils n'en tirent, et les hommes faisant des consommations
« énormes de bois et de plantes pour le feu et pour d'autres usages, il
« s'ensuit que la couche de terre végétale d'un pays habité doit
« toujours diminuer et devenir enfin comme le terrain de l'Arabie
« Pétrée, et comme celui de tant d'autres provinces de l'Orient, qui
« est en effet le climat le plus anciennement habité, où l'on ne trouve
« que du sel et des sables, car le sel fixe des plantes et des animaux
« reste, tandis que toutes les autres parties se volatilisent. » M. de
« Buffon, *Hist. Nat.*
   On peut ajouter à cela la preuve de fait par la quantité d'arbres et de
plantes de toute espèce, dont étaient remplies presque toutes les îles
désertes qui ont été découvertes dans ces derniers siècles, et par ce
que l'Histoire nous apprend des forêts immenses qu'il a fallu abattre
par toute la terre à mesure qu'elle s'est peuplée ou policée. Sur quoi je
ferai encore les trois remarques suivantes. L'une que s'il y a une sorte
de végétaux qui puissent compenser la déperdition de matière végétale qui se fait par les animaux, selon le raisonnement de M. de
Buffon, ce sont surtout les bois, dont les têtes et les feuilles rassemblent et s'approprient plus d'eaux et de vapeurs que ne font les
autres plantes. La seconde, que la destruction du sol, c'est-à-dire la
perte de la substance propre à la végétation doit s'accélérer à proportion que la terre est plus cultivée et que les habitants plus industrieux
consomment en plus grande abondance ses productions de toute
espèce. Ma troisième et plus importante remarque est que les fruits
des arbres fournissent à l'animal une nourriture plus abondante que
ne peuvent faire les autres végétaux, expérience que j'ai faite moi-
même, en comparant les produits de deux terrains égaux en grandeur
et en qualité, l'un couvert de châtaigniers et l'autre semé de blé.
   1. Parmi les quadrupèdes, les deux distinctions les plus universelles des espèces voraces se tirent, l'une de la figure des dents, et
l'autre de la conformation des intestins. Les animaux qui ne vivent
que de végétaux ont tous les dents plates, comme le cheval, le bœuf, le
mouton, le lièvre, mais les voraces les ont pointues, comme le chat, le

trouve par conséquent sa subsistance plus aisément que
ne peut faire aucun d'eux.

Accoutumés dès l'enfance aux intempéries de l'air, et
à la rigueur des saisons, exercés à la fatigue, et forcés de
défendre nus et sans armes leur vie et leur proie contre
les autres bêtes féroces, ou de leur échapper à la course,
les hommes se forment un tempérament robuste et
presque inaltérable. Les enfants, apportant au monde
l'excellente constitution de leurs pères, et la fortifiant
par les mêmes exercices qui l'ont produite, acquièrent
ainsi toute la vigueur dont l'espèce humaine est
capable. La nature en use précisément avec eux comme
la loi de Sparte avec les enfants des citoyens ; elle rend
forts et robustes ceux qui sont bien constitués et fait
périr tous les autres ; différente en cela de nos sociétés,
où l'Etat, en rendant les enfants onéreux aux pères, les
tue indistinctement avant leur naissance.

Le corps de l'homme sauvage étant le seul instrument
qu'il connaisse, il l'emploie à divers usages, dont, par le
défaut d'exercice, les nôtres sont incapables, et c'est
notre industrie qui nous ôte la force et l'agilité que la
nécessité l'oblige d'acquérir. S'il avait eu une hache,
son poignet romprait-il de si fortes branches ? S'il avait
eu une fronde, lancerait-il de la main une pierre avec
tant de raideur ? S'il avait eu une échelle, grimperait-il

chien, le loup, le renard. Et quant aux intestins, les frugivores en ont
quelques-uns, tels que le côlon, qui ne se trouvent pas dans les
animaux voraces. Il semble donc que l'homme, ayant les dents et les
intestins comme les ont les animaux frugivores, devrait naturellement
être rangé dans cette classe, et non seulement les observations
anatomiques confirment cette opinion : mais les monuments de
l'antiquité y sont encore très favorables. « Dicéarque, dit saint
« Jérôme, rapporte dans ses *Livres des antiquités grecques* que sous le
« règne de Saturne, où la terre était encore fertile par elle-même, nul
« homme ne mangeait de chair, mais que tous vivaient des fruits et
« des légumes qui croissaient naturellement. » (Lib. 2, *Adv. Jovi-
nian.*) On peut voir par là que je néglige bien des avantages que je
pourrais faire valoir. Car la proie étant presque l'unique sujet de combat
entre les animaux carnassiers, et les frugivores vivant entre eux dans
une paix continuelle, si l'espèce humaine était de ce dernier genre, il
est clair qu'elle aurait eu beaucoup plus de facilité à subsister dans
l'état de nature, beaucoup moins de besoin et d'occasions d'en sortir.

si légèrement sur un arbre? S'il avait eu un cheval, serait-il si vite à la course? Laissez à l'homme civilisé le temps de rassembler toutes ses machines autour de lui, on ne peut douter qu'il ne surmonte facilement l'homme sauvage; mais si vous voulez voir un combat plus inégal encore, mettez-les nus et désarmés vis-à-vis l'un de l'autre, et vous reconnaîtrez bientôt quel est l'avantage d'avoir sans cesse toutes ses forces à sa disposition, d'être toujours prêt à tout événement, et de se porter, pour ainsi dire, toujours tout entier avec soi[1].

1. Toutes les connaissances qui demandent de la réflexion, toutes celles qui ne s'acquièrent que par l'enchaînement des idées et ne se perfectionnent que successivement, semblent être tout à fait hors de la portée de l'homme sauvage, faute de communication avec ses semblables, c'est-à-dire faute de l'instrument qui sert à cette communication et des besoins qui la rendent nécessaire. Son savoir et son industrie se bornent à sauter, courir, se battre, lancer une pierre, escalader un arbre. Mais s'il ne fait que ces choses, en revanche il les fait beaucoup mieux que nous, qui n'en avons pas le même besoin que lui; et comme elles dépendent uniquement de l'exercice du corps et ne sont susceptibles d'aucune communication ni d'aucun progrès d'un individu à l'autre, le premier homme a pu y être tout aussi habile que ses derniers descendants.

Les relations des voyageurs sont pleines d'exemples de la force et de la vigueur des hommes chez les nations barbares et sauvages; elles ne vantent guère moins leur adresse et leur légèreté; et comme il ne faut que des yeux pour observer ces choses, rien n'empêche qu'on n'ajoute foi à ce que certifient là-dessus des témoins oculaires, j'en tire au hasard quelques exemples des premiers livres qui me tombent sous la main.

« Les Hottentots, dit Kolben, entendent mieux la pêche que les « Européens du Cap. Leur habileté est égale au filet, à l'hameçon et « au dard, dans les anses comme dans les rivières. Ils ne prennent pas « moins habilement le poisson avec la main. Ils sont d'une adresse « incomparable à la nage. Leur manière de nager a quelque chose de « surprenant et qui leur est tout à fait propre. Ils nagent le corps droit « et les mains étendues hors de l'eau, de sorte qu'ils paraissent « marcher sur la terre. Dans la plus grande agitation de la mer et « lorsque les flots forment autant de montagnes, ils dansent en « quelque sorte sur le dos des vagues, montant et descendant comme « un morceau de liège.

« Les Hottentots, dit encore le même auteur, sont d'une adresse « surprenante à la chasse, et la légèreté de leur course passe l'imagina- « tion. » Il s'étonne qu'ils ne fassent pas plus souvent un mauvais usage de leur agilité, ce qui leur arrive pourtant quelquefois, comme on peut juger par l'exemple qu'il en donne : « Un matelot hollandais

Hobbes prétend que l'homme est naturellement intrépide, et ne cherche qu'à attaquer, et combattre. Un philosophe illustre pense au contraire, et Cumberland et Pufendorff l'assurent aussi, que rien n'est si timide que l'homme dans l'état de nature, et qu'il est toujours tremblant, et prêt à fuir au moindre bruit qui le frappe, au moindre mouvement qu'il aperçoit. Cela peut être ainsi pour les objets qu'il ne connaît pas, et je ne doute point qu'il ne soit effrayé par tous les nouveaux spectacles qui s'offrent à lui, toutes les fois qu'il ne peut distinguer le bien et le mal physiques qu'il en doit

« en débarquant au Cap chargea, dit-il, un Hottentot de le suivre à la
« ville avec un rouleau de tabac d'environ vingt livres. Lorsqu'ils
« furent tous deux à quelque distance de la troupe, le Hottentot
« demanda au matelot s'il savait courir. Courir! répond le Hollan-
« dais, oui, fort bien. Voyons, reprit l'Africain, et fuyant avec le tabac
« il disparut presque aussitôt. Le matelot confondu de cette merveil-
« leuse vitesse ne pensa point à la poursuivre et ne revit jamais ni son
« tabac ni son porteur.
« Ils ont la vue si prompte et la main si certaine que les Européens
« n'en approchent point. À cent pas, ils toucheront d'un coup de
« pierre une marque de la grandeur d'un demi-sol et ce qu'il y a de
« plus étonnant, c'est qu'au lieu de fixer comme nous les yeux sur le
« but, ils font des mouvements et des contorsions continuelles. Il
« semble que leur pierre soit portée par une main invisible. »
Le P. du Tertre dit à peu près sur les sauvages des Antilles les mêmes choses qu'on vient de lire sur les Hottentots du cap de Bonne-Espérance. Il vante surtout leur justesse à tirer avec leurs flèches les oiseaux au vol et les poissons à la nage, qu'ils prennent ensuite en plongeant. Les sauvages de l'Amérique septentrionale ne sont pas moins célèbres par leur force et leur adresse, et voici un exemple qui pourra faire juger de celles des Indiens de l'Amérique méridionale.
En l'année 1746, un Indien de Buenos Aires, ayant été condamné aux galères à Cadix, proposa au gouverneur de racheter sa liberté en exposant sa vie dans une fête publique. Il promit qu'il attaquerait seul le plus furieux taureau sans autre arme en main qu'une corde, qu'il le terrasserait, qu'il le saisirait avec sa corde par telle partie qu'on indiquerait, qu'il le sellerait, le briderait, le monterait, et combattrait ainsi monté deux autres taureaux des plus furieux qu'on ferait sortir du torillo et qu'il les mettrait tous à mort l'un après l'autre, dans l'instant qu'on le lui commanderait et sans le secours de personne ; ce qui lui fut accordé. L'Indien tint parole et réussit dans tout ce qu'il avait promis ; sur la manière dont il s'y prit et sur tout le détail du combat, on peut consulter le premier tome in-12 des *Observations sur l'Histoire naturelle* de M. Gautier, d'où ce fait est tiré, page 262.

attendre, ni comparer ses forces avec les dangers qu'il a
à courir; circonstances rares dans l'état de nature, où
toutes choses marchent d'une manière si uniforme, et
où la face de la terre n'est point sujette à ces changements brusques et continuels, qu'y causent les passions
et l'inconstance des peuples réunis. Mais l'homme
sauvage vivant dispersé parmi les animaux, et se trouvant de bonne heure dans le cas de se mesurer avec eux,
il en fait bientôt la comparaison, et sentant qu'il les
surpasse plus en adresse qu'ils ne le surpassent en
force, il apprend à ne les plus craindre. Mettez un ours,
ou un loup aux prises avec un sauvage robuste; agile,
courageux comme ils sont tous, armé de pierres, et d'un
bon bâton, et vous verrez que le péril sera tout au moins
réciproque, et qu'après plusieurs expériences pareilles,
les bêtes féroces, qui n'aiment point à s'attaquer l'une à
l'autre, s'attaqueront peu volontiers à l'homme,
qu'elles auront trouvé tout aussi féroce qu'elles. A
l'égard des animaux qui ont réellement plus de force
qu'il n'a d'adresse, il est vis-à-vis d'eux dans le cas des
autres espèces plus faibles, qui ne laissent pas de
subsister; avec cet avantage pour l'homme, que non
moins dispos qu'eux à la course, et trouvant sur les
arbres un refuge presque assuré, il a partout le prendre
et le laisser dans la rencontre, et le choix de la fuite ou
du combat. Ajoutons qu'il ne paraît pas qu'aucun
animal fasse naturellement la guerre à l'homme, hors le
cas de sa propre défense ou d'une extrême faim, ni
témoigne contre lui de ces violentes antipathies qui
semblent annoncer qu'une espèce est destinée par la
nature à servir de pâture à l'autre.

D'autres ennemis plus redoutables, et dont l'homme
n'a pas les mêmes moyens de se défendre, sont les
infirmités naturelles, l'enfance, la vieillesse, et les maladies de toute espèce; tristes signes de notre faiblesse,
dont les deux premiers sont communs à tous les animaux, et dont le dernier appartient principalement à
l'homme vivant en société. J'observe même, au sujet de
l'enfance, que la mère, portant partout son enfant avec
elle, a beaucoup plus de facilité à le nourrir que n'ont
les femelles de plusieurs animaux, qui sont forcées

d'aller et venir sans cesse avec beaucoup de fatigue, d'un côté pour chercher leur pâture, et de l'autre pour allaiter ou nourrir leurs petits. Il est vrai que si la femme vient à périr l'enfant risque fort de périr avec elle ; mais ce danger est commun à cent autres espèces, dont les petits ne sont de longtemps en état d'aller chercher eux-mêmes leur nourriture ; et si l'enfance est plus longue parmi nous, la vie étant plus longue aussi, tout est encore à peu près égal en ce point[1], quoiqu'il y ait sur la durée du premier âge, et sur le nombre des petits[2], d'autres règles, qui ne sont pas de mon sujet.

1. « La durée de la vie des chevaux, dit M. de Buffon, est comme « dans toutes les autres espèces d'animaux proportionnée à la durée « du temps de leur accroissement. L'homme, qui est quatorze ans à « croître, peut vivre six ou sept fois autant de temps, c'est-à-dire « quatre-vingt-dix ou cent ans, le cheval, dont l'accroissement se fait « en quatre ans, peut vivre six ou sept fois autant, c'est-à-dire « vingt-cinq ou trente ans. Les exemples qui pourraient être « contraires à cette règle sont si rares qu'on ne doit pas même les « regarder comme une exception dont on puisse tirer des consé- « quences ; et comme les gros chevaux prennent leur accroissement « en moins de temps que les chevaux fins, ils vivent aussi moins de « temps et sont vieux dès l'âge de quinze ans. »

2. Je crois voir entre les animaux carnassiers et les frugivores une autre différence encore plus générale que celle que j'ai remarquée dans la note de la page 163 puisque celle-ci s'étend jusqu'aux oiseaux. Cette différence consiste dans le nombre des petits, qui n'excède jamais deux à chaque portée, pour les espèces qui ne vivent que de végétaux et qui va ordinairement au-delà de ce nombre pour les animaux voraces. Il est aisé de connaître à cet égard la destination de la nature par le nombre des mamelles, qui n'est que de deux dans chaque femelle de la première espèce, comme la jument, la vache, la chèvre, la biche, la brebis, etc., et qui est toujours de six ou de huit dans les autres femelles comme la chienne, la chatte, la louve, la tigresse, etc. La poule, l'oie, la cane, qui sont toutes des oiseaux voraces ainsi que l'aigle, l'épervier, la chouette, pondent aussi et couvent un grand nombre d'œufs, ce qui n'arrive jamais à la colombe, à la tourterelle ni aux oiseaux, qui ne mangent absolument que du grain, lesquels ne pondent et ne couvent guère que deux œufs à la fois. La raison qu'on peut donner de cette différence est que les animaux qui ne vivent que d'herbes et de plantes, demeurant presque tout le jour à la pâture et étant forcés d'employer beaucoup de temps à se nourrir, ne pourraient suffire à allaiter plusieurs petits, au lieu que les voraces faisant leur repas presque en un instant peuvent plus aisément et plus souvent retourner à leurs petits et à leur chasse et réparer la dissipation d'une si grande quantité de lait. Il y aurait à tout

Chez les vieillards, qui agissent et transpirent peu, le besoin d'aliments diminue avec la faculté d'y pourvoir; et comme la vie sauvage éloigne d'eux la goutte et les rhumatismes, et que la vieillesse est de tous les maux celui que les secours humains peuvent le moins soulager, ils s'éteignent enfin, sans qu'on s'aperçoive qu'ils cessent d'être, et presque sans s'en apercevoir eux-mêmes.

A l'égard des maladies, je ne répéterai point les vaines et fausses déclamations, que font contre la médecine la plupart des gens en santé; mais je demanderai s'il y a quelque observation solide de laquelle on puisse conclure que dans les pays, où cet art est le plus négligé, la vie moyenne de l'homme soit plus courte que dans ceux où il est cultivé avec le plus de soin; et comment cela pourrait-il être, si nous nous donnons plus de maux que la médecine ne peut nous fournir de remèdes! L'extrême inégalité dans la manière de vivre, l'excès d'oisiveté dans les uns, l'excès de travail dans les autres, la facilité d'irriter et de satisfaire nos appétits et notre sensualité, les aliments trop recherchés des riches, qui les nourrissent de sucs échauffants et les accablent d'indigestions, la mauvaise nourriture des pauvres, dont ils manquent même le plus souvent, et dont le défaut les porte à surcharger avidement leur estomac dans l'occasion, les veilles, les excès de toute espèce, les transports immodérés de toutes les passions, les fatigues, et l'épuisement d'esprit, les chagrins, et les peines sans nombre qu'on éprouve dans tous les états, et dont les âmes sont perpétuellement rongées. Voilà les funestes garants que la plupart de nos maux sont notre propre ouvrage, et que nous les aurions presque tous évités, en conservant la manière de vivre simple, uniforme, et solitaire qui nous était prescrite par la nature.

ceci bien des observations particulières et des réflexions à faire; mais ce n'en est pas ici le lieu et il me suffit d'avoir montré dans cette partie le système le plus général de la nature, système qui fournit une nouvelle raison de tirer l'homme de la classe des animaux carnassiers et de le ranger parmi les espèces frugivores.

Si elle nous a destinés à être sains, j'ose presque assurer que l'état de réflexion est un état contre nature, et que l'homme qui médite est un animal dépravé. Quand on songe à la bonne constitution des sauvages, au moins de ceux que nous n'avons pas perdus avec nos liqueurs fortes, quand on sait qu'ils ne connaissent presque d'autres maladies que les blessures, et la vieillesse, on est très porté à croire qu'on ferait aisément l'histoire des maladies humaines en suivant celle des sociétés civiles. C'est au moins l'avis de Platon, qui juge, sur certains remèdes employés ou approuvés par Podalyre et Macaon au siège de Troie, que diverses maladies, que ces remèdes devaient exciter, n'étaient point encore alors connues parmi les hommes.

Avec si peu de sources de maux, l'homme dans l'état de nature n'a donc guère besoin de remèdes, moins encore de médecins ; l'espèce humaine n'est point non plus à cet égard de pire condition que toutes les autres, et il est aisé de savoir des chasseurs si dans leurs courses ils trouvent beaucoup d'animaux infirmes. Plusieurs en trouvent-ils qui ont reçu des blessures considérables très bien cicatrisées, qui ont eu des os, et même des membres, rompus et repris sans autre chirurgien que le temps, sans autre régime que leur vie ordinaire, et qui n'en sont pas moins parfaitement guéris, pour n'avoir point été tourmentés d'incisions, empoisonnés de drogues, ni exténués de jeûnes. Enfin, quelque utile que puisse être parmi nous la médecine bien administrée, il est toujours certain que si le sauvage malade abandonné à lui-même n'a rien à espérer que de la nature, en revanche il n'a rien à craindre que de son mal, ce qui rend souvent sa situation préférable à la nôtre.

Gardons-nous donc de confondre l'homme sauvage avec les hommes, que nous avons sous les yeux. La nature traite tous les animaux abandonnés à ses soins avec une prédilection, qui semble montrer combien elle est jalouse de ce droit. Le cheval, le chat, le taureau, l'âne même ont la plupart une taille plus haute, tous une constitution plus robuste, plus de vigueur, de force, et de courage dans les forêts que dans nos maisons; ils perdent la moitié de ces avantages en devenant domestiques, et l'on dirait que tous nos soins à bien traiter et nourrir ces animaux n'aboutissent qu'à les abâtardir. Il en est ainsi de l'homme même : en devenant sociable et esclave, il devient faible, craintif, rampant, et sa manière de vivre molle et efféminée achève d'énerver à la fois sa force et son courage. Ajoutons qu'entre les conditions sauvage et domestique la différence d'homme à homme doit être plus grande encore que celle de bête à bête; car l'animal et l'homme ayant été traités également par la nature, toutes les commodités que l'homme se donne de plus qu'aux animaux qu'il apprivoise sont autant de causes particulières qui le font dégénérer plus sensiblement.

Ce n'est donc pas un si grand malheur à ces premiers hommes, ni surtout un si grand obstacle à leur conservation, que la nudité, le défaut d'habitation, et la privation de toutes ces inutilités, que nous croyons si nécessaires. S'ils n'ont pas la peau velue, ils n'en ont aucun besoin dans les pays chauds, et ils savent bientôt, dans les pays froids, s'approprier celles des bêtes qu'ils ont vaincues; s'ils n'ont que deux pieds pour courir, ils ont deux bras pour pourvoir à leur défense et à leurs besoins; leurs enfants marchent peut-être tard et avec peine, mais les mères les portent avec facilité; avantage qui manque aux autres espèces, où la mère, étant poursuivie, se voit contrainte d'abandonner ses petits, ou de régler son pas sur le leur. Enfin, à moins de supposer ces concours singuliers et fortuits de circonstances, dont je parlerai dans la suite, et qui pouvaient fort bien ne jamais arriver, il est clair en tout état de cause que le premier qui se fit des habits ou un logement se donna en cela des choses peu nécessaires, puisqu'il s'en était passé jusqu'alors, et qu'on ne voit pas pourquoi il n'eût pu supporter, homme fait, un genre de vie qu'il supportait dès son enfance.

Seul, oisif, et toujours voisin du danger, l'homme sauvage doit aimer à dormir, et avoir le sommeil léger comme les animaux, qui, pensant peu, dorment, pour ainsi dire, tout le temps qu'ils ne pensent point. Sa propre conservation faisant presque son unique soin, ses facultés les plus exercées doivent être celles qui ont pour objet principal l'attaque et la défense, soit pour subjuguer sa proie, soit pour se garantir d'être celle d'un autre animal : au contraire, les organes qui ne se perfectionnent que par la mollesse et la sensualité doivent rester dans un état de grossièreté, qui exclut en lui toute espèce de délicatesse ; et ses sens se trouvant partagés sur ce point, il aura le toucher et le goût d'une rudesse extrême ; la vue, l'ouïe et l'odorat de la plus grande subtilité. Tel est l'état animal en général, et c'est aussi, selon le rapport des voyageurs, celui de la plupart des peuples sauvages. Ainsi il ne faut point s'étonner, que les Hottentots du cap de Bonne-Espérance découvrent, à la simple vue des vaisseaux en haute mer, d'aussi loin que les Hollandais avec des lunettes, ni que les sauvages de l'Amérique sentissent les Espagnols à la piste, comme auraient pu faire les meilleurs chiens, ni que toutes ces nations barbares supportent sans peine leur nudité, aiguisent leur goût à force de piment, et boivent des liqueurs européennes comme de l'eau.

Je n'ai considéré jusqu'ici que l'homme physique. Tâchons de le regarder maintenant par le côté métaphysique et moral.

Je ne vois dans tout animal qu'une machine ingénieuse, à qui la nature a donné des sens pour se remonter elle-même, et pour se garantir, jusqu'à un certain point, de tout ce qui tend à la détruire, ou à la déranger. J'aperçois précisément les mêmes choses dans la machine humaine, avec cette différence que la nature seule fait tout dans les opérations de la bête, au lieu que l'homme concourt aux siennes, en qualité d'agent libre. L'un choisit ou rejette par instinct, et l'autre par un acte de liberté ; ce qui fait que la bête ne peut s'écarter de la règle qui lui est prescrite, même quand il lui serait avantageux de le faire, et que l'homme s'en écarte souvent à son préjudice. C'est ainsi qu'un pigeon mourrait de faim près d'un bassin rempli des meilleures viandes, et un chat sur des tas de fruits,

ou de grain, quoique l'un et l'autre pût très bien se
nourrir de l'aliment qu'il dédaigne, s'il s'était avisé d'en
essayer. C'est ainsi que les hommes dissolus se livrent à
des excès, qui leur causent la fièvre et la mort ; parce
que l'esprit déprave les sens, et que la volonté parle
encore, quand la nature se tait.

Tout animal a des idées puisqu'il a des sens, il
combine même ses idées jusqu'à un certain point, et
l'homme ne diffère à cet égard de la bête que du plus au
moins. Quelques philosophes ont même avancé qu'il y
a plus de différence de tel homme à tel homme que de
tel homme à telle bête ; ce n'est donc pas tant l'entendement qui fait parmi les animaux la distinction spécifique de l'homme que sa qualité d'agent libre. La
nature commande à tout animal, et la bête obéit.
L'homme éprouve la même impression, mais il se
reconnaît libre d'acquiescer, ou de résister ; et c'est
surtout dans la conscience de cette liberté que se montre
la spiritualité de son âme : car la physique explique en
quelque manière le mécanisme des sens et la formation
des idées ; mais dans la puissance de vouloir ou plutôt
de choisir, et dans le sentiment de cette puissance on ne
trouve que des actes purement spirituels, dont on
n'explique rien par les lois de la mécanique.

Mais, quand les difficultés qui environnent toutes ces
questions, laisseraient quelque lieu de disputer sur cette
différence de l'homme et de l'animal, il y a une autre
qualité très spécifique qui les distingue, et sur laquelle
il ne peut y avoir de contestation, c'est la faculté de se
perfectionner ; faculté qui, à l'aide des circonstances,
développe successivement toutes les autres, et réside
parmi nous tant dans l'espèce que dans l'individu, au
lieu qu'un animal est, au bout de quelques mois, ce
qu'il sera toute sa vie, et son espèce, au bout de mille
ans, ce qu'elle était la première année de ces mille ans.
Pourquoi l'homme seul est-il sujet à devenir imbécile ?
N'est-ce point qu'il retourne ainsi dans son état primitif, et que, tandis que la bête, qui n'a rien acquis et qui
n'a rien non plus à perdre, reste toujours avec son
instinct, l'homme reperdant par la vieillesse ou d'autres

accidents tout ce que *sa perfectibilité* lui avait fait acquérir, retombe ainsi plus bas que la bête même ? Il serait
triste pour nous d'être forcés de convenir, que cette
faculté distinctive, et presque illimitée, est la source de
tous les malheurs de l'homme ; que c'est elle qui le tire,
à force de temps, de cette condition originaire, dans
laquelle il coulerait des jours tranquilles et innocents ;
que c'est elle, qui faisant éclore avec les siècles ses
lumières et ses erreurs, ses vices et ses vertus, le rend à
la longue le tyran de lui-même et de la nature[1]. Il serait

1. Un auteur célèbre, calculant les biens et les maux de la vie
humaine et comparant les deux sommes, a trouvé que la dernière
surpassait l'autre de beaucoup et qu'à tout prendre la vie était pour
l'homme un assez mauvais présent. Je ne suis point surpris de sa
conclusion ; il a tiré tous ses raisonnements de la constitution de
l'homme civil : s'il fût remonté jusqu'à l'homme naturel, on peut
juger qu'il eût trouvé des résultats très différents, qu'il eût aperçu que
l'homme n'a guère de maux que ceux qu'il s'est donnés lui-même et
que la nature eût été justifiée. Ce n'est pas sans peine que nous
sommes parvenus à nous rendre si malheureux. Quand d'un côté l'on
considère les immenses travaux des hommes, tant de sciences appro-
fondies, tant d'arts inventés, tant de forces employées, des abîmes
comblés, des montagnes rasées, des rochers brisés, des fleuves rendus
navigables, des terres défrichées, des lacs creusés, des marais dessé-
chés, des bâtiments énormes élevés sur la terre, la mer couverte de
vaisseaux et de matelots, et que de l'autre on recherche avec un peu de
méditation les vrais avantages qui ont résulté de tout cela pour le
bonheur de l'espèce humaine, on ne peut qu'être frappé de l'étonnante disproportion qui règne entre ces choses, et déplorer l'aveuglement de l'homme qui, pour nourrir son fol orgueil et je ne sais quelle
vaine admiration de lui-même, le fait courir avec ardeur après toutes
les misères dont il est susceptible, et que la bienfaisante nature avait
pris soin d'écarter de lui.

Les hommes sont méchants ; une triste et continuelle expérience
dispense de la preuve ; cependant l'homme est naturellement bon, je
crois l'avoir démontré ; qu'est-ce donc qui peut l'avoir dépravé à ce
point sinon les changements survenus dans sa constitution, les
progrès qu'il a faits et les connaissances qu'il a acquises ? Qu'on
admire tant qu'on voudra la société humaine, il n'en sera pas moins
vrai qu'elle porte nécessairement les hommes à s'entre-haïr à proportion que leurs intérêts se croisent, à se rendre mutuellement des
services apparents et à se faire en effet tous les maux imaginables. Que
peut-on penser d'un commerce où la raison de chaque particulier lui
dicte des maximes directement contraires à celles que la raison
publique prêche au corps de la société et où chacun trouve son
compte dans le malheur d'autrui ? Il n'y a peut-être pas un homme

aisé à qui des héritiers avides et souvent ses propres enfants ne souhaitent la mort en secret, pas un vaisseau en mer dont le naufrage ne fût une bonne nouvelle pour quelque négociant, pas une maison qu'un débiteur ne voulût voir brûler avec tous les papiers qu'elle contient ; pas un peuple qui ne se réjouisse des désastres de ses voisins. C'est ainsi que nous trouvons notre avantage dans le préjudice de nos semblables, et que la perte de l'un fait presque toujours la prospérité de l'autre, mais ce qu'il y a de plus dangereux encore, c'est que les calamités publiques sont l'attente et l'espoir d'une multitude de particuliers. Les uns veulent des maladies, d'autres la mortalité, d'autres la guerre, d'autres la famine ; j'ai vu des hommes affreux pleurer de douleur aux apparences d'une année fertile, et le grand et funeste incendie de Londres, qui coûta la vie ou les biens à tant de malheureux, fit peut-être la fortune à plus de dix mille personnes. Je sais que Montaigne blâme l'Athénien Démades d'avoir fait punir un ouvrier qui vendant fort cher des cercueils gagnait beaucoup à la mort des citoyens, mais la raison que Montaigne allègue étant qu'il faudrait punir tout le monde, il est évident qu'elle confirme les miennes. Qu'on pénètre donc au travers de nos frivoles démonstrations de bienveillance ce qui se passe au fond des cœurs et qu'on réfléchisse à ce que doit être un état de choses où tous les hommes sont forcés de se caresser et de se détruire mutuellement et où ils naissent ennemis par devoir et fourbes par intérêt. Si l'on me répond que la société est tellement constituée que chaque homme gagne à servir les autres, je répliquerai que cela serait fort bien s'il ne gagnait encore plus à leur nuire. Il n'y a point de profit si légitime qui ne soit surpassé par celui qu'on peut faire illégitimement et le tort fait au prochain est toujours plus lucratif que les services. Il ne s'agit donc plus que de trouver les moyens de s'assurer l'impunité, et c'est à quoi les puissants emploient toutes leurs forces, et les faibles toutes leurs ruses.

L'homme sauvage, quand il a dîné, est en paix avec toute la nature, et l'ami de tous ses semblables. S'agit-il quelquefois de disputer son repas ? Il n'en vient jamais aux coups sans avoir auparavant comparé la difficulté de vaincre avec celle de trouver ailleurs sa subsistance et comme l'orgueil ne se mêle pas du combat, il se termine par quelques coups de poing. Le vainqueur mange, le vaincu va chercher fortune, et tout est pacifié, mais chez l'homme en société, ce sont bien d'autres affaires ; il s'agit premièrement de pourvoir au nécessaire, et puis au superflu ; ensuite viennent les délices, et puis les immenses richesses, et puis des sujets, et puis des esclaves ; il n'a pas un moment de relâche ; ce qu'il y a de plus singulier, c'est que moins les besoins sont naturels et pressants, plus les passions augmentent, et, qui pis est, le pouvoir de les satisfaire ; de sorte qu'après de longues prospérités, après avoir englouti bien des trésors et désolé bien des hommes, mon héros finira par tout égorger jusqu'à ce qu'il soit l'unique maître de l'univers. Tel est en abrégé le tableau moral, sinon de la vie humaine, au moins des prétentions secrètes du cœur de tout homme civilisé.

Comparez sans préjugés l'état de l'homme civil avec celui de l'homme sauvage et recherchez, si vous le pouvez, combien, outre sa méchanceté, ses besoins et ses misères, le premier a ouvert de

nouvelles portes à la douleur et à la mort. Si vous considérez les
peines d'esprit qui nous consument, les passions violentes qui nous
épuisent et nous désolent, les travaux excessifs dont les pauvres sont
surchargés, la mollesse encore plus dangereuse à laquelle les riches
s'abandonnent, et qui font mourir les uns de leurs besoins et les autres
de leurs excès, si vous songez aux monstrueux mélanges des aliments,
à leurs pernicieux assaisonnements, aux denrées corrompues, aux
drogues falsifiées, aux friponneries de ceux qui les vendent, aux
erreurs de ceux qui les administrent, au poison des vaisseaux dans
lesquels on les prépare, si vous faites attention aux maladies épidé-
miques engendrées par le mauvais air parmi des multitudes
d'hommes rassemblés, à celles qu'occasionnent la délicatesse de notre
manière de vivre, les passages alternatifs de l'intérieur de nos maisons
au grand air, l'usage des habillements pris ou quittés avec trop peu de
précaution, et tous les soins que notre sensualité excessive a tournés
en habitudes nécessaires et dont la négligence ou la privation nous
coûte ensuite la vie ou la santé, si vous mettez en ligne de compte les
incendies et les tremblements de terre qui, consumant ou renversant
des villes entières, en font périr les habitants par milliers, en un mot,
si vous réunissez les dangers que toutes ces causes assemblent
continuellement sur nos têtes, vous sentirez combien la nature nous
fait payer cher le mépris que nous avons fait de ses leçons.

Je ne répéterai point ici sur la guerre ce que j'en ai dit ailleurs ; mais
je voudrais que les gens instruits voulussent ou osassent donner une
fois au public le détail des horreurs qui se commettent dans les armées
par les entrepreneurs des vivres et des hôpitaux, on verrait que leurs
manœuvres non trop secrètes par lesquelles les plus brillantes armées
se fondent en moins de rien font plus périr de soldats que n'en
moissonne le fer ennemi. C'est encore un calcul non moins étonnant
que celui des hommes que la mer engloutit tous les ans, soit par la
faim, soit par le scorbut, soit par les pirates, soit par le feu, soit par les
naufrages. Il est clair qu'il faut mettre aussi sur le compte de la
propriété établie, et par conséquent de la société, les assassinats, les
empoisonnements, les vols de grands chemins et les punitions mêmes
de ces crimes, punitions nécessaires pour prévenir de plus grands
maux, mais qui, pour le meurtre d'un homme coûtant la vie à deux ou
davantage, ne laissent pas de doubler réellement la perte de l'espèce
humaine. Combien de moyens honteux d'empêcher la naissance des
hommes et de tromper la nature ? Soit par ces goûts brutaux et
dépravés qui insultent son plus charmant ouvrage, goûts que les
sauvages ni les animaux ne connurent jamais, et qui ne sont nés dans
les pays policés que d'une imagination corrompue, soit par ces
avortements secrets, dignes fruits de la débauche et de l'honneur
vicieux, soit par l'exposition ou le meurtre d'une multitude d'enfants,
victimes de la misère de leurs parents ou de la honte barbare de leurs
mères ; soit enfin par la mutilation de ces malheureux dont une partie
de l'existence et toute la postérité sont sacrifiées à de vaines chansons,
ou, ce qui est pis encore, à la brutale jalousie de quelques hommes,
mutilation qui dans ce dernier cas outrage doublement la nature, et
par le traitement que reçoivent ceux qui la souffrent, et par l'usage

auquel ils sont destinés. Que serait-ce si j'entreprenais de montrer l'espèce humaine attaquée dans sa source même, et jusque dans le plus saint de tous les liens, où l'on n'ose plus écouter la nature qu'après avoir consulté la fortune et où, le désordre civil confondant les vertus et les vices, la continence devient une précaution criminelle, et le refus de donner la vie à son semblable, un acte d'humanité ? Mais sans déchirer le voile qui couvre tant d'horreurs, contentons-nous d'indiquer le mal auquel d'autres doivent apporter le remède.

Qu'on ajoute à tout cela cette quantité de métiers malsains qui abrègent les jours ou détruisent le tempérament ; tels que sont les travaux des mines, les diverses préparations des métaux, des minéraux, surtout du plomb, du cuivre, du mercure, du cobalt, de l'arsenic, du réalgar ; ces autres métiers périlleux qui coûtent tous les jours la vie à quantité d'ouvriers, les uns couvreurs, d'autres charpentiers, d'autres maçons, d'autres travaillant aux carrières ; qu'on réunisse, dis-je, tous ces objets, et l'on pourra voir dans l'établissement et la perfection des sociétés les raisons de la diminution de l'espèce, observée par plus d'un philosophe.

Le luxe, impossible à prévenir chez des hommes avides de leurs propres commodités et de la considération des autres, achève bientôt le mal que les sociétés ont commencé, et sous prétexte de faire vivre les pauvres qu'il n'eût pas fallu faire, il appauvrit tout le reste et dépeuple l'Etat tôt ou tard.

Le luxe est un remède beaucoup pire que le mal qu'il prétend guérir ; ou plutôt, il est lui-même le pire de tous les maux, dans quelque Etat grand ou petit que ce puisse être, et qui, pour nourrir des foules de valets et de misérables qu'il a faits, accable et ruine le laboureur et le citoyen. Semblable à ces vents brûlants du midi qui, couvrant l'herbe et la verdure d'insectes dévorants, ôtent la subsistance aux animaux utiles et portent la disette et la mort dans tous les lieux où ils se font sentir.

De la société et du luxe qu'elle engendre, naissent les arts libéraux et mécaniques, le commerce, les lettres ; et toutes ces inutilités, qui font fleurir l'industrie, enrichissent et perdent les Etats. La raison de ce dépérissement est très simple. Il est aisé de voir que par sa nature l'agriculture doit être le moins lucratif de tous les arts ; parce que son produit étant de l'usage le plus indispensable pour tous les hommes, le prix en doit être proportionné aux facultés des plus pauvres. Du même principe on peut tirer cette règle, qu'en général les arts sont lucratifs en raison inverse de leur utilité et que les plus nécessaires doivent enfin devenir les plus négligés. Par où l'on voit ce qu'il faut penser des vrais avantages de l'industrie et de l'effet réel qui résulte de ses progrès.

Telles sont les causes sensibles de toutes les misères où l'opulence précipite enfin les nations les plus admirées. A mesure que l'industrie et les arts s'étendent et fleurissent, le cultivateur, méprisé, chargé d'impôts nécessaires à l'entretien du luxe et condamné à passer sa vie entre le travail et la faim, abandonne ses champs, pour aller chercher dans les villes le pain qu'il y devrait porter. Plus les capitales frappent d'admiration les yeux stupides du peuple, plus il faudrait gémir de voir les campagnes abandonnées, les terres en friche, et les grands chemins inondés de malheureux citoyens devenus mendiants ou voleurs et destinés à finir un jour leur misère sur la roue ou sur un fumier. C'est ainsi que l'Etat, s'enrichissant d'un côté, s'affaiblit et se dépeuple de l'autre, et que les plus puissantes monarchies, après bien des travaux pour se rendre opulentes et désertes, finissent par devenir la proie des nations pauvres qui succombent à la funeste tentation de les envahir, et qui s'enrichissent et s'affaiblissent à leur tour, jusqu'à ce qu'elles soient elles-mêmes envahies et détruites par d'autres.

Qu'on daigne nous expliquer une fois ce qui avait pu produire ces nuées de barbares qui durant tant de siècles ont inondé l'Europe, l'Asie et l'Afrique ? Etait-ce à l'industrie de leurs arts, à la sagesse de leurs lois, à l'excellence de leur police, qu'ils devaient cette prodigieuse population ? Que nos savants veuillent bien nous dire pourquoi, loin de multiplier à ce point, ces hommes féroces et brutaux, sans lumières, sans frein, sans éducation, ne s'entr'égorgeaient pas tous à chaque instant, pour se disputer leur pâture ou leur chasse ? Qu'ils nous expliquent comment ces misérables ont eu seulement la hardiesse de regarder en face de si habiles gens que nous étions, avec une si belle discipline militaire, de si beaux codes, et de si sages lois ? Enfin, pourquoi, depuis que la société s'est perfectionnée dans les pays du Nord et qu'on y a tant pris de peine pour apprendre aux hommes leurs devoirs mutuels et l'art de vivre agréablement et paisiblement ensemble, on n'en voit plus rien sortir de semblable à ces multitudes d'hommes qu'il produisait autrefois ? J'ai bien peur que quelqu'un ne s'avise à la fin de me répondre que toutes ces grandes choses, savoir les arts, les sciences et les lois, ont été très sagement inventées par les hommes, comme une peste salutaire pour prévenir l'excessive multiplication de l'espèce, de peur que ce monde, qui nous est destiné, ne devînt à la fin trop petit pour ses habitants.

Quoi donc ? Faut-il détruire les sociétés, anéantir le tien et le mien, et retourner vivre dans les forêts avec les ours ? Conséquence à la manière de mes adversaires, que j'aime autant prévenir que de leur laisser la honte de la tirer. O vous, à qui la voix céleste ne s'est point fait entendre et qui ne reconnaissez pour votre espèce d'autre destination que d'achever en paix cette courte vie, vous qui pouvez laisser au milieu des villes vos funestes acquisitions, vos esprits inquiets, vos cœurs corrompus et vos désirs effrénés, reprenez, puisqu'il dépend de vous, votre antique et première innocence ; allez dans les bois perdre la vue et la mémoire des crimes de vos contemporains et ne craignez point d'avilir votre espèce, en renonçant à ses lumières pour renoncer à ses vices. Quant aux hommes semblables à moi dont les passions ont détruit pour toujours l'originelle simplicité, qui ne peuvent plus se nourrir d'herbe et de gland, ni se passer de lois et de chefs, ceux qui furent honorés dans leur premier père de leçons surnaturelles, ceux qui verront dans l'intention de donner d'abord aux actions humaines une moralité qu'elles n'eussent de longtemps acquise, la raison d'un précepte indifférent par lui-même et inexpli-

affreux d'être obligés de louer comme un être bienfaisant celui qui le premier suggéra à l'habitant des rives de l'Orénoque l'usage de ces ais qu'il applique sur les tempes de ses enfants, et qui leur assurent du moins une partie de leur imbécillité, et de leur bonheur originel.

L'homme sauvage, livré par la nature au seul instinct, ou plutôt dédommagé de celui qui lui manque peut-être, par des facultés capables d'y suppléer d'abord, et de l'élever ensuite fort au-dessus de celle-là, commencera donc par les fonctions purement animales[1] : apercevoir et sentir sera son premier état, qui

cable dans tout autre système ; ceux, en un mot, qui sont convaincus que la voix divine appela tout le genre humain aux lumières et au bonheur des célestes intelligences, tous ceux-là tâcheront, par l'exercice des vertus qu'ils s'obligent à pratiquer en apprenant à les connaître, à mériter le prix éternel qu'ils en doivent attendre ; ils respecteront les sacrés liens des sociétés dont ils sont les membres ; ils aimeront leurs semblables et les serviront de tout leur pouvoir ; ils obéiront scrupuleusement aux lois et aux hommes qui en sont les auteurs et les ministres, ils honoreront surtout les bons et sages princes qui sauront prévenir, guérir ou pallier cette foule d'abus et de maux toujours prêts à nous accabler, ils animeront le zèle de ces dignes chefs, en leur montrant sans crainte et sans flatterie la grandeur de leur tâche et la rigueur de leur devoir ; mais ils n'en mépriseront pas moins une constitution qui ne peut se maintenir qu'à l'aide de tant de gens respectables qu'on désire plus souvent qu'on ne les obtient et de laquelle, malgré tous leurs soins, naissent toujours plus de calamités réelles que d'avantages apparents.

1. Parmi les hommes que nous connaissons, ou par nous-mêmes, ou par les historiens, ou par les voyageurs, les uns sont noirs, les autres blancs, les autres rouges ; les uns portent de longs cheveux, les autres n'ont que de la laine frisée ; les uns sont presque tout velus, les autres n'ont pas même de barbe ; il y a eu et il y a peut-être encore des nations d'hommes d'une taille gigantesque, et laissant à part la fable des Pygmées qui peut bien n'être qu'une exagération, on sait que les Lapons et surtout les Groenlandais sont fort au-dessous de la taille moyenne de l'homme ; on prétend même qu'il y a des peuples entiers qui ont des queues comme les quadrupèdes, et sans ajouter une foi aveugle aux relations d'Hérodote et de Ctésias, on en peut du moins tirer cette opinion très vraisemblable, que si l'on avait pu faire de bonnes observations dans ces temps anciens où les peuples divers suivaient des manières de vivre plus différentes entre elles qu'ils ne font aujourd'hui, on y aurait aussi remarqué dans la figure et l'habitude du corps, des variétés beaucoup plus frappantes. Tous ces faits dont il est aisé de fournir des preuves incontestables, ne peuvent surprendre que ceux qui sont accoutumés à ne regarder que les objets

qui les environnent et qui ignorent les puissants effets de la diversité des climats, de l'air, des aliments, de la manière de vivre, des habitudes en général, et surtout la force étonnante des mêmes causes, quand elles agissent continuellement sur de longues suites de générations. Aujourd'hui que le commerce, les voyages et les conquêtes réunissent davantage les peuples divers, et que leurs manières de vivre se rapprochent sans cesse par la fréquente communication, on s'aperçoit que certaines différences nationales ont diminué, et par exemple, chacun peut remarquer que les Français d'aujourd'hui ne sont plus ces grands corps blancs et blonds décrits par les historiens latins, quoique le temps joint au mélange des Francs et des Normands, blancs et blonds eux-mêmes, eût dû rétablir ce que la fréquentation des Romains avait pu ôter à l'influence du climat, dans la constitution naturelle et le teint des habitants. Toutes ces observations sur les variétés que mille causes peuvent produire et ont produit en effet dans l'espèce humaine me font douter si divers animaux semblables aux hommes, pris par les voyageurs pour des bêtes sans beaucoup d'examen, ou à cause de quelques différences qu'ils remarquaient dans la conformation extérieure, ou seulement parce que ces animaux ne parlaient pas, ne seraient point en effet de véritables hommes sauvages, dont la race dispersée anciennement dans les bois n'avait eu occasion de développer aucune de ses facultés virtuelles, n'avait acquis aucun degré de perfection et se trouvait encore dans l'état primitif de nature. Donnons un exemple de ce que je veux dire.

« On trouve, dit le traducteur de l'*Histoire des voyages*, dans le « royaume de Congo quantité de ces grands animaux qu'on nomme « *Orang-Outang* aux Indes orientales, qui tiennent comme le milieu « entre l'espèce humaine et les babouins. Battel raconte que dans les « forêts de Mayomba au royaume de Loango, on voit deux sortes de « monstres dont les plus grands se nomment *Pongos* et les autres « *Enjokos*. Les premiers ont une ressemblance exacte avec l'homme ; « mais ils sont beaucoup plus gros, et de fort haute taille. Avec un « visage humain, ils ont les yeux fort enfoncés. Leurs mains, leurs « joues, leurs oreilles sont sans poil, à l'exception des sourcils qu'ils « ont fort longs. Quoiqu'ils aient le reste du corps assez velu, le poil « n'en est pas fort épais, et sa couleur est brune. Enfin, la seule partie « qui les distingue des hommes est la jambe qu'ils ont sans mollet. Ils « marchent droits en se tenant de la main le poil du cou ; leur retraite « est dans les bois ; ils dorment sur les arbres et s'y font une espèce de « toit qui les met à couvert de la pluie. Leurs aliments sont des fruits « ou des noix sauvages. Jamais ils ne mangent de chair. L'usage des « Nègres qui traversent les forêts est d'y allumer des feux pendant la « nuit. Ils remarquent que le matin à leur départ les pongos prennent « leur place autour du feu et ne se retirent pas qu'il ne soit éteint : car « avec beaucoup d'adresse, ils n'ont point assez de sens pour l'entre-« tenir en y apportant du bois.

« Ils marchent quelquefois en troupes et tuent les Nègres qui « traversent les forêts. Ils tombent même sur les éléphants qui « viennent paître dans les lieux qu'ils habitent et les incommodent si « fort à coups de poing ou de bâton qu'ils les forcent à prendre la fuite

« en poussant des cris. On ne prend jamais de pongos en vie ; parce
« qu'ils sont si robustes que dix hommes ne suffiraient pas pour les
« arrêter. Mais les Nègres en prennent quantité de jeunes après avoir
« tué la mère, au corps de laquelle le petit s'attache fortement :
« lorsqu'un de ces animaux meurt, les autres couvrent son corps d'un
« amas de branches ou de feuillages. Purchass ajoute que dans les
« conversations qu'il avait eues avec Battel, il avait appris de lui-
« même qu'un pongo lui enleva un petit Nègre qui passa un mois
« entier dans la société de ces animaux ; car ils ne font aucun mal aux
« hommes qu'ils surprennent, du moins lorsque ceux-ci ne les
« regardent point, comme le petit Nègre l'avait observé. Battel n'a
« point décrit la seconde espèce de monstre.

« Dapper confirme que le royaume de Congo est plein de ces
« animaux qui portent aux Indes le nom d'orang-outang, c'est-à-dire
« habitants des bois, et que les Africains nomment Quojas-Morros.
« Cette bête, dit-il, est si semblable à l'homme qu'il est tombé dans
« l'esprit à quelques voyageurs qu'elle pouvait être sortie d'une
« femme et d'un singe : chimère que les Nègres mêmes rejettent. Un
« de ces animaux fut transporté de Congo en Hollande et présenté au
« prince d'Orange Frédéric-Henri. Il était de la hauteur d'un enfant
« de trois ans et d'un embonpoint médiocre, mais carré et bien
« proportionné, fort agile et fort vif ; les jambes charnues et robustes,
« tout le devant du corps nu, mais le derrière couvert de poils noirs. A
« la première vue, son visage ressemblait à celui d'un homme, mais il
« avait le nez plat et recourbé ; ses oreilles étaient aussi celles de
« l'espèce humaine ; son sein, car c'était une femelle, était potelé, son
« nombril enfoncé, ses épaules fort bien jointes, ses mains divisées en
« doigts et en pouces, ses mollets et ses talons gras et charnus. Il
« marchait souvent droit sur ses jambes, il était capable de lever et
« porter des fardeaux assez lourds. Lorsqu'il voulait boire, il prenait
« d'une main le couvercle du pot, et tenait le fond, de l'autre. Ensuite
« il s'essuyait gracieusement les lèvres. Il se couchait pour dormir, la
« tête sur un coussin, se couvrant avec tant d'adresse qu'on l'aurait
« pris pour un homme au lit. Les Nègres font d'étranges récits de cet
« animal. Ils assurent non seulement qu'il force les femmes et les
« filles, mais qu'il ose attaquer des hommes armés. En un mot il y a
« beaucoup d'apparence que c'est le satyre des Anciens. Merolla ne
« parle peut-être que de ces animaux lorsqu'il raconte que les Nègres
« prennent quelquefois dans leurs chasses des hommes et des femmes
« sauvages. »

Il est encore parlé de ces espèces d'animaux anthropoformes dans
le troisième tome de la même *Histoire des voyages* sous le nom de
Beggos et de *Mandrills* ; mais pour nous en tenir aux relations
précédentes on trouve dans la description de ces prétendus monstres
des conformités frappantes avec l'espèce humaine, et des différences
moindres que celles qu'on pourrait assigner d'homme à homme. On
ne voit point dans ces passages les raisons sur lesquelles les auteurs
se fondent pour refuser aux animaux en question le nom d'hommes
sauvages, mais il est aisé de conjecturer que c'est à cause de leur
stupidité, et aussi parce qu'ils ne parlaient pas ; raisons faibles pour

ceux qui savent que quoique l'organe de la parole soit naturel à
l'homme, la parole elle-même ne lui est pourtant pas naturel, et qui
connaissent jusqu'à quel point sa perfectibilité peut avoir élevé
l'homme civil au-dessus de son état originel. Le petit nombre de
lignes que contiennent ces descriptions nous peut faire juger combien
ces animaux ont été mal observés et avec quels préjugés ils ont été
vus. Par exemple, ils sont qualifiés de monstres, et cependant on
convient qu'ils engendrent. Dans un endroit Battel dit que les pongos
tuent les Nègres qui traversent les forêts, dans un autre Purchass
ajoute qu'ils ne leur font aucun mal, même quand ils les surprennent ;
du moins lorsque les Nègres ne s'attachent pas à les regarder. Les
pongos s'assemblent autour des feux allumés par les Nègres, quand
ceux-ci se retirent, et se retirent à leur tour quand le feu est éteint ;
voilà le fait, voici maintenant le commentaire de l'observateur : *Car
avec beaucoup d'adresse, ils n'ont pas assez de sens pour l'entretenir en y
apportant du bois*. Je voudrais deviner comment Battel ou Purchass
son compilateur a pu savoir que la retraite des pongos était un effet de
leur bêtise plutôt que de leur volonté. Dans un climat tel que Loango,
le feu n'est pas une chose fort nécessaire aux animaux, et si les Nègres
en allument, c'est moins contre le froid que pour effrayer les bêtes
féroces ; il est donc très simple qu'après avoir été quelque temps
réjouis par la flamme ou s'être bien réchauffés, les pongos s'ennuient
de rester toujours à la même place et s'en aillent à leur pâture, qui
demande plus de temps que s'ils mangeaient de la chair. D'ailleurs,
on sait que la plupart des animaux, sans en excepter l'homme, sont
naturellement paresseux, et qu'ils se refusent à toutes sortes de soins
qui ne sont pas d'une absolue nécessité. Enfin il paraît fort étrange
que les pongos dont on vante l'adresse et la force, les pongos qui
savent enterrer leurs morts et se faire des toits de branchages, ne
sachent pas pousser des tisons dans le feu. Je me souviens d'avoir vu
un singe faire cette même manœuvre qu'on ne veut pas que les pongos
puissent faire ; il est vrai que mes idées n'étant pas alors tournées de ce
côté, je fis moi-même la faute que je reproche à nos voyageurs, et je
négligeai d'examiner si l'intention du singe était en effet d'entretenir
le feu, ou simplement, comme je crois, d'imiter l'action d'un homme.
Quoi qu'il en soit, il est bien démontré que le singe n'est pas une
variété de l'homme, non seulement parce qu'il est privé de la faculté
de parler, mais surtout parce qu'on est sûr que son espèce n'a point
celle de se perfectionner qui est le caractère spécifique de l'espèce
humaine. Expériences qui ne paraissent pas avoir été faites sur le
pongo et l'orang-outang avec assez de soin pour en pouvoir tirer la
même conclusion. Il y aurait pourtant un moyen par lequel, si
l'orang-outang ou d'autres étaient de l'espèce humaine, les observateurs les plus grossiers pourraient s'en assurer même avec démonstration ; mais outre qu'une seule génération ne suffirait pas pour cette
expérience, elle doit passer pour impraticable, parce qu'il faudrait
que ce qui n'est qu'une supposition fût démontré vrai, avant que
l'épreuve qui devrait constater le fait pût être tentée innocemment.

Les jugements précipités, et qui ne sont point le fruit d'une raison
éclairée, sont sujets à donner dans l'excès. Nos voyageurs font sans

façon des bêtes sous les noms de *Pongos*, de *Mandrills*, d'*Orang-Outang*, de ces mêmes êtres dont sous le nom de *Satyres*, de *Faunes*, de *Sylvains*, les Anciens faisaient des divinités. Peut-être après des recherches plus exactes trouvera-t-on que ce sont des hommes. En attendant, il me paraît qu'il y a bien autant de raison de s'en rapporter là-dessus à Merolla, religieux lettré, témoin oculaire, et qui avec toute sa naïveté ne laissait pas d'être homme d'esprit, qu'au marchand Battel, à Dapper, à Purchass, et aux autres compilateurs.

Quel jugement pense-t-on qu'eussent porté de pareils observateurs sur l'enfant trouvé en 1694 dont j'ai déjà parlé ci-devant, qui ne donnait aucune marque de raison, marchait sur ses pieds et sur ses mains, n'avait aucun langage et formait des sons qui ne ressemblaient en rien à ceux d'un homme ? Il fut longtemps, continue le même philosophe qui me fournit ce fait, avant de pouvoir proférer quelques paroles, encore le fit-il d'une manière barbare. Aussitôt qu'il put parler, on l'interrogea sur son premier état, mais il ne s'en souvint non plus que nous nous souvenons de ce qui nous est arrivé au berceau. Si malheureusement pour lui cet enfant fût tombé dans les mains de nos voyageurs, on ne peut douter qu'après avoir remarqué son silence et sa stupidité, ils n'eussent pris le parti de le renvoyer dans les bois ou de l'enfermer dans une ménagerie ; après quoi ils en auraient savamment parlé dans de belles relations, comme d'une bête fort curieuse qui ressemblait assez à l'homme.

Depuis trois ou quatre cents ans que les habitants de l'Europe inondent les autres parties du monde et publient sans cesse de nouveaux recueils de voyages et de relations, je suis persuadé que nous ne connaissons d'hommes que les seuls Européens ; encore paraît-il aux préjugés ridicules qui ne sont pas éteints, même parmi les gens de lettres, que chacun ne fait guère sous le nom pompeux d'étude de l'homme que celle des hommes de son pays. Les particuliers ont beau aller et venir, il semble que la philosophie ne voyage point, aussi celle de chaque peuple est-elle peu propre pour un autre. La cause de ceci est manifeste, au moins pour les contrées éloignées : il n'y a guère que quatre sortes d'hommes qui fassent des voyages de long cours ; les marins, les marchands, les soldats et les missionnaires. Or, on ne doit guère s'attendre que les trois premières classes fournissent de bons observateurs et quant à ceux de la quatrième, occupés de la vocation sublime qui les appelle, quand ils ne seraient pas sujets à des préjugés d'état comme tous les autres, on doit croire qu'ils ne se livreraient pas volontiers à des recherches qui paraissent de pure curiosité et qui les détourneraient des travaux plus importants auxquels ils se destinent. D'ailleurs, pour prêcher utilement l'Evangile, il ne faut que du zèle et Dieu donne le reste, mais pour étudier les hommes il faut des talents que Dieu ne s'engage à donner à personne et qui ne sont pas toujours le partage des saints. On n'ouvre pas un livre de voyages où l'on ne trouve des descriptions de caractères et de mœurs ; mais on est tout étonné d'y voir que ces gens qui ont tant décrit de choses, n'ont dit que ce que chacun savait déjà, n'ont su apercevoir à l'autre bout du monde que ce qu'il n'eût tenu qu'à eux de remarquer sans sortir de leur rue, et que ces traits vrais qui distinguent les nations, et qui frappent les yeux faits pour voir ont presque toujours échappé aux leurs. De là est venu ce bel adage de morale, si rebattu par la tourbe philosophesque, que les hommes sont partout les mêmes, qu'ayant partout les mêmes passions et les mêmes vices, il est assez inutile de chercher à caractériser les différents peuples ; ce qui est à peu près aussi bien raisonné que si l'on disait qu'on ne saurait distinguer Pierre d'avec Jacques, parce qu'ils ont tous deux un nez, une bouche et des yeux.

Ne verra-t-on jamais renaître ces temps heureux où les peuples ne se mêlaient point de philosopher, mais où les Platon, les Thalès et les Pythagore épris d'un ardent désir de savoir, entreprenaient les plus grands voyages uniquement pour s'instruire, et allaient au loin secouer le joug des préjugés nationaux, apprendre à connaître les hommes par leurs conformités et par leurs différences et acquérir ces connaissances universelles qui ne sont point celles d'un siècle ou d'un pays exclusivement mais qui, étant de tous les temps et de tous les lieux, sont pour ainsi dire la science commune des sages ?

On admire la magnificence de quelques curieux qui ont fait ou fait faire à grands frais des voyages en Orient avec des savants et des peintres, pour y dessiner des masures et déchiffrer ou copier des inscriptions : mais j'ai peine à concevoir comment dans un siècle où l'on se pique de belles connaissances il ne se trouve pas deux hommes bien unis, riches, l'un en argent, l'autre en génie, tous deux aimant la gloire et aspirant à l'immortalité, dont l'un sacrifie vingt mille écus de son bien et l'autre dix ans de sa vie à un célèbre voyage autour du monde ; pour y étudier, non toujours des pierres et des plantes, mais une fois les hommes et les mœurs, et qui, après tant de siècles employés à mesurer et considérer la maison, s'avisent enfin d'en vouloir connaître les habitants.

Les académiciens qui ont parcouru les parties septentrionales de l'Europe et méridionales de l'Amérique avaient plus pour objet de les visiter en géomètres qu'en philosophes. Cependant, comme ils étaient à la fois l'un et l'autre, on ne peut pas regarder comme tout à fait inconnues les régions qui ont été vues et décrites par les La Condamine et les Maupertuis. Le joaillier Chardin, qui a voyagé comme Platon, n'a rien laissé à dire sur la Perse ; la Chine paraît avoir été bien observée par les Jésuites. Kempfer donne une idée passable du peu qu'il a vu dans le Japon. A ces relations près, nous ne connaissons point les peuples des Indes orientales, fréquentées uniquement par des Européens plus curieux de remplir leurs bourses que leurs têtes. L'Afrique entière et ses nombreux habitants, aussi singuliers par leur caractère que par leur couleur, sont encore à examiner ; toute la terre est couverte de nations dont nous ne connaissons que les noms, et nous nous mêlons de juger le genre humain ! Supposons un Montesquieu, un Buffon, un Diderot, un Duclos, un d'Alembert, un Condillac, ou des hommes de cette trempe, voyageant pour instruire leurs compatriotes, observant et décrivant comme ils savent faire, la Turquie, l'Egypte, la Barbarie, l'empire de Maroc, la Guinée, le pays des Cafres, l'intérieur de l'Afrique et ses côtes orientales, les Malabares, le Mogol, les rives du Gange, les royaumes de Siam, de Pegu et

lui sera commun avec tous les animaux. Vouloir et ne pas vouloir, désirer et craindre, seront les premières, et presque les seules opérations de son âme, jusqu'à ce que de nouvelles circonstances y causent de nouveaux développements.

Quoi qu'en disent les moralistes, l'entendement humain doit beaucoup aux passions, qui, d'un commun aveu, lui doivent beaucoup aussi : c'est par leur activité que notre raison se perfectionne; nous ne cherchons à connaître que parce que nous désirons de jouir, et il n'est pas possible de concevoir pourquoi celui qui n'aurait ni désirs ni craintes se donnerait la peine de raisonner. Les passions, à leur tour, tirent leur origine de nos besoins, et leur progrès de nos connaissances; car on ne peut désirer ou craindre les choses que sur les idées qu'on en peut avoir, ou par la simple impulsion de la nature; et l'homme sauvage, privé de toute sorte de lumières, n'éprouve que les passions de cette dernière espèce; ses désirs ne passent pas ses besoins physiques[1]; les seuls

---

d'Ava, la Chine, la Tartarie, et surtout le Japon; puis dans l'autre hémisphère le Mexique, le Pérou, le Chili, les Terres magellaniques, sans oublier les Patagons vrais ou faux, le Tucuman, le Paraguay s'il était possible, le Brésil, enfin les Caraïbes, la Floride et toutes les contrées sauvages, voyage le plus important de tous et celui qu'il faudrait faire avec le plus de soin; supposons que ces nouveaux Hercules, de retour de ces courses mémorables, fissent ensuite à loisir l'histoire naturelle, morale et politique, de ce qu'ils auraient vu, nous verrions nous-mêmes sortir un monde nouveau de dessous leur plume, et nous apprendrions ainsi à connaître le nôtre. Je dis que quand de pareils observateurs affirmeront d'un tel animal que c'est un homme, et d'un autre que c'est une bête, il faudra les en croire; mais ce serait une grande simplicité de s'en rapporter là-dessus à des voyageurs grossiers, sur lesquels on serait quelquefois tenté de faire la même question qu'ils se mêlent de résoudre sur d'autres animaux.

1. Cela me paraît de la dernière évidence, et je ne saurais concevoir d'où nos philosophes peuvent faire naître toutes les passions qu'ils prêtent à l'homme naturel. Excepté le seul nécessaire physique, que la nature même demande, tous nos autres besoins ne sont tels que par l'habitude avant laquelle ils n'étaient point des besoins, ou par nos désirs, et l'on ne désire point ce qu'on n'est pas en état de connaître. D'où il suit que l'homme sauvage ne désirant que les choses qu'il connaît et ne connaissant que celles dont la possession est en son pouvoir ou facile à acquérir, rien ne doit être si tranquille que son âme et rien si borné que son esprit.

biens, qu'il connaisse dans l'univers sont la nourriture, une femelle et le repos ; les seuls maux qu'il craigne sont la douleur et la faim ; je dis la douleur et non la mort ; car jamais l'animal ne saura ce que c'est que mourir, et la connaissance de la mort, et de ses terreurs, est une des premières acquisitions que l'homme ait faites, en s'éloignant de la condition animale.

Il me serait aisé, si cela m'était nécessaire, d'appuyer ce sentiment par les faits, et de faire voir que chez toutes les nations du monde, les progrès de l'esprit se sont précisément proportionnés aux besoins que les peuples avaient reçus de la nature, ou auxquels les circonstances les avaient assujettis, et par conséquent aux passions, qui les portaient à pourvoir à ces besoins. Je montrerais en Egypte les arts naissants, et s'étendant avec les débordements du Nil ; je suivrais leur progrès chez les Grecs, où l'on les vit germer, croître, et s'élever jusqu'aux cieux parmi les sables et les rochers de l'Attique, sans pouvoir prendre racine sur les bords fertiles de l'Eurotas ; je remarquerais qu'en général les peuples du Nord sont plus industrieux que ceux du Midi, parce qu'ils peuvent moins se passer de l'être, comme si la nature voulait ainsi égaliser les choses, en donnant aux esprits la fertilité qu'elle refuse à la terre.

Mais sans recourir aux témoignages incertains de l'Histoire, qui ne voit que tout semble éloigner de l'homme sauvage la tentation et les moyens de cesser de l'être ? Son imagination ne lui peint rien ; son cœur ne lui demande rien. Ses modiques besoins se trouvent si aisément sous la main, et il est si loin du degré de connaissances nécessaires pour désirer d'en acquérir de plus grandes qu'il ne peut avoir ni prévoyance, ni curiosité. Le spectacle de la nature lui devient indifférent, à force de lui devenir familier. C'est toujours le même ordre, ce sont toujours les mêmes révolutions ; il n'a pas l'esprit de s'étonner des plus grandes merveilles ; et ce n'est pas chez lui qu'il faut chercher la philosophie dont l'homme a besoin, pour savoir observer une fois ce qu'il a vu tous les jours. Son âme, que rien n'agite, se livre au seul sentiment de son existence actuelle, sans aucune idée de l'avenir, quelque prochain qu'il puisse être, et ses projets, bornés comme ses vues, s'étendent à peine jusqu'à la fin de la journée. Tel est encore aujourd'hui le degré de prévoyance du Caraïbe : il vend le matin son lit de coton, et vient pleurer le soir pour le racheter, faute d'avoir prévu qu'il en aurait besoin pour la nuit prochaine.

Plus on médite sur ce sujet, plus la distance des pures sensations aux plus simples connaissances s'agrandit à nos regards ; et il est impossible de concevoir comment un homme aurait pu par ses seules forces, sans le secours de la communication, et sans l'aiguillon de la nécessité, franchir un si grand intervalle. Combien de siècles se sont peut-être écoulés, avant que les hommes aient été à portée de voir d'autre feu que celui du ciel ? Combien ne leur a-t-il pas fallu de différents hasards pour apprendre les usages les plus communs de cet élément ? Combien de fois ne l'ont-ils pas laissé éteindre, avant que d'avoir acquis l'art de le reproduire ? Et combien de fois peut-être chacun de ces secrets n'est-il pas mort avec celui qui l'avait découvert ? Que dirons-nous de l'agriculture, art qui demande tant de travail et de prévoyance ; qui tient à d'autres arts, qui très évidemment n'est praticable que dans une société au moins commencée, et qui ne nous sert pas tant à tirer de la terre des aliments qu'elle fournirait bien sans cela qu'à la forcer aux préférences, qui sont le plus de notre goût ? Mais supposons que les hommes eussent tellement multiplié que les productions naturelles n'eussent plus suffi pour les nourrir ; supposition qui, pour le dire en passant, montrerait un grand avantage pour l'espèce humaine dans cette manière de vivre ; supposons que sans forges, et sans ateliers, les instruments du labourage fussent tombés du ciel entre les mains des sauvages ; que ces hommes eussent vaincu la haine mortelle qu'ils ont tous pour un travail continu ; qu'ils eussent appris à prévoir de si loin leurs besoins, qu'ils eussent deviné comment il faut cultiver la terre, semer les grains, et planter les arbres ; qu'ils eussent trouvé l'art de moudre le blé, et de mettre le raisin en fermentation ; toutes choses qu'il leur a fallu faire enseigner par les dieux, faute de concevoir comment ils les auraient apprises d'eux-mêmes ; quel serait après cela, l'homme assez insensé pour se tourmenter à la culture d'un champ qui sera dépouillé par le premier venu, homme ou bête indifféremment, à qui cette moisson conviendra ; et comment chacun pourra-t-il se résoudre à passer sa vie à un travail pénible, dont il est d'autant plus sûr de ne pas recueillir le prix qu'il lui sera plus nécessaire ? En un mot, comment cette situation pourra-t-elle porter les hommes à cultiver la terre, tant qu'elle ne sera point partagée entre eux, c'est-à-dire tant que l'état de nature ne sera point anéanti ?

Quand nous voudrions supposer un homme sauvage aussi habile dans l'art de penser que nous le font nos philosophes ; quand nous en ferions, à leur exemple, un philosophe lui-même, découvrant seul les plus sublimes vérités, se faisant, par des suites de raisonnements très abstraits, des maximes de justice et de raison tirées de l'amour de l'ordre en général, ou de la volonté connue de son Créateur : en un mot, quand nous lui supposerions dans l'esprit autant d'intelligence et de lumières qu'il doit avoir, et qu'on lui trouve en effet de pesanteur et de stupidité, quelle utilité retirerait l'espèce de toute cette métaphysique, qui ne pourrait se communiquer et qui périrait avec l'individu qui l'aurait inventée ? Quel progrès pourrait faire le genre humain épars dans les bois parmi les animaux ? Et jusqu'à quel point pourraient se perfectionner, et s'éclairer mutuellement des hommes qui, n'ayant ni domicile fixe ni aucun besoin l'un de l'autre, se rencontreraient, peut-être à peine deux fois en leur vie, sans se connaître, et sans se parler ?

Qu'on songe de combien d'idées nous sommes redevables à l'usage de la parole ; combien la grammaire exerce et facilite les opérations de l'esprit ; et qu'on pense aux peines inconcevables, et au temps infini qu'a dû coûter la première invention des langues ; qu'on joigne ces réflexions aux précédentes, et l'on jugera combien il eût fallu de milliers de siècles, pour développer successivement dans l'esprit humain les opérations dont il était capable.

Qu'il me soit permis de considérer un instant les embarras de l'origine des langues. Je pourrais me contenter de citer ou de répéter ici les recherches que M. l'abbé de Condillac a faites sur cette matière, qui toutes confirment pleinement mon sentiment, et qui, peut-être, m'en ont donné la première idée. Mais la manière dont ce philosophe résout les difficultés qu'il se fait à lui-même sur l'origine des signes institués, montrant qu'il a supposé ce que je mets en question, savoir une sorte de société déjà établie entre les inventeurs du langage, je crois en renvoyant à ses réflexions devoir y joindre les miennes pour exposer les mêmes difficultés dans le jour qui convient à mon sujet. La première qui se présente est d'imaginer comment elles purent devenir nécessaires ; car les hommes n'ayant nulle correspondance entre eux, ni aucun besoin d'en avoir, on ne conçoit ni la nécessité de cette invention, ni sa possibilité, si elle ne fut pas indispensable. Je dirais bien, comme beaucoup d'autres, que les langues sont nées dans le commerce domestique des pères, des mères, et des enfants : mais outre que cela ne résoudrait point les objections, ce serait commettre la faute de ceux qui raisonnant sur l'état de nature, y transportent les idées prises dans la société, voient toujours la famille rassemblée dans une même habitation, et ses membres gardant entre eux une union aussi intime et aussi permanente que parmi nous, où tant d'intérêts communs les réunissent, au lieu que dans cet état primitif, n'ayant ni maison, ni cabanes, ni propriété d'aucune espèce, chacun se logeait au hasard, et souvent pour une seule nuit ; les mâles, et les femelles s'unissaient fortuitement selon la rencontre, l'occasion, et le désir, sans que la parole fût un interprète fort nécessaire des choses qu'ils avaient à se dire : ils se quittaient avec la même facilité[1] ; la mère allaitait d'abord ses enfants pour son

1. Je trouve dans le *Gouvernement civil* de Locke une objection qui me paraît trop spécieuse pour qu'il me soit permis de la dissimuler. « La fin de la société entre le mâle et la femelle, dit ce philosophe, « n'étant pas simplement de procréer, mais de continuer l'espèce,

« cette société doit durer, même après la procréation, du moins aussi
« longtemps qu'il est nécessaire pour la nourriture et la conservation
« des procréés, c'est-à-dire jusqu'à ce qu'ils soient capables de
« pourvoir eux-mêmes à leurs besoins. Cette règle que la sagesse
« infinie du Créateur a établie sur les œuvres de ses mains, nous
« voyons que les créatures inférieures à l'homme l'observent
« constamment et avec exactitude. Dans ces animaux qui vivent
« d'herbe, la société entre le mâle et la femelle ne dure pas plus
« longtemps que chaque acte de copulation, parce que les mamelles
« de la mère étant suffisantes pour nourrir les petits jusqu'à ce qu'ils
« soient capables de paître l'herbe, le mâle se contente d'engendrer et
« il ne se mêle plus après cela de la femelle ni des petits, à la
« subsistance desquels il ne peut rien contribuer. Mais au regard des
« bêtes de proie, la société dure plus longtemps, à cause que la mère
« ne pouvant pas bien pourvoir à sa subsistance propre et nourrir en
« même temps ses petits par sa seule proie, qui est une voie de se
« nourrir et plus laborieuse et plus dangereuse que n'est celle de se
« nourrir d'herbe, l'assistance du mâle est tout à fait nécessaire pour
« le maintien de leur commune famille, si l'on peut user de ce terme ;
« laquelle jusqu'à ce qu'elle puisse aller chercher quelque proie ne
« saurait subsister que par les soins du mâle et de la femelle. On
« remarque le même dans tous les oiseaux, si l'on excepte quelques
« oiseaux domestiques qui se trouvent dans des lieux où la continuelle
« abondance de nourriture exempte le mâle du soin de nourrir les
« petits ; on voit que pendant que les petits dans leur nid ont besoin
« d'aliments, le mâle et la femelle y en portent, jusqu'à ce que ces
« petits-là puissent voler et pourvoir à leur subsistance.

« Et en cela, à mon avis, consiste la principale, si ce n'est la seule
« raison pourquoi le mâle et la femelle dans le genre humain sont
« obligés à une société plus longue que n'entretiennent les autres
« créatures. Cette raison est que la femme est capable de concevoir et
« est pour l'ordinaire derechef grosse et fait un nouvel enfant,
« longtemps avant que le précédent soit hors d'état de se passer du
« secours de ses parents et puisse lui-même pourvoir à ses besoins.
« Ainsi un père étant obligé de prendre soin de ceux qu'il a engen-
« drés, et de prendre ce soin-là pendant longtemps, il est aussi dans
« l'obligation de continuer à vivre dans la société conjugale avec la
« même femme de qui il les a eus, et de demeurer dans cette société
« beaucoup plus longtemps que les autres créatures, dont les petits
« pouvant subsister d'eux-mêmes, avant que le temps d'une nouvelle
« procréation vienne, le lien du mâle et de la femelle se rompt de
« lui-même et l'un et l'autre se trouvent dans une pleine liberté,
« jusqu'à ce que cette saison qui a coutume de solliciter les animaux à
« se joindre ensemble les oblige de choisir de nouvelles compagnes.
« Et ici l'on ne saurait admirer assez la sagesse du Créateur, qui, ayant
« donné à l'homme des qualités propres pour pourvoir à l'avenir aussi
« bien qu'au présent, a voulu et a fait en sorte que la société de
« l'homme durât beaucoup plus longtemps que celle du mâle et de la
« femelle parmi les autres créatures ; afin que par là l'industrie de
« l'homme et de la femme fût plus excitée, et que leurs intérêts

« fussent mieux unis, dans la vue de faire des provisions pour leurs
« enfants et de leur laisser du bien : rien ne pouvant être plus
« préjudiciable à des enfants qu'une conjonction incertaine et vague
« ou une dissolution facile et fréquente de la société conjugale. »

Le même amour de la vérité qui m'a fait exposer sincèrement cette
objection m'excite à l'accompagner de quelques remarques, sinon
pour la résoudre, au moins pour l'éclaircir.

   a. J'observerai d'abord que les preuves morales n'ont pas une
grande force en matière de physique et qu'elles servent plutôt à
rendre raison des faits existants qu'à constater l'existence réelle de ces
faits. Or tel est le genre de preuve que M. Locke emploie dans le
passage que je viens de rapporter ; car quoiqu'il puisse être avantageux à l'espèce humaine que l'union de l'homme et de la femme soit
permanente, il ne s'ensuit pas que cela ait été ainsi établi par la
nature, autrement il faudrait dire qu'elle a aussi institué la société
civile, les arts, le commerce et tout ce qu'on prétend être utile aux
hommes.

   b. J'ignore où M. Locke a trouvé qu'entre les animaux de proie la
société du mâle et de la femelle dure plus longtemps que parmi ceux
qui vivent d'herbe et que l'un aide à l'autre à nourrir les petits. Car on
ne voit pas que le chien, le chat, l'ours, ni le loup reconnaissent leur
femelle mieux que le cheval, le bélier, le taureau, le cerf ni tous les
autres quadrupèdes ne reconnaissent la leur. Il semble au contraire
que, si le secours du mâle était nécessaire à la femelle pour conserver
ses petits, ce serait surtout dans les espèces qui ne vivent que d'herbe,
parce qu'il faut fort longtemps à la mère pour paître, et que durant
tout cet intervalle elle est forcée de négliger sa portée, au lieu que la
proie d'une ourse ou d'une louve est dévorée en un instant et qu'elle
a, sans souffrir la faim, plus de temps pour allaiter ses petits. Ce
raisonnement est confirmé par une observation sur le nombre relatif
de mamelles et de petits qui distingue les espèces carnassières des
frugivores et dont j'ai parlé dans la note 2 de la page 167. Si cette
observation est juste et générale, la femme n'ayant que deux mamelles
et ne faisant guère qu'un enfant à la fois, voilà une forte raison de plus
pour douter que l'espèce humaine soit naturellement carnassière, de
sorte qu'il semble que pour tirer la conclusion de Locke, il faudrait
retourner tout à fait son raisonnement. Il n'y a pas plus de solidité
dans la même distinction appliquée aux oiseaux. Car qui pourra se
persuader que l'union du mâle et de la femelle soit plus durable parmi
les vautours et les corbeaux que parmi les tourterelles ? Nous avons
deux espèces d'oiseaux domestiques, la cane et le pigeon, qui nous
fournissent des exemples directement contraires au système de cet
auteur. Le pigeon, qui ne vit que de grain, reste uni à sa femelle et ils
nourrissent leurs petits en commun. Le canard, dont la voracité est
connue, ne reconnaît ni sa femelle ni ses petits et n'aide en rien à leur
subsistance, et parmi les poules, espèce qui n'est guère moins
carnassière, on ne voit pas que le coq se mette aucunement en peine
de la couvée. Que si dans d'autres espèces le mâle partage avec la
femelle le soin de nourrir les petits, c'est que les oiseaux qui d'abord
ne peuvent voler et que la mère ne peut allaiter sont beaucoup moins

en état de se passer de l'assistance du père que les quadrupèdes à qui suffit la mamelle de la mère, au moins durant quelque temps.

c. Il y a bien de l'incertitude sur le fait principal qui sert de base à tout le raisonnement de M. Locke. Car, pour savoir si, comme il le prétend, dans le pur état de nature la femme est pour l'ordinaire derechef grosse et fait un nouvel enfant longtemps avant que le précédent puisse pourvoir lui-même à ses besoins, il faudrait des expériences qu'assurément Locke n'avait pas faites et que personne n'est à portée de faire. La cohabitation continuelle du mari et de la femme est une occasion si prochaine de s'exposer à une nouvelle grossesse qu'il est bien difficile de croire que la rencontre fortuite ou la seule impulsion du tempérament produisît des effets aussi fréquents dans le pur état de nature que dans celui de la société conjugale ; lenteur qui contribuerait peut-être à rendre les enfants plus robustes, et qui d'ailleurs pourrait être compensée par la faculté de concevoir, prolongée dans un plus grand âge chez les femmes qui en auraient moins abusé dans leur jeunesse. A l'égard des enfants, il y a bien des raisons de croire que leurs forces et leurs organes se développèrent plus tard parmi nous qu'ils ne faisaient dans l'état primitif dont je parle. La faiblesse originelle qu'ils tirent de la constitution des parents, les soins qu'on prend d'envelopper et gêner tous leurs membres, la mollesse dans laquelle ils sont élevés, peut-être l'usage d'un autre lait que celui de leur mère, tout contrarie et retarde en eux les premiers progrès de la nature. L'application qu'on les oblige de donner à mille choses sur lesquelles on fixe continuellement leur attention, tandis qu'on ne donne aucun exercice à leurs forces corporelles, peut encore faire une diversion considérable à leur accroissement ; de sorte que, si au lieu de surcharger et fatiguer d'abord leurs esprits de mille manières, on laissait exercer leurs corps aux mouvements continuels que la nature semble leur demander, il est à croire qu'ils seraient beaucoup plus tôt en état de marcher, d'agir et de pourvoir eux-mêmes à leurs besoins.

d. Enfin M. Locke prouve tout au plus qu'il pourrait bien y avoir dans l'homme un motif de demeurer attaché à la femme lorsqu'elle a un enfant ; mais il ne prouve nullement qu'il a dû s'y attacher avant l'accouchement et pendant les neuf mois de la grossesse. Si telle femme est indifférente à l'homme pendant ces neuf mois, si même elle lui devient inconnue, pourquoi la secourra-t-il après l'accouchement ? pourquoi lui aidera-t-il à élever un enfant qu'il ne sait pas seulement lui appartenir, et dont il n'a résolu ni prévu la naissance ? M. Locke suppose évidemment ce qui est en question, car il ne s'agit pas de savoir pourquoi l'homme demeurera attaché à la femme après l'accouchement, mais pourquoi il s'attachera à elle après la conception. L'appétit satisfait, l'homme n'a plus besoin de telle femme, ni la femme de tel homme. Celui-ci n'a pas le moindre souci ni peut-être la moindre idée des suites de son action. L'un s'en va d'un côté, l'autre d'un autre, et il n'y a pas d'apparence qu'au bout de neuf mois ils aient la mémoire de s'être connus, car cette espèce de mémoire par laquelle un individu donne la préférence à un individu pour l'acte de la génération exige, comme je le prouve dans le texte, plus de progrès

propre besoin ; puis l'habitude les lui ayant rendus chers, elle les nourrissait ensuite pour le leur ; sitôt qu'ils avaient la force de chercher leur pâture, ils ne tardaient pas à quitter la mère elle-même ; et comme il n'y avait presque point d'autre moyen de se retrouver que de ne pas se perdre de vue, ils en étaient bientôt au point de ne pas même se reconnaître les uns les autres. Remarquez encore que l'enfant ayant tous ses besoins à expliquer, et par conséquent plus de choses à dire à la mère que la mère à l'enfant, c'est lui qui doit faire les plus grands frais de l'invention, et que la langue qu'il emploie doit être en grande partie son propre ouvrage ; ce qui multiplie autant les langues qu'il y a d'individus pour les parler, à quoi contribue encore la vie errante et vagabonde qui ne laisse à aucun idiome le temps de prendre de la consistance ; car de dire que la mère dicte à l'enfant les mots dont il devra se servir pour lui demander telle ou telle chose, cela montre bien comment on enseigne des langues déjà formées, mais cela n'apprend point comment elles se forment.

ou de corruption dans l'entendement humain qu'on ne peut lui en supposer dans l'état d'animalité dont il s'agit ici. Une autre femme peut donc contenter les nouveaux désirs de l'homme aussi commodément que celle qu'il a déjà connue, et un autre homme contenter de même la femme, supposé qu'elle soit pressée du même appétit pendant l'état de grossesse, de quoi l'on peut raisonnablement douter. Que si dans l'état de nature la femme ne ressent plus la passion de l'amour après la conception de l'enfant, l'obstacle à la société avec l'homme en devient encore beaucoup plus grand, puisque alors elle n'a plus besoin ni de l'homme qui l'a fécondée ni d'aucun autre. Il n'y a donc dans l'homme aucune raison de rechercher la même femme, ni dans la femme aucune raison de rechercher le même homme. Le raisonnement de Locke tombe donc en ruine et toute la dialectique de ce philosophe ne l'a pas garanti de la faute que Hobbes et d'autres ont commise. Ils avaient à expliquer un fait de l'état de nature, c'est-à-dire d'un état où les hommes vivaient isolés et où tel homme n'avait aucun motif de demeurer près les uns des autres, et où tel homme a souvent une raison de demeurer à côté de tel homme, ni peut-être les hommes de demeurer à côté les uns des autres, ce qui est bien pis, et ils n'ont pas songé à se transporter au-delà des siècles de société, c'est-à-dire de ces temps où les hommes ont toujours une raison de demeurer à côté de tel homme ou de telle femme.

Supposons cette première difficulté vaincue : franchissons pour un moment l'espace immense qui dut se trouver entre le pur état de nature et le besoin des langues ; et cherchons, en les supposant nécessaires[1], comment elles purent commencer à s'établir. Nouvelle difficulté pire encore que la précédente ; car si les hommes ont eu besoin de la parole pour apprendre à penser, ils ont eu bien plus besoin encore de savoir penser pour trouver l'art de la parole ; et quand on comprendrait comment les sons de la voix ont été pris pour les interprètes conventionnels de nos idées, il resterait toujours à savoir quels ont pu être les interprètes mêmes de cette convention pour les idées qui, n'ayant point un objet sensible, ne pouvaient s'indiquer ni par le geste, ni par la voix, de sorte qu'à peine peut-on former des conjectures supportables sur la naissance de cet art de communiquer ses pensées, et d'établir un commerce entre les esprits : art sublime qui est déjà si loin de son origine, mais que le philosophe voit encore à une si prodigieuse distance de sa perfection qu'il n'y a point d'homme assez hardi pour assurer qu'il y arriverait jamais, quand les révolutions que le temps amène nécessairement seraient suspendues en sa faveur, que les préjugés sortiraient des académies ou se tairaient devant elles, et qu'elles pourraient s'occuper de cet objet épineux, durant des siècles entiers sans interruption.

1. Je me garderai bien de m'embarquer dans les réflexions philosophiques qu'il y aurait à faire sur les avantages et les inconvénients de cette institution des langues ; ce n'est pas à moi qu'on permet d'attaquer les erreurs vulgaires, et le peuple lettré respecte trop ses préjugés pour supporter patiemment mes prétendus paradoxes. Laissons donc parler les gens à qui l'on n'a point fait un crime d'oser prendre quelquefois le parti de la raison contre l'avis de la multitude. *Nec quidquam felicitati humani generis decederet, pulsâ tot linguarum peste et confusione, unam artem callerent mortales, et signis, motibus, gestibusque licitum foret quidvis explicare. Nunc vero ita comparatum est, ut animalium quæ vulgó bruta creduntur, melior longè quàm nostra hâc in parte videatur conditio, ut pote quæ promptiùs et forsan feliciùs, sensus et cogitationes suas sine interprete significent, quàm ulli queant mortales, præsertim si peregrino utantur sermone.* Is. Vossius, *de Poemat. Cant. et Viribus Rythmi*, p. 66.

Le premier langage de l'homme, le langage le plus universel, le plus énergique, et le seul dont il eut besoin, avant qu'il fallût persuader des hommes assemblés, est le cri de la nature. Comme ce cri n'était arraché que par une sorte d'instinct dans les occasions pressantes, pour implorer du secours dans les grands dangers, ou du soulagement dans les maux violents, il n'était pas d'un grand usage dans le cours ordinaire de la vie, où règnent des sentiments plus modérés. Quand les idées des hommes commencèrent à s'étendre et à se multiplier, et qu'il s'établit entre eux une communication plus étroite, ils cherchèrent des signes plus nombreux et un langage plus étendu : ils multiplièrent les inflexions de la voix, et y joignirent les gestes, qui, par leur nature, sont plus expressifs, et dont le sens dépend moins d'une détermination antérieure. Ils exprimaient donc les objets visibles et mobiles par des gestes, et ceux qui frappent l'ouïe, par des sons imitatifs : mais comme le geste n'indique guère que les objets présents, ou faciles à décrire, et les actions visibles ; qu'il n'est pas d'un usage universel, puisque l'obscurité, ou l'interposition d'un corps le rendent inutile, et qu'il exige l'attention plutôt qu'il ne l'excite, on s'avisa enfin de lui substituer les articulations de la voix, qui, sans avoir le même rapport avec certaines idées, sont plus propres à les représenter toutes, comme signes institués ; substitution qui ne put se faire que d'un commun consentement, et d'une manière assez difficile à pratiquer pour des hommes dont les organes grossiers n'avaient encore aucun exercice, et plus difficile encore à concevoir en elle-même, puisque cet accord unanime dut être motivé, et que la parole paraît avoir été fort nécessaire, pour établir l'usage de la parole.

On doit juger que les premiers mots, dont les hommes firent usage, eurent dans leur esprit une signification beaucoup plus étendue que n'ont ceux qu'on emploie dans les langues déjà formées, et qu'ignorant la division du discours en ses parties constitutives, ils donnèrent d'abord à chaque mot le sens d'une proposition entière. Quand ils commencèrent à distinguer le

sujet d'avec l'attribut, et le verbe d'avec le nom, ce qui
ne fut pas un médiocre effort de génie, les substantifs ne
furent d'abord qu'autant de noms propres, l'infinitif fut
le seul temps des verbes, et à l'égard des adjectifs la
notion ne s'en dut développer que fort difficilement,
parce que tout adjectif est un mot abstrait, et que les
abstractions sont des opérations pénibles, et peu naturelles.

Chaque objet reçut d'abord un nom particulier, sans
égard aux genres, et aux espèces, que ces premiers
instituteurs n'étaient pas en état de distinguer ; et tous
les individus se présentèrent isolés à leur esprit, comme
ils le sont dans le tableau de la nature. Si un chêne
s'appelait A, un autre chêne s'appelait B : de sorte que
plus les connaissances étaient bornées, et plus le dictionnaire devint étendu. L'embarras de toute cette
nomenclature ne put être levé facilement : car pour
ranger les êtres sous des dénominations communes, et
génériques, il en fallait connaître les propriétés et les
différences ; il fallait des observations, et des définitions, c'est-à-dire, de l'histoire naturelle et de la métaphysique, beaucoup plus que les hommes de ce
temps-là n'en pouvaient avoir.

D'ailleurs, les idées générales ne peuvent s'introduire
dans l'esprit qu'à l'aide des mots, et l'entendement ne
les saisit que par des propositions. C'est une des raisons
pour quoi les animaux ne sauraient se former de telles
idées, ni jamais acquérir la perfectibilité qui en dépend.
Quand un singe va sans hésiter d'une noix à l'autre,
pense-t-on qu'il ait l'idée générale de cette sorte de
fruit ? et qu'il compare son archétype à ces deux individus ? Non sans doute ; mais la vue de l'une de ces noix
rappelle à sa mémoire les sensations qu'il a reçues de
l'autre, et ses yeux, modifiés d'une certaine manière,
annoncent à son goût la modification qu'il va recevoir.
Toute idée générale est purement intellectuelle ; pour
peu que l'imagination s'en mêle, l'idée devient aussitôt
particulière. Essayez de vous tracer l'image d'un arbre
en général, jamais vous n'en viendrez à bout, malgré
vous il faudra le voir petit ou grand, rare ou touffu, clair

ou foncé, et s'il dépendait de vous de n'y voir que ce qui se trouve en tout arbre, cette image ne ressemblerait plus à un arbre. Les êtres purement abstraits se voient de même, ou ne se conçoivent que par le discours. La définition seule du triangle vous en donne la véritable idée : sitôt que vous en figurez un dans votre esprit, c'est un tel triangle et non pas un autre, et vous ne pouvez éviter d'en rendre les lignes sensibles ou le plan coloré. Il faut donc énoncer des propositions, il faut donc parler pour avoir des idées générales ; car sitôt que l'imagination s'arrête, l'esprit ne marche plus qu'à l'aide du discours. Si donc les premiers inventeurs n'ont pu donner des noms qu'aux idées qu'ils avaient déjà, il s'ensuit que les premiers substantifs n'ont pu jamais être que des noms propres.

Mais lorsque, par des moyens que je ne conçois pas, nos nouveaux grammairiens commencèrent à étendre leurs idées et à généraliser leurs mots, l'ignorance des inventeurs dut assujettir cette méthode à des bornes fort étroites ; et comme ils avaient d'abord trop multiplié les noms des individus faute de connaître les genres et les espèces, ils firent ensuite trop peu d'espèces et de genres faute d'avoir considéré les êtres par toutes leurs différences. Pour pousser les divisions assez loin, il eût fallu plus d'expérience et de lumière qu'ils n'en pouvaient avoir, et plus de recherches et de travail qu'ils n'y en voulaient employer. Or si, même aujourd'hui, l'on découvre chaque jour de nouvelles espèces qui avaient échappé jusqu'ici à toutes nos observations, qu'on pense combien il dut s'en dérober à des hommes qui ne jugeaient des choses que sur le premier aspect ! Quant aux classes primitives et aux notions les plus générales, il est superflu d'ajouter qu'elles durent leur échapper encore : comment, par exemple, auraient-ils imaginé ou entendu les mots de matière, d'esprit, de substance, de mode, de figure, de mouvement, puisque nos philosophes qui s'en servent depuis si longtemps ont bien de la peine à les entendre eux-mêmes, et que les idées qu'on attache à ces mots étant purement métaphysiques, ils n'en trouvaient aucun modèle dans la nature ?

Je m'arrête à ces premiers pas, et je supplie mes juges de suspendre ici leur lecture ; pour considérer, sur l'invention des seuls substantifs physiques, c'est-à-dire, sur la partie de la langue la plus facile à trouver, le chemin qui lui reste à faire, pour exprimer toutes les pensées des hommes, pour prendre une forme constante, pouvoir être parlée en public, et influer sur la société. Je les supplie de réfléchir à ce qu'il a fallu de temps et de connaissances pour trouver les nombres[1], es mots abstraits, les aoristes, et tous les temps des verbes, les particules, la syntaxe, lier les propositions, les raisonnements, et former toute la logique du discours. Quant à moi, effrayé des difficultés qui se multiplient, et convaincu de l'impossibilité presque

1. Platon montrant combien les idées de la quantité discrète et de ses rapports sont nécessaires dans les moindres arts, se moque avec raison des auteurs de son temps qui prétendaient que Palamède avait inventé les nombres au siège de Troie, comme si, dit ce philosophe, Agamemnon eût p : ignorer jusque-là combien il avait de jambes ? En effet, on sent l'impossibilité que la société et les arts fussent parvenus où ils étaient déjà du temps du siège de Troie, sans que les hommes eussent l'usage des nombres et du calcul : mais la nécessité de connaître les nombres avant que d'acquérir d'autres connaissances n'en rend pas l'invention plus aisée à imaginer ; les noms des nombres une fois connus, il est aisé d'en expliquer le sens et d'exciter les idées que ces noms représentent, mais pour les inventer, il fallut, avant que de concevoir ces mêmes idées, s'être pour ainsi dire familiarisé avec les méditations philosophiques, s'être exercé à considérer les êtres par leur seule essence et indépendamment de toute autre perception, abstraction très pénible, très métaphysique, très peu naturelle et sans laquelle cependant ces idées n'eussent jamais pu se transporter d'une espèce ou d'un genre à un autre, ni les nombres devenir universels. Un sauvage pouvait considérer séparément sa jambe droite et sa jambe gauche, ou les regarder ensemble sous l'idée indivisible d'une couple sans jamais penser qu'il en avait deux ; car autre chose est l'idée représentative qui nous peint un objet, et autre chose l'idée numérique qui le détermine. Moins encore pouvait-il calculer jusqu'à cinq, et quoique appliquant ses mains l'une sur l'autre, il eût pu remarquer que les doigts se répondaient exactement, il était bien loin de songer à leur égalité numérique. Il ne savait pas plus le compte de ses doigts que de ses cheveux et si, après lui avoir fait entendre ce que c'est que nombres, quelqu'un lui eût dit qu'il avait autant de doigts aux pieds qu'aux mains, il eût peut-être été fort surpris, en les comparant, de trouver que cela était vrai.

démontrée que les langues aient pu naître et s'établir par des moyens purement humains, je laisse à qui voudra l'entreprendre la discussion de ce difficile problème, lequel a été le plus nécessaire, de la société déjà liée, à l'institution des langues, ou des langues déjà inventées, à l'établissement de la société.

Quoi qu'il en soit de ces origines, on voit du moins, au peu de soin qu'a pris la nature de rapprocher les hommes par des besoins mutuels, et de leur faciliter l'usage de la parole, combien elle a peu préparé leur sociabilité, et combien elle a peu mis du sien dans tout ce qu'ils ont fait, pour en établir les liens. En effet, il est impossible d'imaginer pourquoi, dans cet état primitif, un homme aurait plutôt besoin d'un autre homme qu'un singe ou un loup de son semblable, ni, ce besoin supposé, quel motif pourrait engager l'autre à y pourvoir, ni même, en ce dernier cas, comment ils pourraient convenir entre eux des conditions. Je sais qu'on nous répète sans cesse que rien n'eût été si misérable que l'homme dans cet état; et s'il est vrai, comme je crois l'avoir prouvé, qu'il n'eût pu qu'après bien des siècles avoir le désir et l'occasion d'en sortir, ce serait un procès à faire à la nature, et non à celui qu'elle aurait ainsi constitué. Mais, si j'entends bien ce terme de *misérable*, c'est un mot qui n'a aucun sens, ou qui ne signifie qu'une privation douloureuse et la souffrance du corps ou de l'âme. Or je voudrais bien qu'on m'expliquât quel peut être le genre de misère d'un être libre dont le cœur est en paix et le corps en santé. Je demande laquelle, de la vie civile ou naturelle, est la plus sujette à devenir insupportable à ceux qui en jouissent? Nous ne voyons presque autour de nous que des gens qui se plaignent de leur existence, plusieurs même qui s'en privent autant qu'il est en eux, et la réunion des lois divine et humaine suffit à peine pour arrêter ce désordre. Je demande si jamais on a ouï dire qu'un sauvage en liberté ait seulement songé à se plaindre de la vie et à se donner la mort? Qu'on juge donc avec moins d'orgueil de quel côté est la véritable misère. Rien au contraire n'eût été si misérable que l'homme sauvage, ébloui par des lumières, tourmenté par des passions, et raisonnant sur un état différent du sien. Ce fut par une providence très sage, que les facultés qu'il avait en puissance ne devaient se développer qu'avec les occasions de les exercer, afin qu'elles ne lui fussent ni superflues et à charge avant le temps, ni tardives, et inutiles au besoin. Il avait dans le seul instinct tout ce qu'il fallait pour vivre dans l'état de nature, il n'a dans une raison cultivée que ce qu'il lui faut pour vivre en société.

Il paraît d'abord que les hommes dans cet état n'ayant entre eux aucune sorte de relation morale, ni de devoirs connus, ne pouvaient être ni bons ni méchants, et n'avaient ni vices ni vertus, à moins que, prenant ces mots dans un sens physique, on n'appelle vices dans l'individu les qualités qui peuvent nuire à sa propre conservation, et vertus celles qui peuvent y contribuer ; auquel cas, il faudrait appeler le plus vertueux celui qui résisterait le moins aux simples impulsions de la nature. Mais sans nous écarter du sens ordinaire, il est à propos de suspendre le jugement que nous pourrions porter sur une telle situation, et de nous défier de nos préjugés, jusqu'à ce que, la balance à la main, on ait examiné s'il y a plus de vertus que de vices parmi les hommes civilisés, ou si leurs vertus sont plus avantageuses que leurs vices ne sont funestes, ou si le progrès de leurs connaissances est un dédommagement suffisant des maux qu'ils se font mutuellement, à mesure qu'ils s'instruisent du bien qu'ils devraient se faire, ou s'ils ne seraient pas, à tout prendre, dans une situation plus heureuse de n'avoir ni mal à craindre ni bien à espérer de personne que de s'être soumis à une dépendance universelle, et de s'obliger à tout recevoir de ceux qui ne s'obligent à leur rien donner.

N'allons pas surtout conclure avec Hobbes que pour n'avoir aucune idée de la bonté, l'homme soit naturellement méchant, qu'il soit vicieux parce qu'il ne connaît pas la vertu, qu'il refuse toujours à ses semblables des services qu'il ne croit pas leur devoir, ni qu'en vertu du droit qu'il s'attribue avec raison aux choses dont il a besoin, il s'imagine follement être le seul propriétaire de tout l'univers. Hobbes a très bien vu le défaut de toutes les définitions modernes du droit naturel : mais les conséquences qu'il tire de la sienne montrent qu'il la prend dans un sens qui n'est pas moins faux. En raisonnant sur les principes qu'il établit, cet auteur devait dire que l'état de nature étant celui où le soin de notre conservation est le moins préjudiciable à celle d'autrui, cet état était par conséquent le plus propre à la paix, et le plus convenable au genre humain. Il dit précisément le contraire, pour avoir fait entrer mal à propos dans le soin de la conservation de l'homme sauvage le besoin de satisfaire une multitude de passions qui sont l'ouvrage de la société, et qui ont rendu les lois nécessaires. Le méchant, dit-il, est un enfant robuste ; il reste à savoir si l'homme sauvage est un enfant robuste. Quand on le lui accorderait, qu'en conclurait-il ? Que si, quand il est robuste, cet homme était aussi dépendant des autres que quand il est faible, il n'y a sorte d'excès auxquels il ne se portât, qu'il ne battît sa mère lorsqu'elle tarderait trop à lui donner la mamelle, qu'il n'étranglât un de ses jeunes frères lorsqu'il en serait incommodé, qu'il ne mordît la jambe à l'autre lorsqu'il en serait heurté ou troublé ; mais ce sont deux suppositions contradictoires dans l'état de nature qu'être robuste et dépendant ; l'homme est faible quand il est dépendant, et il est émancipé avant que d'être robuste. Hobbes n'a pas vu que la même cause qui empêche les sauvages d'user de leur raison, comme le prétendent nos jurisconsultes, les empêche en même temps d'abuser de leurs facultés, comme il le prétend lui-même ; de sorte qu'on pourrait dire que les sauvages ne sont pas méchants précisément, parce qu'ils ne savent pas ce que c'est qu'être bons ; car ce n'est ni le développement des lumières, ni le frein de la loi, mais le calme des passions, et l'ignorance du vice qui les empêche de mal faire ; *tanto plus in illis proficit vitiorum ignoratio, quàm in his cognitio virtutis.* Il y a d'ailleurs un autre principe que Hobbes n'a point aperçu et qui, ayant été donné à l'homme pour adoucir, en certaines circonstances, la férocité de son amour-propre, ou le désir de se conserver avant la naissance de cet amour[1], tempère l'ardeur qu'il a pour son bien-être par une répugnance innée à voir souffrir son semblable. Je ne crois pas avoir aucune contradiction à craindre, en accordant à l'homme la seule vertu naturelle, qu'ait été forcé de reconnaître le détracteur le plus outré des vertus humaines. Je parle de la pitié, disposition convenable à des êtres aussi faibles, et sujets à autant de maux que nous le sommes ; vertu d'autant plus universelle et d'autant plus utile à l'homme qu'elle précède en lui l'usage de toute réflexion, et si naturelle que les bêtes mêmes en donnent quelquefois des signes sensibles. Sans parler de la tendresse des mères pour leurs petits, et des périls qu'elles bravent pour les en garantir, on observe tous les jours la répugnance qu'ont les chevaux

---

1. Il ne faut pas confondre l'amour-propre et l'amour de soi-même ; deux passions très différentes par leur nature et par leurs effets. L'amour de soi-même est un sentiment naturel qui porte tout animal à veiller à sa propre conservation et qui, dirigé dans l'homme par la raison et modifié par la pitié, produit l'humanité et la vertu. L'amour-propre n'est qu'un sentiment relatif, factice et né dans la société, qui porte chaque individu à faire plus de cas de soi que de tout autre, qui inspire aux hommes tous les maux qu'ils se font mutuellement et qui est la véritable source de l'honneur.

Ceci bien entendu, je dis que dans notre état primitif, dans le véritable état de nature, l'amour-propre n'existe pas. Car, chaque homme en particulier se regardant lui-même comme le seul spectateur qui l'observe, comme le seul être dans l'univers qui prenne intérêt à lui, comme le seul juge de son propre mérite, il n'est pas possible qu'un sentiment qui prend sa source dans des comparaisons qu'il n'est pas à portée de faire, puisse germer dans son âme ; par la même raison cet homme ne saurait avoir ni haine ni désir de vengeance, passions qui ne peuvent naître que de l'opinion de quelque offense reçue ; et comme c'est le mépris ou l'intention de nuire et non le mal qui constitue l'offense, des hommes qui ne savent ni s'apprécier ni se comparer peuvent se faire beaucoup de violences mutuelles quand il leur en revient quelque avantage, sans jamais s'offenser réciproquement. En un mot, chaque homme ne voyant guère ses semblables que comme il verrait des animaux d'une autre espèce, peut ravir la proie au plus faible ou céder la sienne au plus fort, sans envisager ces rapines que comme des événements naturels, sans le moindre mouvement d'insolence ou de dépit, et sans autre passion que la douleur ou la joie d'un bon ou mauvais succès.

à fouler aux pieds un corps vivant ; un animal ne passe point sans inquiétude auprès d'un animal mort de son espèce ; il y en a même qui leur donnent une sorte de sépulture ; et les tristes mugissements du bétail entrant dans une boucherie annoncent l'impression qu'il reçoit de l'horrible spectacle qui le frappe. On voit avec plaisir l'auteur de la fable des *Abeilles*, forcé de reconnaître l'homme pour un être compatissant et sensible, sortir, dans l'exemple qu'il en donne, de son style froid et subtil, pour nous offrir la pathétique image d'un homme enfermé qui aperçoit au-dehors une bête féroce arrachant un enfant du sein de sa mère, brisant sous sa dent meurtrière les faibles membres, et déchirant de ses ongles les entrailles palpitantes de cet enfant. Quelle affreuse agitation n'éprouve point ce témoin d'un événement auquel il ne prend aucun intérêt personnel ? Quelles angoisses ne souffre-t-il pas à cette vue, de ne pouvoir porter aucun secours à la mère évanouie, ni à l'enfant expirant ?

Tel est le pur mouvement de la nature, antérieur à toute réflexion : telle est la force de la pitié naturelle, que les mœurs les plus dépravées ont encore peine à détruire, puisqu'on voit tous les jours dans nos spectacles s'attendrir et pleurer aux malheurs d'un infortuné tel, qui, s'il était à la place du tyran, aggraverait encore les tourments de son ennemi. Mandeville a bien senti qu'avec toute leur morale les hommes n'eussent jamais été que des monstres, si la nature ne leur eût donné la pitié à l'appui de la raison : mais il n'a pas vu que de cette seule qualité découlent toutes les vertus sociales qu'il veut disputer aux hommes. En effet, qu'est-ce que la générosité, la clémence, l'humanité, sinon la pitié appliquée aux faibles, aux coupables, ou à l'espèce humaine en général ? La bienveillance et l'amitié même sont, à le bien prendre, des productions d'une pitié constante, fixée sur un objet particulier : car désirer que quelqu'un ne souffre point, qu'est-ce autre chose que désirer qu'il soit heureux ? Quand il serait vrai que la commisération ne serait qu'un sentiment qui nous met à la place de celui qui souffre, sentiment

obscur et vif dans l'homme sauvage, développé, mais
faible dans l'homme civil, qu'importerait cette idée à la
vérité de ce que je dis, sinon de lui donner plus de
force ? En effet, la commisération sera d'autant plus
énergique que l'animal spectateur s'identifiera intime-
ment avec l'animal souffrant. Or il est évident que cette
identification a dû être infiniment plus étroite dans
l'état de nature que dans l'état de raisonnement. C'est la
raison qui engendre l'amour-propre, et c'est la réflexion
qui le fortifie ; c'est elle qui replie l'homme sur lui-
même ; c'est elle qui le sépare de tout ce qui le gêne et
l'afflige : c'est la philosophie qui l'isole ; c'est par elle
qu'il dit en secret, à l'aspect d'un homme souffrant :
péris si tu veux, je suis en sûreté. Il n'y a plus que les
dangers de la société entière qui troublent le sommeil
tranquille du philosophe, et qui l'arrachent de son lit.
On peut impunément égorger son semblable sous sa
fenêtre ; il n'a qu'à mettre ses mains sur ses oreilles et
s'argumenter un peu pour empêcher la nature qui se
révolte en lui de l'identifier avec celui qu'on assassine.
L'homme sauvage n'a point cet admirable talent ; et
faute de sagesse et de raison, on le voit toujours se livrer
étourdiment au premier sentiment de l'humanité. Dans
les émeutes, dans les querelles des rues, la populace
s'assemble, l'homme prudent s'éloigne : c'est la
canaille, ce sont les femmes des halles, qui séparent les
combattants, et qui empêchent les honnêtes gens de
s'entr'égorger.

Il est donc certain que la pitié est un sentiment
naturel, qui, modérant dans chaque individu l'activité
de l'amour de soi-même, concourt à la conservation
mutuelle de toute l'espèce. C'est elle qui nous porte
sans réflexion au secours de ceux que nous voyons
souffrir : c'est elle qui, dans l'état de nature, tient lieu
de lois, de mœurs, et de vertu, avec cet avantage que
nul n'est tenté de désobéir à sa douce voix : c'est elle
qui détournera tout sauvage robuste d'enlever à un
faible enfant, ou à un vieillard infirme, sa subsistance
acquise avec peine, si lui-même espère pouvoir trouver
la sienne ailleurs ; c'est elle qui, au lieu de cette maxime

sublime de justice raisonnée : *Fais à autrui comme tu veux qu'on te fasse*, inspire à tous les hommes cette autre maxime de bonté naturelle bien moins parfaite, mais plus utile peut-être que la précédente : *Fais ton bien avec le moindre mal d'autrui qu'il est possible.* C'est, en un mot, dans ce sentiment naturel, plutôt que dans des arguments subtils, qu'il faut chercher la cause de la répugnance que tout homme éprouverait à mal faire, même indépendamment des maximes de l'éducation. Quoiqu'il puisse appartenir à Socrate, et aux esprits de sa trempe, d'acquérir de la vertu par raison, il y a longtemps que le genre humain ne serait plus, si sa conservation n'eût dépendu que des raisonnements de ceux qui le composent.

Avec des passions si peu actives, et un frein si salutaire, les hommes plutôt farouches que méchants, et plus attentifs à se garantir du mal qu'ils pouvaient recevoir que tentés d'en faire à autrui, n'étaient pas sujets à des démêlés fort dangereux : comme ils n'avaient entre eux aucune espèce de commerce, qu'ils ne connaissaient par conséquent ni la vanité, ni la considération, ni l'estime, ni le mépris, qu'ils n'avaient pas la moindre notion du tien et du mien, ni aucune véritable idée de la justice, qu'ils regardaient les violences qu'ils pouvaient essuyer comme un mal facile à réparer, et non comme une injure qu'il faut punir, et qu'ils ne songeaient pas même à la vengeance si ce n'est peut-être machinalement et sur-le-champ, comme le chien qui mord la pierre qu'on lui jette, leurs disputes eussent eu rarement des suites sanglantes, si elles n'eussent point eu de sujet plus sensible que la pâture : mais j'en vois un plus dangereux, dont il me reste à parler.

Parmi les passions qui agitent le cœur de l'homme, il en est une ardente, impétueuse, qui rend un sexe nécessaire à l'autre, passion terrible qui brave tous les dangers, renverse tous les obstacles, et qui dans ses fureurs semble propre à détruire le genre humain qu'elle est destinée à conserver. Que deviendront les hommes en proie à cette rage effrénée et brutale, sans pudeur, sans retenue, et se disputant chaque jour leurs amours au prix de leur sang?

Il faut convenir d'abord que plus les passions sont violentes, plus les lois sont nécessaires pour les contenir : mais outre que les désordres et les crimes que celles-ci causent tous les jours parmi nous montrent assez l'insuffisance des lois à cet égard, il serait encore bon d'examiner si ces désordres ne sont point nés avec les lois mêmes ; car alors, quand elles seraient capables de les réprimer, ce serait bien le moins qu'on en dût exiger que d'arrêter un mal qui n'existerait point sans elles.

Commençons par distinguer le moral du physique dans le sentiment de l'amour. Le physique est ce désir général qui porte un sexe à s'unir à l'autre ; le moral est ce qui détermine ce désir et le fixe sur un seul objet exclusivement, ou qui du moins lui donne pour cet objet préféré un plus grand degré d'énergie. Or il est facile de voir que le moral de l'amour est un sentiment factice ; né de l'usage de la société, et célébré par les femmes avec beaucoup d'habileté et de soin pour établir leur empire, et rendre dominant le sexe qui devrait obéir. Ce sentiment étant fondé sur certaines notions du mérite ou de la beauté qu'un sauvage n'est point en état d'avoir, et sur des comparaisons qu'il n'est point en état de faire, doit être presque nul pour lui. Car comme son esprit n'a pu se former des idées abstraites de régularité et de proportion, son cœur n'est point non plus susceptible des sentiments d'admiration et d'amour qui, même sans qu'on s'en aperçoive, naissent de l'application de ces idées ; il écoute uniquement le tempérament qu'il a reçu de la nature, et non le goût qu'il n'a pu acquérir, et toute femme est bonne pour lui.

Bornés au seul physique de l'amour, et assez heureux pour ignorer ces préférences qui en irritent le sentiment et en augmentent les difficultés, les hommes doivent sentir moins fréquemment et moins vivement les ardeurs du tempérament et par conséquent avoir entre eux des disputes plus rares, et moins cruelles. L'imagination, qui fait tant de ravages parmi nous, ne parle point à des cœurs sauvages ; chacun attend paisiblement l'impulsion de la nature, s'y livre sans choix, avec plus de plaisir que de fureur, et le besoin satisfait, tout le désir est éteint.

C'est donc une chose incontestable que l'amour même, ainsi que toutes les autres passions, n'a acquis que dans la société cette ardeur impétueuse qui le rend si souvent funeste aux hommes, et il est d'autant plus ridicule de représenter les sauvages comme s'entr'égorgeant sans cesse pour assouvir leur brutalité, que cette opinion est directement contraire à l'expérience, et que les Caraïbes, celui de tous les peuples existants qui jusqu'ici s'est écarté le moins de l'état de nature, sont précisément les plus paisibles dans leurs amours, et les moins sujets à la jalousie, quoique vivant sous un climat brûlant qui semble toujours donner à ces passions une plus grande activité.

A l'égard des inductions qu'on pourrait tirer dans plusieurs espèces d'animaux, des combats des mâles qui ensanglantent en tout temps nos basses-cours ou qui font retentir au printemps nos forêts de leurs cris en se disputant la femelle, il faut commencer par exclure toutes les espèces où la nature a manifestement établi dans la puissance relative des sexes d'autres rapports que parmi nous : ainsi les combats des coqs ne forment point une induction pour l'espèce humaine. Dans les espèces où la proportion est mieux observée, ces combats ne peuvent avoir pour causes que la rareté des femelles eu égard au nombre des mâles, ou les intervalles exclusifs durant lesquels la femelle refuse constamment l'approche du mâle, ce qui revient à la première cause ; car si chaque femelle ne souffre le mâle que durant deux mois de l'année, c'est à cet égard comme si le nombre des femelles était moindre des cinq sixièmes. Or aucun de ces deux cas n'est applicable à l'espèce humaine où le nombre des femelles surpasse généralement celui des mâles, et où l'on n'a jamais observé que même parmi les sauvages les femelles aient, comme celles des autres espèces, des temps de chaleur et d'exclusion. De plus parmi plusieurs de ces animaux, toute l'espèce entrant à la fois en effervescence, il vient un moment terrible d'ardeur commune, de tumulte, de désordre, et de combat : moment qui n'a point lieu parmi l'espèce humaine où l'amour n'est jamais périodique. On ne peut donc pas conclure des combats de certains animaux pour la possession des femelles que la même chose arriverait à l'homme dans l'état de nature ; et quand même on pourrait tirer cette conclusion, comme ces dissensions ne détruisent point les autres espèces, on doit penser au moins qu'elles ne seraient pas plus funestes à la nôtre, et il est très apparent qu'elles y causeraient encore moins de ravage qu'elles ne font dans la société, surtout dans les pays où les mœurs étant encore comptées pour quelque chose, la jalousie des amants et la vengeance des époux causent chaque jour des duels, des meurtres, et pis encore ; où le devoir d'une éternelle fidélité ne sert qu'à faire des adultères, et où les lois mêmes de la continence et de l'honneur étendent nécessairement la débauche, et multiplient les avortements.

Concluons qu'errant dans les forêts sans industrie, sans parole, sans domicile, sans guerre, et sans liaisons, sans nul besoin de ses semblables, comme sans nul désir de leur nuire, peut-être même sans jamais en reconnaître aucun individuellement, l'homme sauvage sujet à peu de passions, et se suffisant à lui-même, n'avait que les sentiments et les lumières propres à cet état, qu'il ne sentait que ses vrais besoins, ne regardait que ce qu'il croyait avoir intérêt de voir, et que son intelligence ne faisait pas plus de progrès que sa vanité. Si par hasard il faisait quelque découverte, il pouvait d'autant moins la communiquer qu'il ne reconnaissait pas même ses enfants. L'art périssait avec l'inventeur ; il n'y avait ni éducation ni progrès, les générations se multipliaient inutilement ; et chacune partant toujours du même point, les siècles s'écoulaient dans toute la grossièreté des premiers âges, l'espèce était déjà vieille, et l'homme restait toujours enfant.

Si je me suis étendu si longtemps sur la supposition de cette condition primitive, c'est qu'ayant d'anciennes erreurs et des préjugés invétérés à détruire, j'ai cru devoir creuser jusqu'à la racine, et montrer dans le tableau du véritable état de nature combien l'inégalité, même naturelle, est loin d'avoir dans cet état autant de réalité et d'influence que le prétendent nos écrivains.

En effet, il est aisé de voir qu'entre les différences qui distinguent les hommes, plusieurs passent pour naturelles qui sont uniquement l'ouvrage de l'habitude et des divers genres de vie que les hommes adoptent dans la société. Ainsi un tempérament robuste ou délicat, la force ou la faiblesse qui en dépendent, viennent souvent plus de la manière dure ou efféminée dont on a été élevé que de la constitution primitive des corps. Il en est de même des forces de l'esprit, et non seulement l'éducation met de la différence entre les esprits cultivés et ceux qui ne le sont pas, mais elle augmente celle qui se trouve entre les premiers à proportion de la culture ; car qu'un géant et un nain marchent sur la même route, chaque pas qu'ils feront l'un et l'autre donnera un nouvel avantage au géant. Or si l'on compare la diversité prodigieuse d'éducations et de genres de vie qui règne dans les différents ordres de l'état civil, avec la simplicité et l'uniformité de la vie animale et sauvage, où tous se nourrissent des mêmes aliments, vivent de la même manière, et font exactement les mêmes choses, on comprendra combien la différence d'homme à homme doit être moindre dans l'état de nature que dans celui de société, et combien l'inégalité naturelle doit augmenter dans l'espèce humaine par l'inégalité d'institution.

Mais quand la nature affecterait dans la distribution de ses dons autant de préférences qu'on le prétend, quel avantage les plus favorisés en tireraient-ils, au préjudice des autres, dans un état de choses qui n'admettrait presque aucune sorte de relation entre eux ? Là où il n'y a point d'amour, de quoi servira la beauté ? Que sert l'esprit à des gens qui ne parlent point, et la ruse à ceux qui n'ont point d'affaires ? J'entends toujours répéter que les plus forts opprimeront les faibles ; mais qu'on m'explique ce qu'on veut dire par ce mot d'oppression.

Les uns domineront avec violence, les autres gémiront asservis à tous leurs caprices : voilà précisément ce que j'observe parmi nous, mais je ne vois pas comment cela pourrait se dire des hommes sauvages, à qui l'on aurait même bien de la peine à faire entendre ce que c'est que servitude et domination. Un homme pourra bien s'emparer des fruits qu'un autre a cueillis, du gibier qu'il a tué, de l'antre qui lui servait l'asile ; mais comment viendra-t-il jamais à bout de s'en faire obéir, et quelles pourront être les chaînes de la dépendance parmi des hommes qui ne possèdent rien ? Si l'on me chasse d'un arbre, j'en suis quitte pour aller à un autre ; si l'on me tourmente dans un lieu, qui m'empêchera de passer ailleurs ? Se trouve-t-il un homme d'une force assez supérieure à la mienne, et, de plus, assez dépravé, assez paresseux, et assez féroce pour me contraindre à pourvoir à sa subsistance pendant qu'il demeure oisif ? Il faut qu'il se résolve à ne pas me perdre de vue un seul instant, à me tenir lié avec un très grand soin durant son sommeil, de peur que je ne m'échappe ou que je ne le tue : c'est-à-dire qu'il est obligé de s'exposer volontairement à une peine beaucoup plus grande que celle qu'il veut éviter, et que celle qu'il me donne à moi-même. Après tout cela, sa vigilance se relâche-t-elle un moment ? Un bruit imprévu lui fait-il détourner la tête ? Je fais vingt pas dans la forêt, mes fers sont brisés, et il ne me revoit de sa vie.

Sans prolonger inutilement ces détails, chacun doit voir que, les liens de la servitude n'étant formés que de la dépendance mutuelle des hommes et des besoins réciproques qui les unissent, il est impossible d'asservir un homme sans l'avoir mis auparavant dans le cas de ne pouvoir se passer d'un autre ; situation qui n'existant pas dans l'état de nature, y laisse chacun libre du joug et rend vaine la loi du plus fort.

Après avoir prouvé que l'inégalité est à peine sensible dans l'état de nature, et que son influence y est presque nulle, il me reste à montrer son origine, et ses progrès dans les développements successifs de l'esprit humain. Après avoir montré que la *perfectibilité*, les vertus

sociales et les autres facultés que l'homme naturel avait
reçues en puissance ne pouvaient jamais se développer
d'elles-mêmes, qu'elles avaient besoin pour cela du
concours fortuit de plusieurs causes étrangères qui
pouvaient ne jamais naître, et sans lesquelles il fût
demeuré éternellement dans sa condition primitive ; il
me reste à considérer et à rapprocher les différents
hasards qui ont pu perfectionner la raison humaine, en
détériorant l'espèce, rendre un être méchant en le
rendant sociable, et d'un terme si éloigné amener enfin
l'homme et le monde au point où nous les voyons.

J'avoue que les événements que j'ai à décrire ayant
pu arriver de plusieurs manières, je ne puis me déterminer sur le choix que par des conjectures ; mais outre que
ces conjectures deviennent des raisons, quand elles sont
les plus probables qu'on puisse tirer de la nature des
choses et les seuls moyens qu'on puisse avoir de découvrir la vérité, les conséquences que je veux déduire des
miennes ne seront point pour cela conjecturales,
puisque, sur les principes que je viens d'établir, on ne
saurait former aucun autre système qui ne me fournisse
les mêmes résultats, et dont je ne puisse tirer les mêmes
conclusions.

Ceci me dispensera d'étendre mes réflexions sur la
manière dont le laps de temps compense le peu de
vraisemblance des événements ; sur la puissance surprenante des causes très légères lorsqu'elles agissent
sans relâche ; sur l'impossibilité où l'on est d'un côté de
détruire certaines hypothèses, si de l'autre on se trouve
hors d'état de leur donner le degré de certitude des
faits ; sur ce que deux faits étant donnés comme réels à
lier par une suite de faits intermédiaires, inconnus ou
regardés comme tels, c'est à l'histoire, quand on l'a, de
donner les faits qui les lient ; c'est à la philosophie, à son
défaut, de déterminer les faits semblables qui peuvent
les lier ; enfin sur ce qu'en matière d'événements la
similitude réduit les faits à un beaucoup plus petit
nombre de classes différentes qu'on ne se l'imagine. Il
me suffit d'offrir ces objets à la considération de mes
juges : il me suffit d'avoir fait en sorte que les lecteurs
vulgaires n'eussent pas besoin de les considérer.

SECONDE PARTIE

Le premier qui, ayant enclos un terrain, s'avisa de dire : *Ceci est à moi*, et trouva des gens assez simples pour le croire, fut le vrai fondateur de la société civile. Que de crimes, de guerres, de meurtres, que de misères et d'horreurs n'eût point épargnés au genre humain celui qui, arrachant les pieux ou comblant le fossé, eût crié à ses semblables : Gardez-vous d'écouter cet imposteur ; vous êtes perdus, si vous oubliez que les fruits sont à tous, et que la terre n'est à personne. Mais il y a grande apparence, qu'alors les choses en étaient déjà venues au point de ne pouvoir plus durer comme elles étaient ; car cette idée de propriété, dépendant de beaucoup d'idées antérieures qui n'ont pu naître que successivement, ne se forma pas tout d'un coup dans l'esprit humain. Il fallut faire bien des progrès, acquérir bien de l'industrie et des lumières, les transmettre et les augmenter d'âge en âge, avant que d'arriver à ce dernier terme de l'état de nature. Reprenons donc les choses de plus haut et tâchons de rassembler sous un seul point de vue cette lente succession d'événements et de connaissances, dans leur ordre le plus naturel.

Le premier sentiment de l'homme fut celui de son existence, son premier soin celui de sa conservation. Les productions de la terre lui fournissaient tous les secours nécessaires, l'instinct le porta à en faire usage. La faim, d'autres appétits lui faisant éprouver tour à tour diverses manières d'exister, il y en eut une qui l'invita à perpétuer son espèce ; et ce penchant aveugle, dépourvu de tout sentiment du cœur, ne produisait qu'un acte purement animal. Le besoin satisfait, les deux sexes ne se reconnaissaient plus, et l'enfant même n'était plus rien à la mère sitôt qu'il pouvait se passer d'elle.

Telle fut la condition de l'homme naissant ; telle fut la

vie d'un animal borné d'abord aux pures sensations, et profitant à peine des dons que lui offrait la nature, loin de songer à lui rien arracher ; mais il se présenta bientôt des difficultés, il fallut apprendre à les vaincre : la hauteur des arbres qui l'empêchait d'atteindre à leurs fruits, la concurrence des animaux qui cherchaient à s'en nourrir, la férocité de ceux qui en voulaient à sa propre vie, tout l'obligea de s'appliquer aux exercices du corps ; il fallut se rendre agile, vite à la course, vigoureux au combat. Les armes naturelles, qui sont les branches d'arbre et les pierres, se trouvèrent bientôt sous sa main. Il apprit à surmonter les obstacles de la nature, à combattre au besoin les autres animaux, à disputer sa subsistance aux hommes mêmes, ou à se dédommager de ce qu'il fallait céder au plus fort.

A mesure que le genre humain s'étendit, les peines se multiplièrent avec les hommes. La différence des terrains, des climats, des saisons, put les forcer à en mettre dans leurs manières de vivre. Des années stériles, des hivers longs et rudes, des étés brûlants qui consument tout, exigèrent d'eux une nouvelle industrie. Le long de la mer, et des rivières, ils inventèrent la ligne et l'hameçon, et devinrent pêcheurs et ichtyophages. Dans les forêts ils se firent des arcs et des flèches, et devinrent chasseurs et guerriers. Dans les pays froids ils se couvrirent des peaux des bêtes qu'ils avaient tuées. Le tonnerre, un volcan, ou quelque heureux hasard, leur fit connaître le feu, nouvelle ressource contre la rigueur de l'hiver : ils apprirent à conserver cet élément, puis à le reproduire, et enfin à en préparer les viandes qu'auparavant ils dévoraient crues.

Cette application réitérée des êtres divers à lui-même, et les uns aux autres, dut naturellement engendrer dans l'esprit de l'homme les perceptions de certains rapports. Ces relations que nous exprimons par les mots de grand, de petit, de fort, de faible, de vite, de lent, de peureux, de hardi, et d'autres idées pareilles, comparées au besoin, et presque sans y songer, produisirent enfin chez lui quelque sorte de réflexion, ou plutôt une prudence machinale qui lui indiquait les précautions les plus nécessaires à sa sûreté.

Les nouvelles lumières qui résultèrent de ce développement augmentèrent sa supériorité sur les autres animaux, en la lui faisant connaître. Il s'exerça à leur dresser des pièges, il leur donna le change en mille manières, et quoique plusieurs le surpassassent en force au combat, ou en vitesse à la course, de ceux qui pouvaient lui servir ou lui nuire, il devint avec le temps le maître des uns, et le fléau des autres. C'est ainsi que le premier regard qu'il porta sur lui-même y produisit le premier mouvement d'orgueil; c'est ainsi que sachant encore à peine distinguer les rangs, et se contemplant au premier par son espèce, il se préparait de loin à y prétendre par son individu.

Quoique ses semblables ne fussent pas pour lui ce qu'ils sont pour nous, et qu'il n'eût guère plus de commerce avec eux qu'avec les autres animaux, ils ne furent pas oubliés dans ses observations. Les conformités que le temps put lui faire apercevoir entre eux, sa femelle et lui-même, le firent juger de celles qu'il n'apercevait pas, et voyant qu'ils se conduisaient tous, comme il aurait fait en de pareilles circonstances, il conclut que leur manière de penser et de sentir était entièrement conforme à la sienne, et cette importante vérité, bien établie dans son esprit, lui fit suivre par un pressentiment aussi sûr et plus prompt que la dialectique les meilleures règles de conduite que pour son avantage et sa sûreté il lui convînt de garder avec eux.

Instruit par l'expérience que l'amour du bien-être est le seul mobile des actions humaines, il se trouva en état de distinguer les occasions rares où l'intérêt commun devait le faire compter sur l'assistance de ses semblables, et celles plus rares encore où la concurrence devait le faire défier d'eux. Dans le premier cas il s'unissait avec eux en troupeau, ou tout au plus par quelque sorte d'association libre qui n'obligeait personne, et qui ne durait qu'autant que le besoin passager qui l'avait formée. Dans le second chacun cherchait à prendre ses avantages, soit à force ouverte s'il croyait le pouvoir, soit par adresse et subtilité s'il se sentait le plus faible.

Voilà comment les hommes purent insensiblement acquérir quelque idée grossière des engagements mutuels, et de l'avantage de les remplir, mais seulement autant que pouvait l'exiger l'intérêt présent et sensible ; car la prévoyance n'était rien pour eux, et loin de s'occuper d'un avenir éloigné, ils ne songeaient pas même au lendemain. S'agissait-il de prendre un cerf, chacun sentait bien qu'il devait pour cela garder fidèlement son poste ; mais si un lièvre venait à passer à la portée de l'un d'eux, il ne faut pas douter qu'il ne le poursuivît sans scrupule, et qu'ayant atteint sa proie il ne se souciât fort peu de faire manquer la leur à ses compagnons.

Il est aisé de comprendre qu'un pareil commerce n'exigeait pas un langage beaucoup plus raffiné que celui des corneilles ou des singes, qui s'attroupent à peu près de même. Des cris inarticulés, beaucoup de gestes et quelques bruits imitatifs durent composer pendant longtemps la langue universelle, à quoi joignant dans chaque contrée quelques sons articulés et conventionnels dont, comme je l'ai déjà dit, il n'est pas trop facile d'expliquer l'institution, on eut des langues particulières, mais grossières, imparfaites, et telles à peu près qu'en ont encore aujourd'hui diverses nations sauvages. Je parcours comme un trait des multitudes de siècles, forcé par le temps qui s'écoule, par l'abondance des choses que j'ai à dire, et par le progrès presque insensible des commencements ; car plus les événements étaient lents à se succéder, plus ils sont prompts à décrire.

Ces premiers progrès mirent enfin l'homme à portée d'en faire de plus rapides. Plus l'esprit s'éclairait, et plus l'industrie se perfectionna. Bientôt cessant de s'endormir sous le premier arbre, ou de se retirer dans des cavernes, on trouva quelques sortes de haches de pierres dures et tranchantes, qui servirent à couper du bois, creuser la terre et faire des huttes de branchages, qu'on s'avisa ensuite d'enduire d'argile et de boue. Ce fut là l'époque d'une première révolution qui forma l'établissement et la distinction des familles, et qui introduisit une sorte de propriété ; d'où peut-être naquirent déjà bien des querelles et des combats. Cependant comme les plus forts furent vraisemblablement les premiers à se faire des logements qu'ils se sentaient capables de défendre, il est à croire que les faibles trouvèrent plus court et plus sûr de les imiter que de tenter de les déloger ; et quant à ceux qui avaient déjà des cabanes, chacun dut peu chercher à s'approprier celle de son voisin, moins parce qu'elle ne lui appartenait pas que parce qu'elle lui était inutile et qu'il ne pouvait s'en emparer, sans s'exposer à un combat très vif avec la famille qui l'occupait.

Les premiers développements du cœur furent l'effet d'une situation nouvelle qui réunissait dans une habitation commune les maris et les femmes, les pères et les enfants ; l'habitude de vivre ensemble fit naître les plus doux sentiments qui soient connus des hommes, l'amour conjugal, et l'amour paternel. Chaque famille devint une petite société d'autant mieux unie que l'attachement réciproque et la liberté en étaient les seuls liens ; et ce fut alors que s'établit la première différence dans la manière de vivre des deux sexes, qui jusqu'ici n'en avaient eu qu'une. Les femmes devinrent plus sédentaires et s'accoutumèrent à garder la cabane et les enfants, tandis que l'homme allait chercher la subsistance commune. Les deux sexes commencèrent aussi par une vie un peu plus molle à perdre quelque chose de leur férocité et de leur vigueur : mais si chacun séparément devint moins propre à combattre les bêtes sauvages, en revanche il fut plus aisé de s'assembler pour leur résister en commun.

Dans ce nouvel état, avec une vie simple et solitaire, des besoins très bornés, et les instruments qu'ils avaient inventés pour y pourvoir, les hommes jouissant d'un fort grand loisir l'employèrent à se procurer plusieurs sortes de commodités inconnues à leurs pères ; et ce fut là le premier joug qu'ils s'imposèrent sans y songer, et la première source de maux qu'ils préparèrent à leurs descendants ; car outre qu'ils continuèrent ainsi à s'amollir le corps et l'esprit, ces commodités ayant par l'habitude perdu presque tout leur agrément, et étant en même temps dégénérées en de vrais besoins, la privation en devint beaucoup plus cruelle que la possession n'en était douce, et l'on était malheureux de les perdre, sans être heureux de les posséder.

On entrevoit un peu mieux ici comment l'usage de la parole s'établit ou se perfectionne insensiblement dans le sein de chaque famille, et l'on peut conjecturer encore comment diverses causes particulières purent étendre le langage, et en accélérer le progrès en le rendant plus nécessaire. De grandes inondations ou des tremblements de terre environnèrent d'eaux ou de précipices des cantons habités ; des révolutions du globe détachèrent et coupèrent en îles des portions du continent. On conçoit qu'entre des hommes ainsi rapprochés et forcés de vivre ensemble, il dut se former un idiome commun plutôt qu'entre ceux qui erraient librement dans les forêts de la terre ferme. Ainsi il est très possible qu'après leurs premiers essais de navigation, des insulaires aient porté parmi nous l'usage de la parole ; et il est au moins très vraisemblable que la société et les langues ont pris naissance dans les îles et s'y sont perfectionnées avant que d'être connues dans le continent.

Tout commence à changer de face. Les hommes errants jusqu'ici dans les bois, ayant pris une assiette plus fixe, se rapprochent lentement, se réunissent en diverses troupes, et forment enfin dans chaque contrée une nation particulière, unie de mœurs et de caractères, non par des règlements et des lois, mais par le même genre de vie et d'aliments, et par l'influence commune du climat. Un voisinage permanent ne peut manquer d'engendrer enfin quelque liaison entre diverses familles. De jeunes gens de différents sexes habitent des cabanes voisines, le commerce passager que demande la nature en amène bientôt un autre non moins doux et plus permanent par la fréquentation mutuelle. On s'accoutume à considérer différents objets et à faire des comparaisons ; on acquiert insensiblement des idées de mérite et de beauté qui produisent des sentiments de préférence. A force de se voir, on ne peut plus se passer de se voir encore. Un sentiment tendre et doux s'insinue dans l'âme, et par la moindre opposition devient une fureur impétueuse : la jalousie s'éveille avec l'amour ; la discorde triomphe et la plus douce des passions reçoit des sacrifices de sang humain.

A mesure que les idées et les sentiments se succèdent, que l'esprit et le cœur s'exercent, le genre humain continue à s'apprivoiser, les liaisons s'étendent et les liens se resserrent. On s'accoutuma à s'assembler devant les cabanes ou autour d'un grand arbre : le chant et la danse, vrais enfants de l'amour et du loisir, devinrent l'amusement ou plutôt l'occupation des hommes et des femmes oisifs et attroupés. Chacun commença à regarder les autres et à vouloir être regardé soi-même, et l'estime publique eut un prix. Celui qui chantait ou dansait le mieux ; le plus beau, le plus fort, le plus adroit ou le plus éloquent devint le plus considéré, et ce fut là le premier pas vers l'inégalité, et vers le vice en même temps : de ces premières préférences naquirent d'un côté la vanité et le mépris, de l'autre la honte et l'envie ; et la fermentation causée par ces nouveaux levains produisit enfin des composés funestes au bonheur et à l'innocence.

Sitôt que les hommes eurent commencé à s'apprécier mutuellement et que l'idée de la considération fut formée dans leur esprit, chacun prétendit y avoir droit, et il ne fut plus possible d'en manquer impunément pour personne. De là sortirent les premiers devoirs de la civilité, même parmi les sauvages, et de là tout tort volontaire devint un outrage, parce qu'avec le mal qui résultait de l'injure, l'offensé y voyait le mépris de sa personne souvent plus insupportable que le mal même. C'est ainsi que chacun punissant le mépris qu'on lui avait témoigné d'une manière proportionnée au cas qu'il faisait de lui-même, les vengeances devinrent terribles, et les hommes sanguinaires et cruels. Voilà précisément le degré où étaient parvenus la plupart des peuples sauvages qui nous sont connus ; et c'est faute d'avoir suffisamment distingué les idées, et remarqué

combien ces peuples étaient déjà loin du premier état de
nature, que plusieurs se sont hâtés de conclure que
l'homme est naturellement cruel et qu'il a besoin de
police pour l'adoucir, tandis que rien n'est si doux que
lui dans son état primitif, lorsque placé par la nature à
des distances égales de la stupidité des brutes et des
lumières funestes de l'homme civil, et borné également
par l'instinct et par la raison à se garantir du mal qui le
menace, il est retenu par la pitié naturelle de faire
lui-même du mal à personne, sans y être porté par rien,
même après en avoir reçu. Car, selon l'axiome du sage
Locke, *il ne saurait y avoir d'injure, où il n'y a point de
propriété.*

Mais il faut remarquer que la société commencée et
les relations déjà établies entre les hommes exigeaient
en eux des qualités différentes de celles qu'ils tenaient
de leur constitution primitive ; que la moralité commençant à s'introduire dans les actions humaines, et chacun
avant les lois étant seul juge et vengeur des offenses u'il
avait reçues, la bonté convenable au pur état de nature
n'était plus celle qui convenait à la société naissante ;
qu'il fallait que les punitions devinssent plus sévères à
mesure que les occasions d'offenser devenaient plus
fréquentes, et que c'était à la terreur des vengeances de
tenir lieu du frein des lois. Ainsi quoique les hommes
fussent   devenus   moins   endurants,   et   que
la pitié naturelle eût déjà souffert quelque altération,
cette période du développement des facultés humaines, tenant un juste milieu entre l'indolence de
l'état primitif et la pétulante activité de notre amour-
propre, dut être l'époque la plus heureuse et la plus
durable. Plus on y réfléchit, plus on trouve que cet état
était le moins sujet aux révolutions, le meilleur à
l'homme[1], et qu'il n'en a dû sortir que par quelque

1. C'est une chose extrêmement remarquable que depuis tant
d'années que les Européens se tourmentent pour amener les sauvages
des diverses contrées du monde à leur manière de vivre, ils n'aient pas
pu encore en gagner un seul, non pas même à la faveur du christianisme ; car nos missionnaires en font quelquefois des chrétiens, mais
jamais des hommes civilisés. Rien ne peut surmonter l'invincible
répugnance qu'ils ont à prendre nos mœurs et vivre à notre manière.
Si ces pauvres sauvages sont aussi malheureux qu'on le prétend, par

quelle inconcevable dépravation de jugement refusent-ils constamment de se policer à notre imitation ou d'apprendre à vivre heureux parmi nous ; tandis qu'on lit en mille endroits que des Français et d'autres Européens se sont réfugiés volontairement parmi ces nations, y ont passé leur vie entière, sans pouvoir plus quitter une si étrange manière de vivre, et qu'on voit même des missionnaires sensés regretter avec attendrissement les jours calmes et innocents qu'ils ont passés chez ces peuples si méprisés ? Si l'on répond qu'ils n'ont pas assez de lumières pour juger sainement de leur état et du nôtre, je répliquerai que l'estimation du bonheur est moins l'affaire de la raison que du sentiment. D'ailleurs cette réponse peut se rétorquer contre nous avec plus de force encore ; car il y a plus loin de nos idées à la disposition d'esprit où il faudrait être pour concevoir le goût que trouvent les sauvages à leur manière de vivre que des idées des sauvages à celles qui peuvent leur faire concevoir la nôtre. En effet, après quelques observations il leur est aisé de voir que tous nos travaux se dirigent sur deux seuls objets, savoir, pour soi les commodités de la vie, et la considération parmi les autres. Mais le moyen pour nous d'imaginer la sorte de plaisir qu'un sauvage prend à passer sa vie seul au milieu des bois ou à la pêche, ou à souffler dans une mauvaise flûte, sans jamais savoir en tirer un seul ton et sans se soucier de l'apprendre ?

On a plusieurs fois amené des sauvages à Paris, à Londres et dans d'autres villes ; on s'est empressé de leur étaler notre luxe, nos richesses et tous nos arts les plus utiles et les plus curieux ; tout cela n'a jamais excité chez eux qu'une admiration stupide, sans le moindre mouvement de convoitise. Je me souviens entre autres de l'histoire d'un chef de quelques Américains septentrionaux qu'on mena à la cour d'Angleterre il y a une trentaine d'années. On lui fit passer mille choses devant les yeux pour chercher à lui faire quelque présent qui pût lui plaire, sans qu'on trouvât rien dont il parut se soucier. Nos armes lui semblaient lourdes et incommodes, nos souliers lui blessaient les pieds, nos habits le gênaient, il rebutait tout ; enfin on s'aperçut qu'ayant pris une couverture de laine, il semblait prendre plaisir à s'en envelopper les épaules ; vous conviendrez, au moins, lui dit-on aussitôt, de l'utilité de ce meuble ? Oui, répondit-il, cela me paraît presque aussi bon qu'une peau de bête. Encore n'eût-il pas dit cela s'il eût porté l'une et l'autre à la pluie.

Peut-être me dira-t-on que c'est l'habitude qui, attachant chacun à sa manière de vivre, empêche les sauvages de sentir ce qu'il y a de bon dans la nôtre. Et sur ce pied-là il doit paraître au moins fort extraordinaire que l'habitude ait plus de force pour maintenir les sauvages dans le goût de leur misère que les Européens dans la jouissance de leur félicité. Mais pour faire à cette dernière objection une réponse à laquelle il n'y ait pas un mot à répliquer, sans alléguer tous les jeunes sauvages qu'on s'est vainement efforcé de civiliser ; sans parler des Groenlandais et des habitants de l'Islande, qu'on a tenté d'élever et nourrir en Danemark, et que la tristesse et le désespoir ont tous fait périr, soit de langueur, soit dans la mer où ils avaient tenté de regagner leur pays à la nage ; je me contenterai de

funeste hasard qui pour l'utilité commune eût dû ne jamais arriver. L'exemple des sauvages qu'on a presque tous trouvés à ce point semble confirmer que le genre humain était fait pour y rester toujours, que cet état est la véritable jeunesse du monde, et que tous les progrès ultérieurs ont été en apparence autant de pas vers la perfection de l'individu, et en effet vers la décrépitude de l'espèce.

Tant que les hommes se contentèrent de leurs cabanes rustiques, tant qu'ils se bornèrent à coudre leurs habits de peaux avec des épines ou des arêtes, à se parer de plumes et de coquillages, à se peindre le corps de diverses couleurs, à perfectionner ou embellir leurs arcs et leurs flèches, à tailler avec des pierres tranchantes quelques canots de pêcheurs ou quelques grossiers instruments de musique, en un mot tant qu'ils ne s'appliquèrent qu'à des ouvrages qu'un seul pouvait faire, et qu'à des arts qui n'avaient pas besoin du

---

citer un seul exemple bien attesté, et que je donne à examiner aux admirateurs de la police européenne.

« Tous les efforts des missionnaires hollandais du cap de Bonne-« Espérance n'ont jamais été capables de convertir un seul Hottentot. « Van der Stel, gouverneur du Cap, en ayant pris un dès l'enfance, le « fit élever dans les principes de la religion chrétienne et dans la « pratique des usages de l'Europe. On le vêtit richement, on lui fit « apprendre plusieurs langues et ses progrès répondirent fort bien « aux soins qu'on prit pour son éducation. Le gouverneur, espérant « beaucoup de son esprit, l'envoya aux Indes avec un commissaire « général qui l'employa utilement aux affaires de la Compagnie. Il « revint au Cap après la mort du commissaire. Peu de jours après son « retour, dans une visite qu'il rendit à quelques Hottentots de ses « parents, il prit le parti de se dépouiller de sa parure européenne « pour se revêtir d'une peau de brebis. Il retourna au fort, dans ce « nouvel ajustement, chargé d'un paquet qui contenait ses anciens « habits, et les présentant au gouverneur il lui tint ce discours (voy. le « frontispice). *Ayez la bonté, monsieur, de faire attention que je « renonce pour toujours à cet appareil. Je renonce aussi pour toute ma vie à « la religion chrétienne, ma résolution est de vivre et mourir dans la « religion, les manières et les usages de mes ancêtres. L'unique grâce que je « vous demande est de me laisser le collier et le coutelas que je porte. Je les « garderai pour l'amour de vous.* » Aussitôt, sans attendre la réponse de « Van der Stel, il se déroba par la fuite et jamais on ne le revit au « Cap. » *Histoire des voyages*, tome 5, p. 175.

concours de plusieurs mains, ils vécurent libres, sains, bons et heureux autant qu'ils pouvaient l'être par leur nature, et continuèrent à jouir entre eux des douceurs d'un commerce indépendant : mais dès l'instant qu'un homme eut besoin du secours d'un autre ; dès qu'on s'aperçut qu'il était utile à un seul d'avoir des provisions pour deux, l'égalité disparut, la propriété s'introduisit, le travail devint nécessaire et les vastes forêts se changèrent en des campagnes riantes qu'il fallut arroser de la sueur des hommes, et dans lesquelles on vit bientôt l'esclavage et la misère germer et croître avec les moissons.

La métallurgie et l'agriculture furent les deux arts dont l'invention produisit cette grande révolution. Pour le poète, c'est l'or et l'argent, mais pour le philosophe ce sont le fer et le blé qui ont civilisé les hommes et perdu le genre humain ; aussi l'un et l'autre étaient-ils inconnus aux sauvages de l'Amérique qui pour cela sont toujours demeurés tels ; les autres peuples semblent même être restés barbares tant qu'ils ont pratiqué l'un de ces arts sans l'autre ; et l'une des meilleures raisons peut-être pourquoi l'Europe a été, sinon plus tôt, du moins plus constamment et mieux policée que les autres parties du monde, c'est qu'elle est à la fois la plus abondante en fer et la plus fertile en blé.

Il est très difficile de conjecturer comment les hommes sont parvenus à connaître et employer le fer : car il n'est pas croyable qu'ils aient imaginé d'eux-mêmes de tirer la matière de la mine et de lui donner les préparations nécessaires pour la mettre en fusion avant que de savoir ce qui en résulterait. D'un autre côté on peut d'autant moins attribuer cette découverte à quelque incendie accidentel que les mines ne se forment que dans des lieux arides et dénués d'arbres et de plantes, de sorte qu'on dirait que la nature avait pris des précautions pour nous dérober ce fatal secret. Il ne reste donc que la circonstance extraordinaire de quelque volcan qui, vomissant des matières métalliques en fusion, aura donné aux observateurs l'idée d'imiter cette opération de la nature ; encore faut-il leur suppo-

ser bien du courage et de la prévoyance pour entreprendre un travail aussi pénible et envisager d'aussi loin
les avantages qu'ils en pouvaient retirer; ce qui ne
convient guère qu'à des esprits déjà plus exercés que
ceux-ci ne le devaient être.

Quant à l'agriculture, le principe en fut connu longtemps avant que la pratique en fût établie, et il n'est
guère possible que les hommes sans cesse occupés à
tirer leur subsistance des arbres et des plantes n'eussent
assez promptement l'idée des voies que la nature
emploie pour la génération des végétaux; mais leur
industrie ne se tourna probablement que fort tard de ce
côté-là, soit parce que les arbres, qui avec la chasse et la
pêche fournissaient à leur nourriture, n'avaient pas
besoin de leurs soins, soit faute de connaître l'usage du
blé, soit faute d'instruments pour le cultiver, soit faute
de prévoyance pour le besoin à venir, soit enfin faute de
moyens pour empêcher les autres de s'approprier le
fruit de leur travail. Devenus plus industrieux, on peut
croire qu'avec des pierres aiguës et des bâtons pointus
ils commencèrent par cultiver quelques légumes ou
racines autour de leurs cabanes, longtemps avant de
savoir préparer le blé, et d'avoir les instruments nécessaires pour la culture en grand, sans compter que, pour
se livrer à cette occupation et ensemencer des terres, il
faut se résoudre à perdre d'abord quelque chose pour
gagner beaucoup dans la suite; précaution fort éloignée
du tour d'esprit de l'homme sauvage qui, comme je l'ai
dit, a bien de la peine à songer le matin à ses besoins du
soir.

L'invention des autres arts fut donc nécessaire pour
forcer le genre humain de s'appliquer à celui de l'agriculture. Dès qu'il fallut des hommes pour fondre et
forger le fer, il fallut d'autres hommes pour nourrir
ceux-là. Plus le nombre des ouvriers vint à se multiplier, moins il y eut de mains employées à fournir à la
subsistance commune, sans qu'il y eût moins de
bouches pour la consommer; et comme il fallut aux uns
des denrées en échange de leur fer, les autres trouvèrent
enfin le secret d'employer le fer à la multiplication des

denrées. De là naquirent d'un côté le labourage et l'agriculture, et de l'autre l'art de travailler les métaux et d'en multiplier les usages.

De la culture des terres s'ensuivit nécessairement leur partage, et de la propriété une fois reconnue les premières règles de justice : car pour rendre à chacun le sien, il faut que chacun puisse avoir quelque chose ; de plus les hommes commençant à porter leurs vues dans l'avenir et se voyant tous quelques biens à perdre, il n'y en avait aucun qui n'eût à craindre pour soi la représaille des torts qu'il pouvait faire à autrui. Cette origine est d'autant plus naturelle qu'il est impossible de concevoir l'idée de la propriété naissante d'ailleurs que de la main-d'œuvre ; car on ne voit pas ce que, pour s'approprier les choses qu'il n'a point faites, l'homme y peut mettre de plus que son travail. C'est le seul travail qui donnant droit au cultivateur sur le produit de la terre qu'il a labourée lui en donne par conséquent sur le fond, au moins jusqu'à la récolte, et ainsi d'année en année, ce qui faisant une possession continue, se transforme aisément en propriété. Lorsque les Anciens, dit Grotius, ont donné à Cérès l'épithète de législatrice, et à une fête célébrée en son honneur le nom de Thesmophories, ils ont fait entendre par là que le partage des terres a produit une nouvelle sorte de droit. C'est-à-dire le droit de propriété différent de celui qui résulte de la loi naturelle.

Les choses en cet état eussent pu demeurer égales, si les talents eussent été égaux, et que, par exemple, l'emploi du fer et la consommation des denrées eussent toujours fait une balance exacte ; mais la proportion que rien ne maintenait fut bientôt rompue ; le plus fort faisait plus d'ouvrage ; le plus adroit tirait meilleur parti du sien ; le plus ingénieux trouvait des moyens d'abréger le travail ; le laboureur avait plus besoin de fer, ou le forgeron plus besoin de blé, et en travaillant également, l'un gagnait beaucoup tandis que l'autre avait peine à vivre. C'est ainsi que l'inégalité naturelle se déploie insensiblement avec celle de combinaison et que les différences des hommes, développées par celles des circonstances, se rendent plus sensibles, plus permanentes dans leurs effets, et commencent à influer dans la même proportion sur le sort des particuliers.

Les choses étant parvenues à ce point, il est facile d'imaginer le reste. Je ne m'arrêterai pas à décrire l'invention successive des autres arts, le progrès des langues, l'épreuve et l'emploi des talents, l'inégalité des fortunes, l'usage ou l'abus des richesses, ni tous les détails qui suivent ceux-ci, et que chacun peut aisément suppléer. Je me bornerai seulement à jeter un coup d'œil sur le genre humain placé dans ce nouvel ordre de choses.

Voilà donc toutes nos facultés développées, la mémoire et l'imagination en jeu, l'amour-propre intéressé, la raison rendue active et l'esprit arrivé presque au terme de la perfection, dont il est susceptible. Voilà toutes les qualités naturelles mises en action, le rang et le sort de chaque homme établi, non seulement sur la quantité des biens et le pouvoir de servir ou de nuire, mais sur l'esprit, la beauté, la force ou l'adresse, sur le mérite ou les talents, et ces qualités étant les seules qui pouvaient attirer de la considération, il fallut bientôt les avoir ou les affecter, il fallut pour son avantage se montrer autre que ce qu'on était en effet. Etre et paraître devinrent deux choses tout à fait différentes, et de cette distinction sortirent le faste imposant, la ruse trompeuse, et tous les vices qui en sont le cortège. D'un autre côté, de libre et indépendant qu'était auparavant l'homme, le voilà par une multitude de nouveaux besoins assujetti, pour ainsi dire, à toute la nature, et surtout à ses semblables dont il devient l'esclave en un sens, même en devenant leur maître ; riche, il a besoin de leurs services ; pauvre, il a besoin de leur secours, et la médiocrité ne le met point en état de se passer d'eux. Il faut donc qu'il cherche sans cesse à les intéresser à son sort, et à leur faire trouver en effet ou en apparence leur profit à travailler pour le sien : ce qui le rend fourbe et artificieux avec les uns, impérieux et dur avec les autres, et le met dans la nécessité d'abuser tous ceux dont il a besoin, quand il ne peut s'en faire craindre, et

qu'il ne trouve pas son intérêt à les servir utilement.
Enfin l'ambition dévorante, l'ardeur d'élever sa fortune
relative, moins par un véritable besoin que pour se
mettre au-dessus des autres, inspire à tous les hommes
un noir penchant à se nuire mutuellement, une jalousie
secrète d'autant plus dangereuse que, pour faire son
coup plus en sûreté, elle prend souvent le masque de la
bienveillance ; en un mot, concurrence et rivalité d'une
part, de l'autre opposition d'intérêt, et toujours le désir
caché de faire son profit aux dépens d'autrui, tous ces
maux sont le premier effet de la propriété et le cortège
inséparable de l'inégalité naissante.

Avant qu'on eût inventé les signes représentatifs des
richesses, elles ne pouvaient guère consister qu'en
terres et en bestiaux, les seuls biens réels que les
hommes puissent posséder. Or quand les héritages se
furent accrus en nombre et en étendue au point de
couvrir le sol entier et de se toucher tous, les uns ne
purent plus s'agrandir qu'aux dépens des autres, et les
surnuméraires que la faiblesse ou l'indolence avaient
empêchés d'en acquérir à leur tour, devenus pauvres
sans avoir rien perdu, parce que, tout changeant autour
d'eux, eux seuls n'avaient point changé, furent obligés
de recevoir ou de ravir leur subsistance de la main des
riches, et de là commencèrent à naître, selon les divers
caractères des uns et des autres, la domination et la
servitude, ou la violence et les rapines. Les riches de
leur côté connurent à peine le plaisir de dominer, qu'ils
dédaignèrent bientôt tous les autres, et se servant de
leurs anciens esclaves pour en soumettre de nouveaux,
ils ne songèrent qu'à subjuguer et asservir leurs voisins ;
semblables à ces loups affamés qui ayant une fois goûté
de la chair humaine rebutent toute autre nourriture et
ne veulent plus que dévorer des hommes.

C'est ainsi que les plus puissants ou les plus misérables, se faisant de leur force ou de leurs besoins une
sorte de droit au bien d'autrui, équivalent, selon eux, à
celui de propriété, l'égalité rompue fut suivie du plus
affreux désordre : c'est ainsi que les usurpations des
riches, les brigandages des pauvres, les passions effré-

nées de tous étouffant la pitié naturelle, et la voix encore faible de la justice, rendirent les hommes avares, ambitieux et méchants. Il s'élevait entre le droit du plus fort et le droit du premier occupant un conflit perpétuel qui ne se terminait que par des combats et des meurtres[1]. a société naissante fit place au plus horrible état de guerre : le genre humain avili et désolé, ne pouvant plus retourner sur ses pas ni renoncer aux acquisitions malheureuses qu'il avait faites et ne travaillant qu'à sa honte, par l'abus des facultés qui l'honorent, se mit lui-même à la veille de sa ruine.

> *Attonitus novitate mali, divesque miserque,*
> *Effugere optat opes, et quæ modò voverat, odit.*

Il n'est pas possible que les hommes n'aient fait enfin des réflexions sur une situation aussi misérable, et sur les calamités dont ils étaient accablés. Les riches surtout durent bientôt sentir combien leur était désavantageuse une guerre perpétuelle dont ils faisaient seuls tous les frais et dans laquelle le risque de la vie était commun et celui des biens, particulier. D'ailleurs, quelque couleur qu'ils pussent donner à leurs usurpations, ils sentaient assez qu'elles n'étaient établies que sur un droit précaire et abusif et que n'ayant été acquises que par la force, la force pouvait les leur ôter sans qu'ils eussent

---

1. On pourrait m'objecter que dans un pareil désordre les hommes au lieu de s'entr'égorger opiniâtrement se seraient dispersés, s'il n'y avait point eu de bornes à leur dispersion. Mais premièrement ces bornes eussent au moins été celles du monde, et si l'on pense à l'excessive population qui résulte de l'état de nature, on jugera que la terre dans cet état n'eût pas tardé à être couverte d'hommes ainsi forcés à se tenir rassemblés. D'ailleurs, ils se seraient dispersés, si le mal avait été rapide et que c'eût été un changement fait du jour au lendemain ; mais ils naissaient sous le joug ; ils avaient l'habitude de le porter quand ils en sentaient la pesanteur, et ils se contentaient d'attendre l'occasion de le secouer. Enfin, déjà accoutumés à mille commodités qui les forçaient à se tenir rassemblés, la dispersion n'était plus si facile que dans les premiers temps où nul n'ayant besoin que de soi-même, chacun prenait son parti sans attendre le consentement d'un autre.

raison de s'en plaindre. Ceux mêmes que la seule industrie avait enrichis ne pouvaient guère fonder leur propriété sur de meilleurs titres. Ils avaient beau dire : C'est moi qui ai bâti ce mur ; j'ai gagné ce terrain par mon travail. Qui vous a donné les alignements, leur pouvait-on répondre, et en vertu de quoi prétendez-vous être payé à nos dépens d'un travail que nous ne vous avons point imposé ? Ignorez-vous qu'une multitude de vos frères périt, ou souffre du besoin de ce que vous avez de trop, et qu'il vous fallait un consentement exprès et unanime du genre humain pour vous approprier sur la subsistance commune tout ce qui allait au-delà de la vôtre ? Destitué de raisons valables pour se justifier, et de forces suffisantes pour se défendre ; écrasant facilement un particulier, mais écrasé lui-même par des troupes de bandits, seul contre tous, et ne pouvant à cause des jalousies mutuelles s'unir avec ses égaux contre des ennemis unis par l'espoir commun du pillage, le riche, pressé par la nécessité, conçut enfin le projet le plus réfléchi qui soit jamais entré dans l'esprit humain ; ce fut d'employer en sa faveur les forces mêmes de ceux qui l'attaquaient, de faire ses défenseurs de ses adversaires, de leur inspirer d'autres maximes, et de leur donner d'autres institutions qui lui fussent aussi favorables que le droit naturel lui était contraire.

Dans cette vue, après avoir exposé à ses voisins l'horreur d'une situation qui les armait tous les uns contre les autres, qui leur rendait leurs possessions aussi onéreuses que leurs besoins, et où nul ne trouvait sa sûreté ni dans la pauvreté ni dans la richesse, il inventa aisément des raisons spécieuses pour les amener à son but. « Unissons-nous, leur dit-il, pour garantir de « l'oppression les faibles, contenir les ambitieux, et « assurer à chacun la possession de ce qui lui appar- « tient. Instituons des règlements de justice et de paix « auxquels tous soient obligés de se conformer, qui ne « fassent acception de personne, et qui réparent en « quelque sorte les caprices de la fortune en soumettant « également le puissant et le faible à des devoirs « mutuels. En un mot, au lieu de tourner nos forces

« contre nous-mêmes, rassemblons-les en un pouvoir
« suprême qui nous gouverne selon de sages lois, qui
« protège et défende tous les membres de l'association,
« repousse les ennemis communs et nous maintienne
« dans une concorde éternelle. »

Il en fallut beaucoup moins que l'équivalent de ce
discours pour entraîner des hommes grossiers, faciles à
séduire, qui d'ailleurs avaient trop d'affaires à démêler
entre eux pour pouvoir se passer d'arbitres, et trop
d'avarice et d'ambition, pour pouvoir longtemps se
passer de maîtres. Tous coururent au-devant de leurs
fers croyant assurer leur liberté ; car avec assez de raison
pour sentir les avantages d'un établissement politique,
ils n'avaient pas assez d'expérience pour en prévoir les
dangers ; les plus capables de pressentir les abus étaient
précisément ceux qui comptaient d'en profiter, et les
sages mêmes virent qu'il fallait se résoudre à sacrifier
une partie de leur liberté à la conservation de l'autre,
comme un blessé se fait couper le bras pour sauver le
reste du corps.

Telle fut, ou dut être, l'origine de la société et des
lois, qui donnèrent de nouvelles entraves au faible et de
nouvelles forces au riche[1], détruisirent sans retour la
liberté naturelle, fixèrent pour jamais la loi de la propriété et de l'inégalité, d'une adroite usurpation firent
un droit irrévocable, et pour le profit de quelques
ambitieux assujettirent désormais tout le genre humain
au travail, à la servitude et à la misère. On voit aisément
comment l'établissement d'une seule société rendit
indispensable celui de toutes les autres, et comment,
pour faire tête à des forces unies, il fallut s'unir à son
tour. Les sociétés se multipliant ou s'étendant rapide-

1. Le maréchal de V*** contait que dans une de ses campagnes,
les excessives friponneries d'un entrepreneur des vivres ayant fait
souffrir et murmurer l'armée, il le tança vertement et le menaça de le
faire pendre. Cette menace ne me regarde pas, lui répondit hardiment
le fripon, et je suis bien aise de vous dire qu'on ne pend point un
homme qui dispose de cent mille écus. Je ne sais comment cela se fit,
ajoutait naïvement le maréchal, mais en effet il ne fut point pendu,
quoiqu'il eût cent fois mérité de l'être.

ment couvrirent bientôt toute la surface de la terre, et il ne fut plus possible de trouver un seul coin dans l'univers où l'on pût s'affranchir du joug et soustraire sa tête au glaive souvent mal conduit que chaque homme vit perpétuellement suspendu sur la sienne. Le droit civil étant ainsi devenu la règle commune des citoyens, la loi de nature n'eut plus lieu qu'entre les diverses sociétés, où, sous le nom de droit des gens, elle fut tempérée par quelques conventions tacites pour rendre le commerce possible et suppléer à la commisération naturelle, qui, perdant de société à société presque toute la force qu'elle avait d'homme à homme, ne réside plus que dans quelques grandes âmes cosmopolites, qui franchissent les barrières imaginaires qui séparent les peuples, et qui, à l'exemple de l'être souverain qui les a créés, embrassent tout le genre humain dans leur bien-veillance.

Les corps politiques restant ainsi entre eux dans l'état de nature se ressentirent bientôt des inconvénients qui avaient forcé les particuliers d'en sortir, et cet état devint encore plus funeste entre ces grands corps qu'il ne l'avait été auparavant entre les individus dont ils étaient composés. De là sortirent les guerres nationales, les batailles, les meurtres, les représailles qui font frémir la nature et choquent la raison, et tous ces préjugés horribles qui placent au rang des vertus l'honneur de répandre le sang humain. Les plus honnêtes gens apprirent à compter parmi leurs devoirs celui d'égorger leurs semblables; on vit enfin les hommes se massacrer par milliers sans savoir pourquoi; et il se commettait plus de meurtres en un seul jour de combat et plus d'horreurs à la prise d'une seule ville qu'il ne s'en était commis dans l'état de nature durant des siècles entiers sur toute la face de la terre. Tels sont les premiers effets qu'on entrevoit de la division du genre humain en différentes sociétés. Revenons à leur institution.

Je sais que plusieurs ont donné d'autres origines aux sociétés politiques, comme les conquêtes du plus puissant ou l'union des faibles, et le choix entre ces causes

est indifférent à ce que je veux établir : cependant celle
que je viens d'exposer me paraît la plus naturelle par les
raisons suivantes : 1. Que dans le premier cas, le droit
de conquête n'étant point un droit n'en a pu fonder
aucun autre, le conquérant et les peuples conquis
restant toujours entre eux dans l'état de guerre, à moins
que la nation remise en pleine liberté ne choisisse
volontairement son vainqueur pour son chef.
Jusque-là, quelques capitulations qu'on ait faites,
comme elles n'ont été fondées que sur la violence, et
que par conséquent elles sont nulles par le fait même, il
ne peut y avoir dans cette hypothèse ni véritable société,
ni corps politique, ni d'autre loi que celle du plus fort.
2. Que ces mots de *fort* et de *faible* sont équivoques
dans le second cas; que dans l'intervalle qui se trouve
entre l'établissement du droit de propriété ou de premier occupant, et celui des gouvernements politiques,
le sens de ces termes est mieux rendu par ceux de
pauvre et de *riche*, parce qu'en effet un homme n'avait
point avant les lois d'autre moyen d'assujettir ses égaux
qu'en attaquant leur bien, ou leur faisant quelque part
du sien. 3. Que les pauvres n'ayant rien à perdre que
leur liberté, c'eût été une grande folie à eux de s'ôter
volontairement le seul bien qui leur restait pour ne rien
gagner en échange; qu'au contraire les riches étant,
pour ainsi dire, sensibles dans toutes les parties de leurs
biens, il était beaucoup plus aisé de leur faire du mal,
qu'ils avaient par conséquent plus de précautions à
prendre pour s'en garantir et qu'enfin il est raisonnable
de croire qu'une chose a été inventée par ceux à qui elle
est utile plutôt que par ceux à qui elle fait du tort.

Le gouvernement naissant n'eut point une forme
constante et régulière. Le défaut de philosophie et
d'expérience ne laissait apercevoir que les inconvénients présents, et l'on ne songeait à remédier aux
autres qu'à mesure qu'ils se présentaient. Malgré tous
les travaux des plus sages législateurs, l'état politique
demeura toujours imparfait, parce qu'il était presque
l'ouvrage du hasard, et que, mal commencé, le temps
en découvrant les défauts et suggérant des remèdes, ne

put jamais réparer les vices de la constitution. On raccommodait sans cesse, au lieu qu'il eût fallu commencer par nettoyer l'aire et écarter tous les vieux matériaux, comme fit Lycurgue à Sparte, pour élever ensuite un bon édifice. La société ne consista d'abord qu'en quelques conventions générales que tous les particuliers s'engageaient à observer et dont la communauté se rendait garante envers chacun d'eux. Il fallut que l'expérience montrât combien une pareille constitution était faible, et combien il était facile aux infracteurs d'éviter la conviction ou le châtiment des fautes dont le public seul devait être le témoin et le juge ; il fallut que la loi fût éludée de mille manières ; il fallut que les inconvénients et les désordres se multipliassent continuellement, pour qu'on songeât enfin à confier à des particuliers le dangereux dépôt de l'autorité publique et qu'on commît à des magistrats le soin de faire observer les délibérations du peuple : car de dire que les chefs furent choisis avant que la confédération fût faite et que les ministres des lois existèrent avant les lois mêmes, c'est une supposition qu'il n'est pas permis de combattre sérieusement.

Il ne serait pas plus raisonnable de croire que les peuples se sont d'abord jetés entre les bras d'un maître absolu, sans conditions et sans retour, et que le premier moyen de pourvoir à la sûreté commune qu'aient imaginé des hommes fiers et indomptés a été de se précipiter dans l'esclavage. En effet, pourquoi se sont-ils donné des supérieurs, si ce n'est pour les défendre contre l'oppression, et protéger leurs biens, leurs libertés, et leurs vies, qui sont, pour ainsi dire, les éléments constitutifs de leur être ? Or, dans les relations d'homme à homme, le pis qui puisse arriver à l'un étant de se voir à la discrétion de l'autre, n'eût-il pas été contre le bon sens de commencer par se dépouiller entre les mains d'un chef des seules choses pour la conservation desquelles ils avaient besoin de son secours ? Quel équivalent eût-il pu leur offrir pour la concession d'un si beau droit ; et, s'il eût osé l'exiger sous le prétexte de les défendre, n'eût-il pas aussitôt reçu la réponse de l'apologue : Que nous fera de plus l'ennemi ? Il est donc incontestable, et c'est la maxime fondamentale de tout le droit politique, que les peuples se sont donné des chefs pour défendre leur liberté et non pour les asservir. *Si nous avons un prince*, disait Pline à Trajan, c'est afin qu'il nous préserve d'avoir un maître.

Les politiques font sur l'amour de la liberté les mêmes sophismes que les philosophes ont faits sur l'état de nature ; par les choses qu'ils voient ils jugent des choses très différentes qu'ils n'ont pas vues et ils attribuent aux hommes un penchant naturel à la servitude par la patience avec laquelle ceux qu'ils ont sous les yeux supportent la leur, sans songer qu'il en est de la liberté comme de l'innocence et de la vertu, dont on ne sent le prix qu'autant qu'on en jouit soi-même et dont le goût se perd sitôt qu'on les a perdues. Je connais les délices de ton pays, disait Brasidas à un satrape qui comparait la vie de Sparte à celle de Persépolis, mais tu ne peux connaître les plaisirs du mien.

Comme un coursier indompté hérisse ses crins, frappe la terre du pied et se débat impétueusement à la seule approche du mors, tandis qu'un cheval dressé souffre patiemment la verge et l'éperon, l'homme barbare ne plie point sa tête au joug que l'homme civilisé porte sans murmure, et il préfère la plus orageuse liberté à un assujettissement tranquille. Ce n'est donc pas par l'avilissement des peuples asservis qu'il faut juger des dispositions naturelles de l'homme pour ou contre la servitude, mais par les prodiges qu'ont faits tous les peuples libres pour se garantir de l'oppression. Je sais que les premiers ne font que vanter sans cesse la paix et le repos dont ils jouissent dans leurs fers, et que *miserrimam servitutem pacem appellant*, mais quand je vois les autres sacrifier les plaisirs, le repos, la richesse, la puissance et la vie même à la conservation de ce seul bien si dédaigné de ceux qui l'ont perdu ; quand je vois des animaux nés libres et abhorrant la captivité se briser la tête contre les barreaux de leur prison, quand je vois des multitudes de sauvages tout nus mépriser les voluptés européennes et braver la faim, le feu, le fer et la mort pour ne conserver que leur indépendance, je sens que ce n'est pas à des esclaves qu'il appartient de raisonner de liberté.

Quant à l'autorité paternelle dont plusieurs ont fait dériver le gouvernement absolu et toute la société, sans recourir aux preuves contraires de Locke et de Sidney, il suffit de remarquer que rien au monde n'est plus éloigné de l'esprit féroce du despotisme que la douceur de cette autorité qui regarde plus à l'avantage de celui qui obéit qu'à l'utilité de celui qui commande, que par la loi de nature le père n'est le maître de l'enfant qu'aussi longtemps que son secours lui est nécessaire, qu'au-delà de ce terme ils deviennent égaux et qu'alors le fils, parfaitement indépendant du père, ne lui doit que du respect, et non de l'obéissance ; car la reconnaissance est bien un devoir qu'il faut rendre, mais non pas un droit qu'on puisse exiger. Au lieu de dire que la société civile dérive du pouvoir paternel, il fallait dire au contraire que c'est d'elle que ce pouvoir tire sa principale force : un individu ne fut reconnu pour le père de plusieurs que quand ils restèrent assemblés autour de lui. Les biens du père, dont il est véritablement le maître, sont les liens qui retiennent ses enfants dans sa dépendance, et il peut ne leur donner part à sa succession qu'à proportion qu'ils auront bien mérité de lui par une continuelle déférence à ses volontés. Or, loin que les sujets aient quelque faveur semblable à attendre de leur despote, comme ils lui appartiennent en propre, eux et tout ce qu'ils possèdent, ou du moins qu'il le prétend ainsi, ils sont réduits à recevoir comme une faveur ce qu'il leur laisse de leur propre bien ; il fait justice quand il les dépouille ; il fait grâce quand il les laisse vivre.

En continuant d'examiner ainsi les faits par le droit, on ne trouverait pas plus de solidité que de vérité dans l'établissement volontaire de la tyrannie, et il serait difficile de montrer la validité d'un contrat qui n'obligerait qu'une des parties, où l'on mettrait tout d'un côté et rien de l'autre et qui ne tournerait qu'au préjudice de celui qui s'engage. Ce système odieux est bien éloigné d'être même aujourd'hui celui des sages et bons monarques, et surtout des rois de France, comme on peut le voir en divers endroits de leurs édits et en particulier dans le passage suivant d'un écrit célèbre, publié en 1667, au nom et par les ordres de Louis XIV : *Qu'on ne dise donc point que le souverain ne soit pas sujet aux lois de son État, puisque la proposition contraire est une vérité du droit des gens que la flatterie a quelquefois attaquée, mais que les bons princes ont toujours défendue comme une divinité tutélaire de leurs États. Combien est-il plus légitime de dire avec le sage Platon que la parfaite félicité d'un royaume est qu'un prince soit obéi de ses sujets, que le prince obéisse à la loi, et que la loi soit droite et toujours dirigée au bien public.* Je ne m'arrêterai point à rechercher si, la liberté étant la plus noble des facultés de l'homme, ce n'est pas dégrader sa nature, se mettre au niveau des bêtes esclaves de l'instinct, offenser même l'auteur de son être, que de renoncer sans réserve au plus précieux de tous ses dons, que de se soumettre à commettre tous les crimes qu'il nous défend, pour complaire à un maître féroce ou insensé, et si cet ouvrier sublime doit être plus irrité de voir détruire que déshonorer son plus bel ouvrage. Je demanderai seulement de quel droit ceux qui n'ont pas craint de s'avilir eux-mêmes jusqu'à ce point ont pu soumettre leur postérité à la même ignominie, et renoncer pour elle à des biens qu'elle ne tient point de leur libéralité, et sans lesquels la vie même est onéreuse à tous ceux qui en sont dignes ?

Pufendorf dit que, tout de même qu'on transfère son bien à autrui par des conventions et des contrats, on peut aussi se dépouiller de sa liberté en faveur de quelqu'un. C'est là, ce me semble, un fort mauvais raisonnement ; car premièrement le bien que j'aliène me devient une chose tout à fait étrangère, et dont l'abus m'est indifférent, mais il m'importe qu'on n'abuse point de ma liberté, et je ne puis sans me rendre coupable du mal qu'on me forcera de faire, m'exposer à devenir l'instrument du crime. De plus, le droit de propriété n'étant que de convention et d'institution humaine, tout homme peut à son gré disposer de ce qu'il possède : mais il n'en est pas de même des dons essentiels de la nature, tels que la vie et la liberté, dont il est permis à chacun de jouir et dont il est moins douteux qu'on ait droit de se dépouiller. En s'ôtant l'une on dégrade son être ; en s'ôtant l'autre on l'anéantit autant qu'il est en soi ; et comme nul bien temporel ne peut dédommager de l'une et de l'autre, ce serait offenser à la fois la nature et la raison que d'y renoncer à quelque prix que ce fût. Mais quand on pourrait aliéner sa liberté comme ses biens, la différence serait très grande pour les enfants qui ne jouissent des biens du père que par transmission de son droit, au lieu que, la liberté étant un don qu'ils tiennent de la nature en qualité d'hommes, leurs parents n'ont eu aucun droit de les en dépouiller ; de sorte que comme pour établir l'esclavage, il a fallu faire violence à la nature, il a fallu la changer pour perpétuer ce droit, et les jurisconsultes qui ont gravement prononcé que l'enfant d'une esclave naîtrait esclave ont décidé en d'autres termes qu'un homme ne naîtrait pas homme.

Il me paraît donc certain que non seulement les gouvernements n'ont point commencé par le pouvoir arbitraire, qui n'en est que la corruption, le terme extrême, et qui les ramène enfin à la seule loi du plus fort dont ils furent d'abord le remède, mais encore que, quand même ils auraient ainsi commencé, ce pouvoir, étant par sa nature illégitime, n'a pu servir de fondement aux droits de la société, ni par conséquent à l'inégalité d'institution.

Sans entrer aujourd'hui dans les recherches qui sont encore à faire sur la nature du pacte fondamental de tout gouvernement, je me borne en suivant l'opinion commune à considérer ici l'établissement du corps politique comme un vrai contrat entre le peuple et les chefs qu'il se choisit, contrat par lequel les deux parties s'obligent à l'observation des lois qui y sont stipulées et qui forment les liens de leur union. Le peuple ayant, au sujet des relations sociales, réuni toutes ses volontés en une seule, tous les articles sur lesquels cette volonté s'explique deviennent autant de lois fondamentales qui obligent tous les membres de l'Etat sans exception, et l'une desquelles règle le choix et le pouvoir des magistrats chargés de veiller à l'exécution des autres. Ce pouvoir s'étend à tout ce qui peut maintenir la constitution, sans aller jusqu'à la changer. On y joint des honneurs qui rendent respectables les lois et leurs ministres, et pour ceux-ci personnellement des prérogatives qui les dédommagent des pénibles travaux que coûte une bonne administration. Le magistrat, de son côté, s'oblige à n'user du pouvoir qui lui est confié que selon l'intention des commettants, à maintenir chacun dans la paisible jouissance de ce qui lui appartient et à préférer en toute occasion l'utilité publique à son propre intérêt.

Avant que l'expérience eût montré, ou que la connaissance du cœur humain eût fait prévoir les abus inévitables d'une telle constitution, elle dut paraître d'autant meilleure que ceux qui étaient chargés de veiller à sa conservation y étaient eux-mêmes le plus intéressés ; car la magistrature et ses droits n'étant établis que sur les lois fondamentales, aussitôt qu'elles seraient détruites, les magistrats cesseraient d'être légitimes, le peuple ne serait plus tenu de leur obéir, et comme ce n'aurait pas été le magistrat, mais la loi qui aurait constitué l'essence de l'Etat, chacun rentrerait de droit dans sa liberté naturelle.

Pour peu qu'on y réfléchît attentivement, ceci se confirmerait par de nouvelles raisons et par la nature du contrat on verrait qu'il ne saurait être irrévocable : car s'il n'y avait point de pouvoir supérieur qui pût être garant de la fidélité des contractants, ni les forcer à remplir leurs engagements réciproques, les parties demeureraient seules juges dans leur propre cause et chacune d'elles aurait toujours le droit de renoncer au contrat, sitôt qu'elle trouverait que l'autre en enfreint les conditions ou qu'elles cesseraient de lui convenir. C'est sur ce principe qu'il semble que le droit d'abdiquer peut être fondé. Or, à ne considérer, comme nous

faisons, que l'institution humaine, si le magistrat qui a
tout le pouvoir en main et qui s'approprie tous les
avantages du contrat, avait pourtant le droit de renoncer à l'autorité; à plus forte raison le peuple, qui paye
toutes les fautes des chefs, devrait avoir le droit de
renoncer à la dépendance. Mais les dissensions
affreuses, les désordres infinis qu'entraînerait nécessairement ce dangereux pouvoir, montrent plus que
toute autre chose combien les gouvernements humains
avaient besoin d'une base plus solide que la seule raison
et combien il était nécessaire au repos public que la
volonté divine intervînt pour donner à l'autorité souveraine un caractère sacré et inviolable qui ôtât aux sujets
le funeste droit d'en disposer. Quand la religion
n'aurait fait que ce bien aux hommes, c'en serait assez
pour qu'ils dussent tous la chérir et l'adopter, même
avec ses abus, puisqu'elle épargne encore plus de sang
que le fanatisme n'en fait couler : mais suivons le fil de
notre hypothèse.

Les diverses formes des gouvernements tirent leur
origine des différences plus ou moins grandes qui se
trouvèrent entre les particuliers au moment de l'institution. Un homme était-il éminent en pouvoir, en vertu,
en richesses ou en crédit? il fut seul élu magistrat, et
l'Etat devint monarchique; si plusieurs à peu près
égaux entre eux l'emportaient sur tous les autres, ils
furent élus conjointement, et l'on eut une aristocratie.
Ceux dont la fortune ou les talents étaient moins dispro-
portionnés et qui s'étaient le moins éloignés de l'état de
nature gardèrent en commun l'administration suprême
et formèrent une démocratie. Le temps vérifia laquelle
de ces formes était la plus avantageuse aux hommes.
Les uns restèrent uniquement soumis aux lois, les
autres obéirent bientôt à des maîtres. Les citoyens
voulurent garder leur liberté, les sujets ne songèrent
qu'à l'ôter à leurs voisins, ne pouvant souffrir que
d'autres jouissent d'un bien dont ils ne jouissaient plus
eux-mêmes. En un mot, d'un côté furent les richesses et
les conquêtes, et de l'autre le bonheur et la vertu.

Dans ces divers gouvernements, toutes les magistratures furent d'abord électives, et quand la richesse ne l'emportait pas, la préférence était accordée au mérite qui donne un ascendant naturel et à l'âge qui donne l'expérience dans les affaires et le sang-froid dans les délibérations. Les anciens des Hébreux, les Gérontes de Sparte, le Sénat de Rome, et l'étymologie même de notre mot *Seigneur* montrent combien autrefois la vieillesse était respectée. Plus les élections tombaient sur des hommes avancés en âge, plus elles devenaient fréquentes, et plus leurs embarras se faisaient sentir ; les brigues s'introduisirent, les factions se formèrent, les partis s'aigrirent, les guerres civiles s'allumèrent, enfin le sang des citoyens fut sacrifié au prétendu bonheur de l'Etat, et l'on fut à la veille de retomber dans l'anarchie des temps antérieurs. L'ambition des principaux profita de ces circonstances pour perpétuer leurs charges dans leurs familles : le peuple déjà accoutumé à la dépendance, au repos et aux commodités de la vie, et déjà hors d'état de briser ses fers, consentit à laisser augmenter sa servitude pour affermir sa tranquillité et c'est ainsi que les chefs devenus héréditaires s'accoutumèrent à regarder leur magistrature comme un bien de famille, à se regarder eux-mêmes comme les propriétaires de l'Etat dont ils n'étaient d'abord que les officiers, à appeler leurs concitoyens leurs esclaves, à les compter comme du bétail au nombre des choses qui leur appartenaient et à s'appeler eux-mêmes égaux aux dieux et rois des rois.

Si nous suivons le progrès de l'inégalité dans ces différentes révolutions, nous trouverons que l'établissement de la loi et du droit de propriété fut son premier terme ; l'institution de la magistrature le second, que le troisième et dernier fut le changement du pouvoir légitime en pouvoir arbitraire ; en sorte que l'état de riche et de pauvre fut autorisé par la première époque, celui de puissant et de faible par la seconde, et par la troisième celui de maître et d'esclave, qui est le dernier degré de l'inégalité, et le terme auquel aboutissent enfin tous les autres, jusqu'à ce que de nouvelles révolutions dissolvent tout à fait le gouvernement, ou le rapprochent de l'institution légitime.

Pour comprendre la nécessité de ce progrès il faut moins considérer les motifs de l'établissement du corps politique que la forme qu'il prend dans son exécution et les inconvénients qu'il entraîne après lui : car les vices qui rendent nécessaires les institutions sociales sont les mêmes qui en rendent l'abus inévitable ; et comme, excepté la seule Sparte, où la loi veillait principalement à l'éducation des enfants et où Lycurgue établit des mœurs qui le dispensaient presque d'y ajouter des lois, les lois en général moins fortes que les passions contiennent les hommes sans les changer ; il serait aisé de prouver que tout gouvernement qui, sans se corrompre ni s'altérer, marcherait toujours exactement selon la fin de son institution, aurait été institué sans nécessité, et qu'un pays où personne n'éluderait les lois et n'abuserait de la magistrature, n'aurait besoin ni de magistrats ni de lois.

Les distinctions politiques amènent nécessairement les distinctions civiles. L'inégalité, croissant entre le peuple et ses chefs, se fait bientôt sentir parmi les particuliers et s'y modifie en mille manières selon les passions, les talents et les occurrences. Le magistrat ne saurait usurper un pouvoir illégitime sans se faire des créatures auxquelles il est forcé d'en céder quelque partie. D'ailleurs, les citoyens ne se laissent opprimer qu'autant qu'entraînés par une aveugle ambition et regardant plus au-dessous qu'au-dessus d'eux, la domination leur devient plus chère que l'indépendance, et qu'ils consentent à porter des fers pour en pouvoir donner à leur tour. Il est très difficile de réduire à l'obéissance celui qui ne cherche point à commander et le politique le plus adroit ne viendrait pas à bout d'assujettir des hommes qui ne voudraient qu'être libres ; mais l'inégalité s'étend sans peine parmi des âmes ambitieuses et lâches, toujours prêtes à courir les risques de la fortune et à dominer ou servir presque indifféremment selon qu'elle leur devient favorable ou contraire. C'est ainsi qu'il dut venir un temps où les yeux du peuple furent fascinés à tel point que ses conducteurs n'avaient qu'à dire au plus petit des hommes : Sois grand, toi et toute ta race, aussitôt il paraissait grand à tout le monde ainsi qu'à ses propres yeux, et ses descendants s'élevaient encore à mesure qu'ils s'éloignaient de lui ; plus la cause était reculée et incertaine, plus l'effet augmentait ; plus on pouvait compter de fainéants dans une famille, et plus elle devenait illustre.

Si c'était ici le lieu d'entrer en des détails, j'expliquerais facilement comment l'inégalité de crédit et d'autorité devient inévitable entre les particuliers[1] sitôt que éunis en une même société ils sont forcés de se comparer entre eux et de tenir compte des différences qu'ils trouvent dans l'usage continuel qu'ils ont à faire les uns des autres. Ces différences sont de plusieurs espèces,

---

1. La justice distributive s'opposerait même à cette égalité rigoureuse de l'état de nature, quand elle serait praticable dans la société civile ; et comme tous les membres de l'Etat lui doivent des services proportionnés à leurs talents et à leurs forces, les citoyens à leur tour doivent être distingués et favorisés à proportion de leurs services. C'est en ce sens qu'il faut entendre un passage d'Isocrate dans lequel il loue les premiers Athéniens d'avoir bien su distinguer quelle était la plus avantageuse des deux sortes d'égalité, dont l'une consiste à faire part des mêmes avantages à tous les citoyens indifféremment, et l'autre à les distribuer selon le mérite de chacun. Ces habiles politiques, ajoute l'orateur, bannissant cette injuste égalité qui ne met aucune différence entre les méchants et les gens de bien, s'attachèrent inviolablement à celle qui récompense et punit chacun selon son mérite. Mais premièrement il n'a jamais existé de société, à quelque degré de corruption qu'elles aient pu parvenir, dans laquelle on ne fît aucune différence des méchants et des gens de bien ; et dans les matières de mœurs où la loi ne peut fixer de mesure assez exacte pour servir de règle au magistrat, c'est très sagement que, pour ne pas laisser le sort ou le rang des citoyens à sa discrétion, elle lui interdit le jugement des personnes pour ne lui laisser que celui des actions. Il n'y a que des mœurs aussi pures que celles des anciens Romains qui puissent supporter des censeurs, et des pareils tribunaux auraient bientôt tout bouleversé parmi nous : c'est à l'estime publique à mettre de la différence entre les méchants et les gens de bien ; le magistrat n'est juge que du droit rigoureux ; mais le peuple est le véritable juge des mœurs ; juge intègre et même éclairé sur ce point, qu'on abuse quelquefois, mais qu'on ne corrompt jamais. Les rangs des citoyens doivent donc être réglés, non sur leur mérite personnel, ce qui serait laisser au magistrat le moyen de faire une application presque arbitraire de la loi, mais sur les services réels qu'ils rendent à l'Etat et qui sont susceptibles d'une estimation plus exacte.

mais en général la richesse, la noblesse ou le rang, la puissance et le mérite personnel, étant les distinctions principales par lesquelles on se mesure dans la société, je prouverais que l'accord ou le conflit de ces forces diverses est l'indication la plus sûre d'un Etat bien ou mal constitué. Je ferais voir qu'entre ces quatre sortes d'inégalité, les qualités personnelles étant l'origine de toutes les autres, la richesse est la dernière à laquelle elles se réduisent à la fin, parce qu'étant la plus immédiatement utile au bien-être et la plus facile à communiquer, on s'en sert aisément pour acheter tout le reste. Observation qui peut faire juger assez exactement de la mesure dont chaque peuple s'est éloigné de son institution primitive, et du chemin qu'il a fait vers le terme extrême de la corruption. Je remarquerais combien ce désir universel de réputation, d'honneurs et de préférences, qui nous dévore tous, exerce et compare les talents et les forces, combien il excite et multiplie les passions, et combien, rendant tous les hommes concurrents, rivaux ou plutôt ennemis, il cause tous les jours de revers, de succès et de catastrophes de toute espèce en faisant courir la même lice à tant de prétendants. Je montrerais que c'est à cette ardeur de faire parler de soi, à cette fureur de se distinguer qui nous tient presque toujours hors de nous-mêmes, que nous devons ce qu'il y a de meilleur et de pire parmi les hommes, nos vertus et nos vices, nos sciences et nos erreurs, nos conquérants et nos philosophes, c'est-à-dire une multitude de mauvaises choses sur un petit nombre de bonnes. Je prouverais enfin que si l'on voit une poignée de puissants et de riches au faîte des grandeurs et de la fortune, tandis que la foule rampe dans l'obscurité et dans la misère, c'est que les premiers n'estiment les choses dont ils jouissent qu'autant que les autres en sont privés, et que, sans changer d'état, ils cesseraient d'être heureux, si le peuple cessait d'être misérable.

Mais ces détails seraient seuls la matière d'un ouvrage considérable dans lequel on pèserait les avantages et les inconvénients de tout gouvernement, relativement aux droits de l'état de nature, et où l'on dévoilerait toutes les faces différentes sous lesquelles l'inégalité s'est montrée jusqu'à ce jour et pourra se montrer dans les siècles selon la nature de ces gouvernements et les révolutions que le temps y amènera nécessairement. On verrait la multitude opprimée au-dedans par une suite des précautions mêmes qu'elle avait prises contre ce qui la menaçait au-dehors. On verrait l'oppression s'accroître continuellement sans que les opprimés pussent jamais savoir quel terme elle aurait, ni quels moyens légitimes il leur resterait pour l'arrêter. On verrait les droits des citoyens et les libertés nationales s'éteindre peu à peu, et les réclamations des faibles traitées de murmures séditieux. On verrait la politique restreindre à une portion mercenaire du peuple l'honneur de défendre la cause commune : on verrait de là sortir la nécessité des impôts, le cultivateur découragé quitter son champ même durant la paix et laisser la charrue pour ceindre l'épée. On verrait naître les règles funestes et bizarres du point d'honneur. On verrait les défenseurs de la patrie en devenir tôt ou tard les ennemis, tenir sans cesse le poignard levé sur leurs concitoyens, et il viendrait un temps où l'on les entendrait dire à l'oppresseur de leur pays :

> Pectore si fratris gladium juguloque parentis
> Condere me jubeas, gravidæ que in viscera a partu
> Conjugis, invitâ peragam tamen omnia dextrâ.

De l'extrême inégalité des conditions et des fortunes, de la diversité des passions et des talents, des arts inutiles, des arts pernicieux, des sciences frivoles sortiraient des foules de préjugés, également contraires à la raison, au bonheur et à la vertu. On verrait fomenter par les chefs tout ce qui peut affaiblir des hommes rassemblés en les désunissant ; tout ce qui peut donner à la société un air de concorde apparente et y semer un germe de division réelle ; tout ce qui peut inspirer aux différents ordres une défiance et une haine mutuelle par l'opposition de leurs droits et de leurs intérêts, et fortifier par conséquent le pouvoir qui les contient tous.

C'est du sein de ce désordre et de ces révolutions que le despotisme, élevant par degrés sa tête hideuse et dévorant tout ce qu'il aurait aperçu de bon et de sain dans toutes les parties de l'Etat, parviendrait enfin à fouler aux pieds les lois et le peuple, et à s'établir sur les ruines de la république. Les temps qui précéderaient ce dernier changement seraient des temps de troubles et de calamités, mais à la fin tout serait englouti par le monstre et les peuples n'auraient plus de chefs ni de lois, mais seulement des tyrans. Dès cet instant aussi il cesserait d'être question de mœurs et de vertu ; car partout où règne le despotisme, *cui ex honesto nulla est spes*, il ne souffre aucun autre maître ; sitôt qu'il parle, il n'y a ni probité ni devoir à consulter, et la plus aveugle obéissance est la seule vertu qui reste aux esclaves.

C'est ici le dernier terme de l'inégalité, et le point extrême qui ferme le cercle et touche au point d'où nous sommes partis. C'est ici que tous les particuliers redeviennent égaux parce qu'ils ne sont rien, et que les sujets n'ayant plus d'autre loi que la volonté du maître, ni le maître d'autre règle que ses passions, les notions du bien et les principes de la justice s'évanouissent derechef. C'est ici que tout se ramène à la seule loi du plus fort et par conséquent à un nouvel état de nature différent de celui par lequel nous avons commencé, en ce que l'un était l'état de nature dans sa pureté, et que ce dernier est le fruit d'un excès de corruption. Il y a si peu de différence d'ailleurs entre ces deux états et le contrat de gouvernement est tellement dissous par le despotisme que le despote n'est le maître qu'aussi longtemps qu'il est le plus fort et que, sitôt qu'on peut l'expulser, il n'a point à réclamer contre la violence. L'émeute qui finit par étrangler ou détrôner un sultan est un acte aussi juridique que ceux par lesquels il disposait la veille des vies et des biens de ses sujets. La seule force le maintenait, la seule force le renverse ; toutes choses se passent ainsi selon l'ordre naturel, et quel que puisse être l'événement de ces courtes et fréquentes révolutions, nul ne peut se plaindre de l'injustice d'autrui, mais seulement de sa propre imprudence, ou de son malheur.

En découvrant et suivant ainsi les routes oubliées et perdues qui de l'état naturel ont dû mener l'homme à l'état civil, en rétablissant, avec les positions intermédiaires que je viens de marquer, celles que le temps qui me presse m'a fait supprimer, ou que l'imagination ne m'a point suggérées, tout lecteur attentif ne pourra qu'être frappé de l'espace immense qui sépare ces deux états. C'est dans cette lente succession des choses qu'il verra la solution d'une infinité de problèmes de morale et de politique que les philosophes ne peuvent résoudre. Il sentira que le genre humain d'un âge n'étant pas le genre humain d'un autre âge, la raison pour quoi Diogène ne trouvait point d'homme, c'est qu'il cherchait parmi ses contemporains l'homme d'un temps qui n'était plus : Caton, dira-t-il, périt avec Rome et la liberté, parce qu'il fut déplacé dans son siècle, et le plus grand des hommes ne fit qu'étonner le monde qu'il eût gouverné cinq cents ans plus tôt. En un mot, il expliquera comment l'âme et les passions humaines, s'altérant insensiblement, changent pour ainsi dire de nature ; pourquoi nos besoins et nos plaisirs changent d'objets à la longue ; pourquoi, l'homme originel s'évanouissant par degrés, la société n'offre plus aux yeux du sage qu'un assemblage d'hommes artificiels et de passions factices qui sont l'ouvrage de toutes ces nouvelles relations et n'ont aucun vrai fondement dans la nature. Ce que la réflexion nous apprend là-dessus, l'observation le confirme parfaitement : l'homme sauvage et l'homme policé diffèrent tellement par le fond du cœur et des inclinations que ce qui fait le bonheur suprême de l'un réduirait l'autre au désespoir. Le premier ne respire que le repos et la liberté, il ne veut que vivre et rester oisif, et l'ataraxie même du stoïcien n'approche pas de sa profonde indifférence pour tout autre objet. Au contraire, le citoyen toujours actif sue, s'agite, se tourmente sans cesse pour chercher des occupations encore plus laborieuses : il travaille jusqu'à la mort, il y court même pour se mettre en état de vivre, ou renonce à la vie pour acquérir l'immortalité. Il fait sa cour aux grands qu'il hait et aux riches qu'il méprise; il n'épargne rien pour obtenir l'honneur de les servir; il se vante orgueilleusement de sa bassesse et de leur protection et, fier de son esclavage, il parle avec dédain de ceux qui n'ont pas l'honneur de le partager. Quel spectacle pour un Caraïbe que les travaux pénibles et enviés d'un ministre européen! Combien de morts cruelles ne préférerait pas cet indolent sauvage à l'horreur d'une pareille vie qui souvent n'est pas même adoucie par le plaisir de bien faire? Mais pour voir le but de tant de soins, il faudrait que ces mots, *puissance et réputation*, eussent un sens dans son esprit, qu'il apprît qu'il y a une sorte d'hommes qui comptent pour quelque chose les regards du reste de l'univers, qui savent être heureux et contents d'eux-mêmes sur le témoignage d'autrui plutôt que sur le leur propre. Telle est, en effet, la véritable cause de toutes ces différences : le sauvage vit en lui-même; l'homme sociable toujours hors de lui ne fait vivre que dans l'opinion des autres, et c'est, pour ainsi dire, de leur seul jugement qu'il tire le sentiment de sa propre existence. Il n'est pas de mon sujet de montrer comment d'une telle disposition naît tant d'indifférence pour le bien et le mal, avec de si beaux discours de morale; comment, tout se réduisant aux apparences, tout devient factice et joué; honneur, amitié, vertu, et souvent jusqu'aux vices mêmes, dont on trouve enfin le secret de se glorifier; comment, en un mot, demandant toujours aux autres ce que nous sommes et n'osant jamais nous interroger là-dessus nous-mêmes, au milieu de tant de philosophie, d'humanité, de politesse et de maximes sublimes, nous n'avons qu'un extérieur trompeur et frivole, de l'honneur sans vertu, de la raison sans sagesse, et du plaisir sans bonheur. Il me suffit d'avoir prouvé que ce n'est point là l'état originel de l'homme et que c'est le seul esprit de la société et l'inégalité qu'elle engendre qui changent et altèrent ainsi toutes nos inclinations naturelles.

J'ai tâché d'exposer l'origine et le progrès de l'inégalité, l'établissement et l'abus des sociétés politiques, autant que ces choses peuvent se déduire de la nature de l'homme par les seules lumières de la raison, et indépendamment des dogmes sacrés qui donnent à l'autorité souveraine la sanction du droit divin. Il suit de cet exposé que l'inégalité, étant presque nulle dans l'état de nature, tire sa force et son accroissement du développement de nos facultés et des progrès de l'esprit humain et devient enfin stable et légitime par l'établissement de la propriété et des lois. Il suit encore que l'inégalité morale, autorisée par le seul droit positif, est contraire au droit naturel, toutes les fois qu'elle ne concourt pas en même proportion avec l'inégalité physique ; distinction qui détermine suffisamment ce qu'on doit penser à cet égard de la sorte d'inégalité qui règne parmi tous les peuples policés ; puisqu'il est manifestement contre la loi de nature, de quelque manière qu'on la définisse, qu'un enfant commande à un vieillard, qu'un imbécile conduise un homme sage et qu'une poignée de gens regorge de superfluités, tandis que la multitude affamée manque du nécessaire.

LETTRE DE VOLTAIRE
A M. J.-J. ROUSSEAU.

A Paris, le 30 août.

J'ai reçu, monsieur, votre nouveau livre contre le genre humain ; je vous en remercie. Vous plairez aux hommes, à qui vous dites leurs vérités, mais vous ne les corrigerez pas. On ne peut peindre avec des couleurs plus fortes les horreurs de la société humaine, dont notre ignorance et notre faiblesse se promettent tant de consolations. On n'a jamais employé tant d'esprit à vouloir nous rendre bêtes ; il prend envie de marcher à quatre pattes, quand on lit votre ouvrage. Cependant, comme il y a plus de soixante ans que j'en ai perdu l'habitude, je sens malheureusement qu'il m'est impossible de la reprendre, et je laisse cette allure naturelle à ceux qui en sont plus dignes que vous et moi. Je ne peux non plus m'embarquer pour aller trouver les sauvages du Canada : premièrement, parce que les maladies dont je suis accablé me retiennent auprès du plus grand médecin de l'Europe, et que je ne trouverais pas les mêmes secours chez les Missouris ; secondement, parce que la guerre est portée dans ces pays-là, et que les exemples de nos nations ont rendu les sauvages presque aussi méchants que nous. Je me borne à être un sauvage paisible dans la solitude que j'ai choisie auprès de votre patrie, où vous devriez être.

Je conviens avec vous que les belles-lettres et les sciences ont causé quelquefois beaucoup de mal. Les ennemis du Tasse firent de sa vie un tissu de malheurs ; ceux de Galilée le firent gémir dans les prisons, à soixante et dix ans, pour avoir connu le mouvement de la terre ; et ce qu'il y a de plus honteux, c'est qu'ils l'obligèrent à se rétracter. Dès que vos amis eurent commencé le Dictionnaire encyclopédique, ceux qui osèrent être leurs rivaux les traitèrent de déistes, d'athées, et même de jansénistes.

Si j'osais me compter parmi ceux dont les travaux n'ont eu que la persécution pour récompense, je vous ferais voir des gens acharnés à me perdre du jour que je donnai la tragédie d'Œdipe ; une bibliothèque de calomnies ridicules imprimées contre moi ; un prêtre ex-jésuite, que j'avais sauvé du dernier supplice, me payant par des libelles diffamatoires du service que je lui avais rendu ; un homme, plus coupable encore, faisant imprimer mon propre ouvrage du *Siècle de Louis XIV* avec des notes dans lesquelles la plus crasse ignorance vomit les plus infâmes impostures ; un autre, qui vend à un libraire quelques chapitres d'une prétendue Histoire universelle, sous mon nom ; le libraire assez avide pour imprimer ce tissu informe de bévues, de fausses dates, de faits et de noms estropiés ; et enfin des hommes assez lâches et assez méchants pour m'imputer la publication de cette rapsodie. Je vous ferais voir la société infectée de ce genre d'hommes inconnu à toute l'antiquité, qui, ne pouvant embrasser une profession honnête, soit de manœuvre, soit de laquais, et sachant malheureusement lire et écrire, se font courtiers de littérature, vivent de nos ouvrages, volent des manuscrits, les défigurent, et les vendent. Je pourrais me plaindre que des fragments d'une plaisanterie faite, il y a près de trente ans, sur le même sujet que Chapelain eut la bêtise de traiter sérieusement, courent aujourd'hui le monde par l'infidélité et l'avarice de ces malheureux qui ont mêlé leurs grossièretés à ce badinage, qui en ont rempli les vides avec autant de sottise que de malice, et qui enfin, au bout de trente ans, vendent partout en manuscrit ce qui n'appartient qu'à eux, et qui n'est digne que d'eux. J'ajouterais qu'en dernier lieu on a volé une partie des matériaux que j'avais rassemblés dans les archives publiques pour servir à l'*Histoire de la Guerre de 1741*, lorsque j'étais historiographe de France; qu'on a vendu à un libraire de Paris ce fruit de mon travail; qu'on se saisit à l'envi de mon bien, comme si j'étais déjà mort, et qu'on le dénature pour le mettre à l'encan. Je vous peindrais l'ingratitude, l'imposture et la rapine, me poursuivant depuis quarante ans jusqu'au pied des Alpes, jusqu'au bord de mon tombeau. Mais que conclurai-je de toutes ces tribulations? Que je ne dois pas me plaindre; que Pope, Descartes, Bayle, le Camoens, et cent autres, ont essuyé les mêmes injustices, et de plus grandes; que cette destinée est celle de presque tous ceux que l'amour des lettres a trop séduits.

Avouez en effet, monsieur, que ce sont là de ces petits malheurs particuliers dont à peine la société s'aperçoit. Qu'importe au genre humain que quelques frelons pillent le miel de quelques abeilles? Les gens de lettres font grand bruit de toutes ces petites querelles, le reste du monde ou les ignore ou en rit.

De toutes les amertumes répandues sur la vie humaine, ce sont là les moins funestes. Les épines attachées à la littérature et à un peu de réputation ne sont que des fleurs en comparaison des autres maux qui, de tout temps, ont inondé la terre. Avouez que ni Cicéron, ni Varron, ni Lucrèce, ni Virgile, ni Horace, n'eurent la moindre part aux proscriptions. Marius était un ignorant; le barbare Sylla, le crapuleux Antoine, l'imbécile Lépide, lisaient peu Platon et Sophocle; et pour ce tyran sans courage, Octave Cépias, surnommé si lâchement Auguste, il ne fut un détestable assassin que dans le temps où il fut privé de la société des gens de lettres.

Avouez que Pétrarque et Boccace ne firent pas naître les troubles de l'Italie; avouez que le badinage de Marot n'a pas produit la Saint-Barthélemy, et que la tragédie du Cid ne causa pas les troubles de la Fronde.

Les grands crimes n'ont guère été commis que par de célèbres ignorants. Ce qui fait et fera toujours de ce monde une vallée de larmes, c'est l'insatiable cupidité et l'indomptable orgueil des hommes, depuis Thomas Kouli-Kan, qui ne savait pas lire, jusqu'à un commis de la douane, qui ne savait que chiffrer. Les lettres nourrissent

l'âme, la rectifient, la consolent; elles vous servent,
monsieur, dans le temps que vous écrivez contre elles;
vous êtes comme Achille, qui s'emporte contre la gloire,
et comme le père Malebranche, dont l'imagination brillante écrivait contre l'imagination.

Si quelqu'un doit se plaindre de lettres, c'est moi,
puisque, dans tous les temps et dans tous les lieux, elles
ont servi à me persécuter; mais il faut les aimer malgré
l'abus qu'on en fait, comme il faut aimer la société dont
tant d'hommes méchants corrompent les douceurs;
comme il faut aimer sa patrie, quelques injustices qu'on y
essuie; comme il faut aimer et servir l'Etre suprême,
malgré les superstitions et le fanatisme qui déshonorent si
souvent son culte.

M. Chappuis m'apprend que votre santé est bien
mauvaise; il faudrait la venir rétablir dans l'air natal, jouir
de la liberté, boire avec moi du lait de nos vaches, et
brouter nos herbes.

Je suis très philosophiquement et avec la plus tendre
estime, etc.

RÉPONSE [A VOLTAIRE]

A Paris, le 10 septembre 1755.

C'est à moi, monsieur, de vous remercier à tous
égards. En vous offrant l'ébauche de mes tristes rêveries, je n'ai point cru vous faire un présent digne de
vous, mais m'acquitter d'un devoir et vous rendre un
hommage que nous vous devons tous comme à notre
chef. Sensible, d'ailleurs, à l'honneur que vous faites à
ma patrie, je partage la reconnaissance de mes concitoyens, et j'espère qu'elle ne fera qu'augmenter encore,
lorsqu'ils auront profité des instructions que vous pouvez leur donner. Embellissez l'asile que vous avez
choisi : éclairez un peuple digne de vos leçons; et, vous
qui savez si bien peindre les vertus et la liberté, appre-

nez-nous à les chérir dans nos murs comme dans vos écrits. Tout ce qui vous approche doit apprendre de vous le chemin de la gloire.

Vous voyez que je n'aspire pas à nous rétablir dans notre bêtise, quoique je regrette beaucoup, pour ma part, le peu que j'en ai perdu. A votre égard, monsieur, ce retour serait un miracle, si grand à la fois et si nuisible, qu'il n'appartiendrait qu'à Dieu de le faire et qu'au Diable de le vouloir. Ne tentez donc pas de retomber à quatre pattes ; personne au monde n'y réussirait moins que vous. Vous nous redressez trop bien sur nos deux pieds pour cesser de vous tenir sur les vôtres.

Je conviens de toutes les disgrâces qui poursuivent les hommes célèbres dans les lettres ; je conviens même de tous les maux attachés à l'humanité et qui semblent indépendants de nos vaines connaissances. Les hommes ont ouvert sur eux-mêmes tant de sources de misères, que quand le hasard en détourne quelqu'une, ils n'en sont guère moins inondés. D'ailleurs il y a dans le progrès des choses des liaisons cachées que le vulgaire n'aperçoit pas, mais qui n'échapperont point à l'œil du sage quand il y voudra réfléchir. Ce n'est ni Térence, ni Cicéron, ni Virgile, ni Sénèque, ni Tacite ; ce ne sont ni les savants ni les poètes qui ont produit les malheurs de Rome et les crimes des Romains : mais sans le poison lent et secret qui corrompait peu à peu le plus vigoureux gouvernement dont l'Histoire ait fait mention, Cicéron ni Lucrèce, ni Salluste n'eussent point existé ou n'eussent point écrit. Le siècle aimable de Lelius et de Térence amenait de loin le siècle brillant d'Auguste et d'Horace, et enfin les siècles horribles de Sénèque et de Néron, de Domitien et de Martial. Le goût des lettres et des arts naît chez un peuple d'un vice intérieur qu'il augmente ; et s'il est vrai que tous les progrès humains sont pernicieux à l'espèce, ceux de l'esprit et des connaissances qui augmentent notre orgueil et multiplient nos égarements, accélèrent bientôt nos malheurs. Mais il vient un temps où le mal est tel que les causes mêmes qui l'ont fait naître sont nécessaires pour l'empêcher d'augmenter; c'est le fer qu'il faut laisser dans la plaie, de peur que le blessé n'expire en l'arrachant. Quant à moi si j'avais suivi ma première vocation et que je n'eusse ni lu ni écrit, j'en aurais sans doute été plus heureux. Cependant, si les lettres étaient maintenant anéanties, je serais privé du seul plaisir qui me reste. C'est dans leur sein que je me console de tous mes maux : c'est parmi ceux qui les cultivent que je goûte les douceurs de l'amitié et que j'apprends à jouir de la vie sans craindre la mort. Je leur dois le peu que je suis; je leur dois même l'honneur d'être connu de vous; mais consultons l'intérêt dans nos affaires et la vérité dans nos écrits. Quoiqu'il faille des philosophes, des historiens, des savants pour éclairer le monde et conduire ses aveugles habitants; si le sage Memnon m'a dit vrai, je ne connais rien de si fou qu'un peuple de sages.

Convenez-en, monsieur; s'il est bon que de grands génies instruisent les hommes, il faut que le vulgaire reçoive leurs instructions : si chacun se mêle d'en donner, qui les voudra recevoir? Les boiteux, dit Montaigne, sont mal propres aux exercices du corps, et aux exercices de l'esprit les âmes boiteuses.

Mais en ce siècle savant, on ne voit que boiteux vouloir apprendre à marcher aux autres. Le peuple reçoit les écrits des sages pour les juger non pour s'instruire. Jamais on ne vit tant de Dandins. Le théâtre en fourmille, les cafés retentissent de leurs sentences; ils les affichent dans les journaux, les quais sont couverts de leurs écrits, et j'entends critiquer *l'Orphelin*[1], parce qu'on l'applaudit, à tel grimaud si peu capable d'en voir les défauts, qu'à peine en sent-il les beautés.

Recherchons la première source des désordres de la société, nous trouverons que tous les maux des hommes leur viennent de l'erreur bien plus que de l'ignorance, et que ce que nous ne savons point nous nuit beaucoup moins que ce que nous croyons savoir. Or quel plus sûr

1. Tragédie de M. de Voltaire qu'on jouait dans ce temps-là.

moyen de courir d'erreurs en erreurs, que la fureur de savoir tout ? Si l'on n'eût prétendu savoir que la terre ne tournait pas, on n'eût point puni Galilée pour avoir dit qu'elle tournait. Si les seuls philosophes en eussent réclamé le titre, l'Encyclopédie n'eût point eu de persécuteurs. Si cent Myrmidons n'aspiraient à la gloire, vous jouiriez en paix de la vôtre, ou du moins vous n'auriez que des rivaux dignes de vous.

Ne soyez donc pas surpris de sentir quelques épines inséparables des fleurs qui couronnent les grands talents. Les injures de vos ennemis sont les acclamations satyriques qui suivent le cortège des triomphateurs : c'est l'empressement du public pour tous vos écrits qui produit les vols dont vous vous plaignez : mais les falsifications n'y sont pas faciles, car le fer ni le plomb ne s'allient pas avec l'or. Permettez-moi de vous le dire par l'intérêt que je prends à votre repos et à notre instruction. Méprisez de vaines clameurs par lesquelles on cherche moins à vous faire du mal qu'à vous détourner de bien faire. Plus on vous critiquera, plus vous devez vous faire admirer. Un bon livre est une terrible réponse à des injures imprimées; et qui vous oserait attribuer des écrits que vous n'aurez point faits, tant que vous n'en ferez que d'inimitables ?

Je suis sensible à votre invitation; et si cet hiver me laisse en état d'aller au printemps habiter ma patrie, j'y profiterai de vos bontés. Mais j'aimerais mieux boire de l'eau de votre fontaine que du lait de vos vaches, et quant aux herbes de votre verger, je crains bien de n'y en trouver d'autres que le Lotos, qui n'est pas la pâture des bêtes, et le Moly qui empêche les hommes de le devenir.

Je suis de tout mon cœur et avec respect, etc.

LETTRE DE J.-J. ROUSSEAU
A M. PHILOPOLIS

Vous voulez, monsieur, que je vous réponde, puisque vous me faites des questions. Il s'agit, d'ailleurs, d'un ouvrage dédié à mes concitoyens; je dois en le défendant justifier l'honneur qu'ils m'ont fait de l'accepter. Je laisse à part dans votre lettre ce qui me regarde en bien et en mal parce que l'un compense l'autre à peu près, que j'y prends peu d'intérêt, le public encore moins, et que tout cela ne fait rien à la recherche de la vérité. Je commence donc par le raisonnement que vous me proposez comme essentiel à la question que j'ai tâché de résoudre.

L'état de société, me dites-vous, résulte immédiatement des facultés de l'homme et par conséquent de sa nature. Vouloir que l'homme ne devînt point sociable, ce serait donc vouloir qu'il ne fût point homme, et c'est attaquer l'ouvrage de Dieu que de s'élever contre la société humaine. Permettez-moi, monsieur, de vous proposer à mon tour une difficulté avant de résoudre la vôtre. Je vous épargnerais ce détour, si je connaissais un chemin plus sûr pour aller au but.

Supposons que quelques savants trouvassent un jour le secret d'accélérer la vieillesse et l'art d'encourager les hommes à faire usage de cette rare découverte. Persuasion qui ne serait peut-être pas si difficile à produire qu'elle paraît au premier aspect. Car la raison, ce grand véhicule de toutes nos sottises, n'aurait garde de nous manquer celle-ci. Les philosophes, surtout, et les gens sensés, pour secouer le joug des passions et goûter le précieux repos de l'âme, gagneraient à grands pas l'âge de Nestor, et renonceraient volontiers aux désirs qu'on peut satisfaire afin de se garantir de ceux qu'il faut étouffer. Il n'y aurait que quelques étourdis qui, rougissant même de leur faiblesse, voudraient follement rester jeunes et heureux au lieu de vieillir pour être sages.

Supposons qu'un esprit singulier, bizarre, et pour tout dire, un homme à paradoxes, s'avisât alors de reprocher aux autres l'absurdité de leurs maximes, de leur prouver qu'ils courent à la mort en cherchant la tranquillité, qu'ils ne font que radoter à force d'être raisonnables, et que s'il faut qu'ils soient vieux un jour, ils devraient tâcher au moins de l'être le plus tard qu'il serait possible.

Il ne faut pas demander si nos sophistes craignant le

décri de leur Arcane, se hâteraient d'interrompre ce discoureur importun. « Sages vieillards, diraient-ils à « leurs sectateurs, remerciez le Ciel des grâces qu'il « vous accorde et félicitez-vous sans cesse d'avoir si « bien suivi ses volontés. Vous êtes décrépits, il est vrai, « languissants, cacochymes ; tel est le sort inévitable de « l'homme ; mais votre entendement est sain ; vous êtes « perclus de tous les membres, mais votre tête en est « plus libre ; vous ne sauriez agir, mais vous parlez « comme des oracles, et si vos douleurs augmentent de « jour en jour, votre philosophie augmente avec elles. « Plaignez cette jeunesse impétueuse que sa brutale « santé prive des biens attachés à votre faiblesse. Heu- « reuses infirmités qui rassemblent autour de vous tant « d'habiles pharmaciens fournis de plus de drogues que « vous n'avez de maux, tant de savants médecins qui « connaissent à font votre pouls, qui savent en grec les « noms de tous vos rhumatismes, tant de zélés consola- « teurs et d'héritiers fidèles qui vous conduisent agréa- « blement à votre dernière heure. Que de secours « perdus pour vous si vous n'aviez su vous donner les « maux qui les ont rendus nécessaires. »

Ne pouvons-nous pas imaginer qu'apostrophant ensuite notre imprudent avertisseur, ils lui parleraient à peu près ainsi :

« Cessez déclamateur téméraire de tenir ces discours « impies. Osez-vous blâmer ainsi la volonté de celui qui « a fait le genre humain ? L'état de vieillesse ne découle- « t-il pas de la constitution de l'homme ? n'est-il pas « naturel à l'homme de vieillir ? Que faites-vous donc « dans vos discours séditieux que d'attaquer une loi de « la nature et par conséquent la volonté de son Créa- « teur ? Puisque l'homme vieillit, Dieu veut qu'il vieil- « lisse. Les faits sont-ils autre chose que l'expression de « sa volonté ? Apprenez que l'homme jeune n'est point « celui que Dieu a voulu faire, et que pour s'empresser « d'obéir à ses ordres il faut se hâter de vieillir. »

Tout cela supposé, je vous demande, monsieur, si l'homme aux paradoxes doit se taire ou répondre, et, dans ce dernier cas, de vouloir bien m'indiquer ce qu'il doit dire, je tâcherai de résoudre alors votre objection.

Puisque vous prétendez m'attaquer par mon propre système, n'oubliez pas, je vous prie, que selon moi la société est naturelle à l'espèce humaine comme la décrépitude à l'individu, et qu'il faut des arts, des lois, des gouvernements aux peuples comme il faut des béquilles aux vieillards. Toute la différence est que l'état de vieillesse découle de la seule nature de l'homme et que celui de société découle de la nature du genre humain, non pas immédiatement comme vous le dites, mais seulement, comme je l'ai prouvé, à l'aide de certaines circonstances extérieures qui pouvaient être ou n'être pas, ou du moins arriver plus tôt ou plus tard, et par conséquent accélérer ou ralentir le progrès. Plusieurs même, de ces circonstances dépendent de la volonté des hommes, j'ai été obligé pour établir une parité parfaite de supposer dans l'individu le pouvoir d'accélérer sa vieillesse comme l'espèce a celui de retarder la sienne. L'état de société ayant donc un terme extrême auquel les hommes sont les maîtres d'arriver plus tôt ou plus tard il n'est pas inutile de leur montrer le danger d'aller si vite, et les misères d'une condition qu'ils prennent pour la perfection de l'espèce.

A l'énumération des maux dont les hommes sont accablés et que je soutiens être leur propre ouvrage, vous m'assurez Leibniz et vous que tout est bien, et qu'ainsi la providence est justifiée. J'étais éloigné de croire qu'elle eût besoin pour sa justification du secours de la philosophie leibnizienne ni d'aucune autre. Pensez-vous sérieusement, vous-même, qu'un système de philosophie, quel qu'il soit, puisse être plus irrépréhensible que l'univers, et que pour disculper la providence, les arguments d'un philosophe soient plus convaincants que les ouvrages de Dieu ? Au reste, nier que le mal existe est un moyen fort commode d'excuser l'auteur du mal. Les stoïciens se sont autrefois rendus ridicules à meilleur marché.

Selon Leibniz et Pope, tout ce qui est, est bien. S'il y a des sociétés, c'est que le bien général veut qu'il y en ait ; s'il n'y en a point, le bien général veut qu'il n'y en ait pas, et si quelqu'un persuadait aux hommes de retourner vivre dans les forêts, il serait bon qu'ils y retournassent vivre. On ne doit pas appliquer à la nature des choses une idée de bien ou de mal qu'on ne tire que de leurs rapports, car elles peuvent être bonnes relativement au tout, quoique mauvaises en elles-mêmes. Ce qui concourt au bien général peut être un mal particulier dont il est permis de se délivrer quand il est possible. Car si ce mal, tandis qu'on le supporte est utile au tout, le bien contraire qu'on s'efforce de lui substituer ne lui sera pas moins utile sitôt qu'il aura lieu. Par la même raison que tout est bien comme il est, si quelqu'un s'efforce de changer l'état des choses, il est bon qu'il s'efforce de les changer, et s'il est bien ou mal qu'il réussisse, c'est ce qu'on peut apprendre de l'événement seul et non de la raison. Rien n'empêche en cela que le mal particulier ne soit un mal réel pour celui qui le souffre. Il était bon pour le tout que nous fussions civilisés puisque nous le sommes, mais il eût certainement été mieux pour nous de ne pas l'être. Leibniz n'eût jamais rien tiré de son système qui pût combattre cette proposition, et il est clair que l'optimisme bien entendu ne fait rien ni pour ni contre moi.

Aussi n'est-ce ni à Leibniz ni à Pope que j'ai à répondre, mais à vous seul qui sans distinguer le mal universel qu'ils nient, du mal particulier qu'ils ne nient pas prétendez que c'est assez qu'une chose existe pour qu'il ne soit pas permis de désirer qu'elle existât autrement. Mais, monsieur, si tout est bien comme il est, tout était bien comme il était avant qu'il y eût des gouvernements et des lois; il fut donc au moins superflu de les établir, et Jean-Jacques alors avec votre système eût eu beau jeu contre Philopolis. Si tout est bien comme il est de la manière que vous l'entendez, à quoi bon corriger nos vices, guérir nos maux, redresser nos erreurs? Que servent nos chaires, nos tribunaux, nos académies? Pourquoi faire appeler un médecin quand vous avez la fièvre? Que savez-vous si le bien du plus grand tout que vous ne connaissez pas n'exige point que vous ayez le transport, et si la santé des habitants de Saturne ou de Sirius ne souffrirait point du rétablissement de la vôtre? Laissez aller tout comme il pourra, afin que tout aille toujours bien. Si tout est le mieux qu'il peut être vous devez blâmer toute action quelconque; car toute action produit nécessairement quelque changement dans l'état où sont les choses, au moment qu'elle se fait, on ne peut donc toucher à rien sans mal faire, et le quiétisme le plus parfait est la seule vertu qui reste à l'homme. Enfin si tout est bien comme il est, il est bon qu'il y ait des Lapons, des Esquimaux, des Algonquins, des Chicacas, des Caraïbes, qui se passent de notre police, des Hottentots qui s'en moquent, et un Genevois qui les approuve. Leibniz lui-même conviendrait de ceci.

L'homme, dites-vous, est tel que l'exigeait la place qu'il devait occuper dans l'univers. Mais les hommes diffèrent tellement selon les temps et les lieux qu'avec une pareille logique on serait sujet à tirer du particulier à l'universel des conséquences fort contradictoires et fort peu concluantes. Il ne faut qu'une erreur de géographie pour bouleverser toute cette prétendue doctrine qui déduit ce qui doit être de ce qu'on voit. C'est à faire aux castors, dira l'Indien, de s'enfouir dans des tanières, l'homme doit dormir à l'air dans un hamac suspendu à des arbres. Non, non, dira le Tartare, l'homme est fait pour coucher dans un chariot. Pauvres gens, s'écrieront nos Philopolis d'un air de pitié, ne voyez-vous pas que l'homme est fait pour bâtir des villes! Quand il est question de raisonner sur la nature humaine, le vrai philosophe n'est ni Indien, ni Tartare, ni de Genève, ni de Paris, mais il est homme.

Que le singe soit une bête, je le crois, et j'en ai dit la raison; que l'orang-outang en soit une aussi, voilà ce que vous avez la bonté de m'apprendre, et j'avoue qu'après les faits que j'ai cités, la preuve de celui-là me semblait difficile. Vous philosophez trop bien pour prononcer là-dessus aussi légèrement que nos voyageurs qui s'exposent quelquefois sans beaucoup de façons à mettre leurs semblables au rang des bêtes. Vous obligerez donc sûrement le public, et vous ins-truirez même les naturalistes en nous apprenant les moyens que vous avez employés pour décider cette question.

Dans mon Epître dédicatoire, j'ai félicité ma patrie d'avoir un des meilleurs gouvernements qui pussent exister : J'ai trouvé dans le Discours qu'il devait y avoir très peu de bons gouvernements : je ne vois pas où est la contradiction que vous remarquez en cela. Mais comment savez-vous, monsieur, que j'irais vivre dans les bois si ma santé me le permettait, plutôt que parmi mes concitoyens pour lesquels vous connaissez ma tendresse ? Loin de rien dire de semblable dans mon ouvrage, vous y avez dû voir des raisons très fortes de ne point choisir ce genre de vie. Je sens trop en mon particulier combien peu je puis me passer de vivre avec des hommes aussi corrompus que moi, et le sage même, s'il en est, n'ira pas aujourd'hui chercher le bonheur au fond d'un désert. Il faut fixer, quand on le peut, son séjour dans sa patrie pour l'aimer et la servir. Heureux celui qui, privé de cet avantage, peut au moins vivre au sein de l'amitié dans la patrie commune du genre humain, dans cet asile immense ouvert à tous les hommes, où se plaisent également l'austère sagesse et la jeunesse folâtre ; où règnent l'humanité, l'hospitalité, la douceur, et tous les charmes d'une société facile ; où le pauvre trouve encore des amis, la vertu des exemples qui l'animent, et la raison des guides qui l'éclairent. C'est sur ce grand théâtre de la fortune, du vice, et quelquefois des vertus, qu'on peut observer avec fruit le spectacle de la vie ; mais c'est dans son pays que chacun devrait en paix achever la sienne.

Il me semble, monsieur, que vous me censurez bien gravement, sur une réflexion qui me paraît très juste, et qui, juste ou non, n'a point dans mon écrit le sens qu'il vous plaît de lui donner par l'addition d'une seule lettre. *Si la nature nous a destinés à être saints*, me faites-vous dire, *j'ose presque assurer que l'état de réflexion est un état contre nature et que l'homme qui médite est un animal dépravé.* Je vous avoue que si j'avais ainsi confondu la santé avec la sainteté, et que la proposition fût vraie, je me croirais très propre à devenir un grand saint moi-même dans l'autre monde ou du moins à me porter toujours bien dans celui-ci.

Je finis, monsieur, en répondant à vos trois dernières questions. Je n'abuserai pas du temps que vous me donnez pour y réfléchir ; c'est un soin que j'avais pris d'avance.

Un homme ou tout autre être sensible qui n'aurait jamais connu la douleur, aurait-il de la pitié, et serait-il ému à la vue d'un enfant qu'on égorgerait ? Je réponds que non.

Pourquoi la populace à qui M. Rousseau accorde une si grande dose de pitié se repaît-elle avec tant d'avidité du spectacle d'un malheureux expirant sur la roue ? Par la même raison que vous allez pleurer au théâtre et voir Seide égorger son père, ou Thyeste boire le sang de son fils. La pitié est un sentiment si délicieux qu'il n'est pas étonnant qu'on cherche à l'éprouver. D'ailleurs, chacun a une curiosité secrète d'étudier les mouvements de la nature aux approches de ce moment redoutable que nul ne peut éviter. Ajoutez à cela le plaisir d'être pendant deux mois l'orateur du quartier, et de raconter pathétiquement aux voisins la belle mort du dernier roué.

L'affection que les femelles des animaux témoignent pour leurs petits a-t-elle ces petits pour objet, ou la mère ? D'abord la mère pour son besoin, puis les petits par habitude. Je l'avais dit dans le Discours. *Si par hasard c'était celle-ci, le bien-être des petits n'en serait que plus assuré.* Je le croirais ainsi. Cependant cette maxime demande moins à être étendue que resserrée car dès que les poussins sont éclos on ne voit pas que la poule ait aucun besoin d'eux, et sa tendresse maternelle ne le cède pourtant à nulle autre.

Voilà, monsieur, mes réponses. Remarquez au reste que dans cette affaire comme dans celle du premier discours, je suis toujours le monstre qui soutient que l'homme est naturellement bon, et que mes adversaires sont toujours les honnêtes gens qui, à l'édification publique, s'efforcent de prouver que la nature n'a fait que des scélérats.

Je suis, autant qu'on peut l'être de quelqu'un qu'on ne connaît point, monsieur, etc.

BIBLIOGRAPHIE

Pour les œuvres de Rousseau, on se reportera aux *Œuvres complètes* (Paris, NRF-Gallimard, Bibliothèque de la Pléiade). On y trouvera notamment :

dans le tome I (1959), les *Confessions* (dont le livre VIII correspond à la période où Rousseau a écrit les deux *Discours*), *Rousseau juge de Jean-Jacques* et les *Quatre Lettres à M. le Président de Malesherbes* ;

dans le tome II (1964), la *Préface* de la comédie de *Narcisse* et l'*Epître à Parizot* ;

dans le tome III (1964), les deux *Discours* et toutes les réponses de Rousseau aux critiques qu'ils ont suscitées, remarquablement présentés et annotés par F. Bouchardy et J. Starobinski.

On se reportera également à l'édition des *Confessions* par J. Voisine dans les Classiques Garnier (avec Introduction et Index).

On aura une assez juste idée de la réaction des philosophes contemporains en consultant la *Correspondance littéraire* (éd. par M. Tourneux. Paris, Garnier, 1877-1882. 16 vol. gr. in-8°). On y trouvera un article de Raynal, du 18 octobre 1751 (II, 105-106), et deux articles de Grimm, du 15 février 1754 (II, 318-322) et du 15 juillet 1755 (III, 53-58).

De l'immense littérature consacrée à l'œuvre politique ou à la personnalité de Rousseau, nous retiendrons seulement les titres suivants :

« L'impensé de Jean-Jacques Rousseau », *Cahiers pour l'Analyse*, n° 8, Paris, Ed. du Seuil, 1969 (réimpr.). In-4°, 133 p.

Jean-Jacques Rousseau, Neuchâtel, Ed. de la Baconnière, 1962. In-8°, 263 p.

Rousseau et la philosophie politique, Paris, Presses universitaires de France, 1965. In-12, 256 p.

BURGELIN (Pierre), *La Philosophie de l'existence de J.-J. Rousseau*, Paris, Presses universitaires de France, 1952. In-8°, 597 p.

CROCKER (Lester G.), *Jean-Jacques Rousseau*. Tome I : *The Quest (1712-1758)*, New York et Londres, Macmillan, 1968. In-8°, X-372 p.

DERATHÉ (Robert), *Jean-Jacques Rousseau et la science politique de son temps*, Paris, Presses universitaires de France, 1950. In-8°, IV-464 p.

DERRIDA (Jacques), *De la grammatologie*, Paris, Ed. de Minuit, s. d. (1967). In-8°, 445 p.

FABRE (Jean), « Deux frères ennemis : Diderot et Jean-Jacques », *Diderot Studies III*, p. 155-213, Genève, Droz, 1961. In-8°.

GOLDSCHMIDT (Victor), *Anthropologie et politique. Les principes du système de Rousseau*, Paris, Vrin, 1974.

GOUHIER (Henri), « Nature et histoire chez Rousseau », *Annales Jean-Jacques Rousseau*, tome XXXIII (1953-1955), p. 7-48.

HAVENS (George R.), « Diderot, Rousseau and the Discours sur l'Inégalité », *Diderot Studies III*, p. 219-262, Genève, Droz, 1961. In-8°.

HUBERT (René), *Rousseau et l'Encyclopédie*, Paris, J. Gamber, 1928. In-8°, 137 p.

LAUNAY (Michel), *Rousseau*, Paris, Presses universitaires de France, 1968. Pt. in-8°, 126 p.

STAROBINSKI (Jean), *Jean-Jacques Rousseau. La transparence et l'obstacle*, Paris, Plon, 1958. In-8°, II-340 p.

WEIL (Eric), « Jean-Jacques Rousseau et sa politique », *Critique*, janv. 1952, p. 3-28.

CHRONOLOGIE

1. — Avant les *Discours*

1712 : Naissance à Genève (28 juin) de Jean-Jacques Rousseau, fils d'Isaac Rousseau, horloger, et de Suzanne Bernard. La mère meurt le 7 juillet.

1722 : Isaac Rousseau doit quitter Genève à la suite d'une querelle (11 octobre). Jean-Jacques est mis en pension à Bossey chez le pasteur Lambercier.

1724 : Jean-Jacques revient à Genève et est mis en apprentissage chez un greffier.

1725 : Il entre en apprentissage chez Du Commun, maître graveur.

1728 : Revenant de promenade, il trouve les portes de la ville fermées. Il décide alors de quitter Genève (14 mars). Recueilli par Mme de Warens (21 mars), il est dirigé sur Turin, où on le convertit au catholicisme. Il est laquais, puis secrétaire de l'abbé de Gouvon.

1729 : Renvoyé, il revient à Annecy chez Mme de Warens.

1730 : Voyages. A Lausanne (juillet), il se fait passer pour musicien et organise un concert. Puis il s'installe à Neuchâtel et donne des leçons de musique.

1731 : Voyages. Premier séjour à Paris. En septembre, il retrouve Mme de Warens à Chambéry.

1732-1739 : Sauf pour de courts voyages, Rousseau ne quitte guère Mme de Warens. En 1737, installation aux Charmettes.

1740 : Rousseau s'installe à Lyon, comme précepteur des deux fils de M. de Mably.

1741 : Retour aux Charmettes.

1742 : Départ pour Paris. Le 22 août, il lit, devant l'Académie des sciences, un *Projet concernant de nouveaux signes pour la musique.*

1743 : Rousseau fait la connaissance de Mme Dupin et se lie avec son gendre Francueil. En juin, il devient secrétaire du comte de Montaigu, nommé ambassadeur à Venise, et part avec lui en juillet.

1744 : Rousseau se brouille avec Montaigu et revient à Paris.

1745 : Début de la liaison avec Thérèse Levasseur. Rousseau fait jouer *Les Muses galantes* et corrige *Les Fêtes de Ramire*, opéra de Voltaire et Rameau. Il fréquente Diderot et Condillac.

1746-1748 : Rousseau est secrétaire de Mme Dupin. Il séjourne à Chenonceaux avec elle et compose de petites pièces de théâtre. Deux enfants lui naissent (1746 et 1748 ?), qu'il met aux Enfants-Trouvés.

II. — La période des *Discours*

1749 : (janvier-mars) : Rousseau prépare les articles sur la musique qu'il doit donner à l'*Encyclopédie.*
(24 juillet) : Diderot est arrêté et conduit au château de Vincennes.
(octobre) : Rousseau va rendre visite à Diderot. En marchant, il lit le *Mercure* et y découvre la question mise au concours par l'Académie de Dijon pour le prix de morale de 1750 : *Si le rétablissement des sciences et des arts a contribué à épurer les mœurs.* « A l'instant de cette lecture je vis un autre univers et je devins un autre homme » (*Confessions*, 1, VIII). « Une violente palpitation m'oppresse, soulève ma poitrine ; ne pouvant plus respirer en marchant, je me laisse tomber sous un des arbres de l'avenue (...) en me relevant j'aperçus tout le devant de ma veste mouillé de mes larmes sans avoir senti que j'en répandais » (*2e lettre à*

Malesherbes). Au crayon, Rousseau écrit immédiatement la prosopopée de Fabricius. Diderot l'encourage vivement à poursuivre et à concourir. Selon Marmontel et Morellet, Rousseau était prêt à répondre oui à la question, et c'est Diderot qui l'en aurait dissuadé. Le témoignage de Diderot lui-même est beaucoup moins catégorique. L'engagement total de Rousseau, et sa persévérance ultérieure, rendent assez peu vraisemblable la version, suspecte par ailleurs, des amis de Diderot.

Rousseau commence la rédaction du premier *Discours*. Diderot indiquera « quelques corrections ».

1750 : (mars) : Rousseau envoie son texte à l'Académie de Dijon.

(9 juillet) : L'Académie couronne le *Discours* de Rousseau.

(20 juillet) : Rousseau envoie ses remerciements à l'Académie.

(automne) : Malesherbes passe outre à l'opposition des censeurs et autorise la publication du *Discours*. Rousseau étant malade, c'est Diderot qui surveille l'impression.

(novembre) : Raynal donne dans le *Mercure* un bref résumé du *Discours*.

1751 : (8 janvier ?) : Publication, sous une fausse adresse genevoise, du *Discours sur les sciences et les arts*, imprimé à Paris par Pissot.

(janvier) : Diderot écrit à Rousseau que l'ouvrage « prend tout par-dessus les nues : il n'y a pas d'exemple d'un succès pareil » (*Confessions*, 1, VIII).

Compte rendu du *Discours* dans le *Mercure*.

L'Académie française met au concours le sujet : « L'amour des lettres inspire l'amour de la vertu. »

(février) : Compte rendu du *Discours* dans les *Mémoires de Trévoux*.

(février-mars) : Rousseau quitte Francueil et décide de gagner sa vie comme copiste de musique.

(20 avril) : Rousseau, qui vient de mettre son troisième enfant aux Enfants-Trouvés, se justifie dans une lettre à Mme de Francueil.

(juin) : Publication dans le *Mercure* des *Observations* sur le *Discours* (sans doute par Raynal) et de la *Lettre à Raynal* par laquelle Rousseau répond à ces *Observations*.

(25 août) : L'abbé J.-J. Courtois, professeur de rhétorique à Dijon, gagne le prix de l'Académie française. Lecture solennelle de son discours, qui sera publié en octobre.

(septembre) : Publication dans le *Mercure*, sous l'anonymat, de la réfutation du *Discours* par Stanislas Leczinski, roi de Pologne.

(octobre) : Publication des *Observations* par lesquelles Rousseau répond au roi de Pologne en respectant son anonymat.

Publication dans le *Mercure* de la réfutation du *Discours* par le chanoine Gautier, membre de l'Académie de Nancy.

(novembre) : Rousseau publie une *Lettre à M. Grimm sur la réfutation de son discours par M. Gautier*.

(décembre) : Publication dans le *Mercure* du *Discours sur les avantages des sciences et des   ts*, prononcé le 22 juin devant l'Académie de Lyon par Bordes, ancien ami de Rousseau.

1752 : (avril) : Publication de la *Dernière Réponse de J.-J. Rousseau, de Genève*, réponse au discours de Bordes.

(avril-mai) : Publication de la *Lettre de J.-J. Rousseau, de Genève, sur une nouvelle réfutation de son discours* (par Cl.-N. Le Cat, secrétaire perpétuel de l'Académie des sciences de Rouen, qui s'était fait passer, dans sa réfutation, pour un académicien de Dijon).

(printemps-été) : Rousseau compose *Le Devin du village*.

(18 octobre) : *Le Devin* est représenté à Fontainebleau devant le roi, avec grand succès. Rousseau refuse d'être présenté au roi, qui voulait lui donner une pension. Diderot reproche à Rousseau son attitude (*Confessions*, 1, VIII).

(18 décembre) : Représentation, au Théâtre-Français, de *Narcisse ou l'Amant de lui-même*, comédie écrite par Rousseau dans sa jeunesse. La pièce tombe.

1753 : (printemps) : Publication de *Narcisse*, avec une *Préface* dans laquelle Rousseau attaque violemment la société contemporaine et se justifie d'avoir écrit pour le théâtre.

(septembre) : Publication d'une réponse de Bordes à la réponse de Rousseau, qui projette une *Seconde Lettre à Bordes*, dont il ne reste que la préface.

(novembre) : Publication dans le *Mercure* du sujet mis au concours par l'Académie de Dijon pour le prix de 1754 : *Quelle est l'origine de l'inégalité parmi les hommes, et si elle est autorisée par la loi naturelle ?* « Frappé de cette grande question, je fus surpris que cette Académie eût osé la proposer ; mais puisqu'elle avait eu ce courage, je pouvais bien avoir celui de la traiter, et je l'entrepris. » (*Confessions*, 1, VIII). Pour méditer, Rousseau va passer huit jours à Saint-Germain, où il se promène dans la forêt.

(fin novembre-début décembre) : Après la publication de

la *Lettre sur la musique française*, où il prenait vivement parti pour la musique italienne, Rousseau est pendu en effigie par l'orchestre de l'Opéra.

1754 : (printemps) : Rousseau rédige le *Discours sur l'origine de l'inégalité*.

(1er juin) : Il part avec Thérèse pour Genève et va voir Mme de Warens à Chambéry.

(12 juin) : Il date de Chambéry, en Savoie, la *Dédicace à la République de Genève* du second *Discours*, dont l'Académie de Dijon n'avait même pas voulu achever la lecture.

(1er août) : Arrivé à Genève fin juin, Rousseau est réintégré dans l'Eglise de Genève et dans ses droits de citoyen.

(octobre) : Malgré des velléités de s'installer à Genève, Rousseau revient à Paris. Le second *Discours* s'imprime à Amsterdam, chez Marc-Michel Rey.

1755 : (24 avril) : Le second *Discours* est achevé d'imprimer.

(Juin) : Rousseau fait remettre un exemplaire au Conseil de Genève. Il obtient de Malesherbes l'autorisation de faire entrer le livre en France.

(août) : Dix-sept cents exemplaires arrivent à Paris et sont mis en vente chez Pissot.

(30 août) : Lettre de Voltaire à Rousseau : « J'ai reçu, Monsieur, votre nouveau livre contre le genre humain (…). On n'a jamais employé tant d'esprit à vouloir nous rendre bêtes, il prend envie de marcher à quatre pattes quand on lit votre ouvrage… » La réaction de Voltaire a été en fait beaucoup plus violente, comme en témoignent ses annotations en marge de son exemplaire du *Discours*, en particulier sur le début de la 2e partie.

(10 septembre) : Réponse de Rousseau : il ne prétend pas ramener l'homme à l'état de bête, et Voltaire n'y parviendrait jamais.

(octobre) : Publication dans le *Mercure* de la *Lettre de Philopolis, citoyen de Genève*, par le naturaliste et philosophe genevois Charles Bonnet. Rousseau y fait aussitôt une réponse.

III. — Après les *Discours*

1756 : (9 avril) : Rousseau s'installe à l'Ermitage, dans le parc de Mme d'Epinay à Montmorency.

(été) : Presque sans y penser, Rousseau commence à écrire *La Nouvelle Héloïse*.

1757 : (mars) : Première brouille avec Diderot. D'incidents en incidents, la querelle entre Rousseau et les Encyclopédistes va s'aggraver tout au long de l'année.
(printemps) : Début de la passion de Rousseau pour Mme d'Houdetot.
(10 décembre) : Mme d'Epinay met Rousseau à la porte de l'Ermitage. Il va s'installer au jardin de Montlouis, toujours à Montmorency. Il reçoit le tome VII de l'*Encyclopédie* et décide de répondre à l'article « Genève », rédigé par d'Alembert sur les conseils de Voltaire.

1758 : (9 mars) : Rousseau finit d'écrire la *Lettre à d'Alembert sur les spectacles*.
(6 mai) : Rupture avec Mme d'Houdetot.
(juin) : Rupture définitive avec Diderot.

1759 : Toujours à Montmorency, Rousseau travaille à l'*Emile*.

1760 : Rousseau travaille à l'*Emile* et au *Contrat social*.

1761 : (janvier) : *La Nouvelle Héloïse* se vend à Paris avec un grand succès.
(octobre) : L'*Emile* commence à s'imprimer à Paris.
(novembre) : Rousseau envoie à M.-M. Rey le manuscrit du *Contrat social* qui va être imprimé à Amsterdam.

1762 : (janvier) : Rousseau, qui a traversé une grave crise de dépression à la fin de 1761, écrit à Malesherbes quatre lettres autobiographiques pour se justifier.
(fin mai-juin) : L'*Emile* est mis en vente, condamné par le Parlement de Paris et brûlé. Rousseau, décrété de prise de corps, s'enfuit le 11 juin. Cependant, *Le Contrat social* est interdit en France et brûlé avec l'*Emile* à Genève.
(10 juillet) : Rousseau, chassé d'Yverdon où il était arrivé le 14 juin, se réfugie à Môtiers-Travers, qui dépend du roi de Prusse, lequel lui accorde sa protection.
(28 août) : Publication du mandement de l'archevêque de Paris, Christophe de Beaumont, qui condamne l'*Emile*. Rousseau prépare une réponse, la *Lettre à Christophe de Beaumont*, qui sera terminée le 18 novembre.

1763 : Rousseau reçoit la nationalité neuchâteloise (16 avril) et renonce à la bourgeoisie de Genève (12 mai).

1764 : Rousseau écrit les *Lettres écrites de la montagne*, en réponse aux *Lettres écrites de la campagne*, de Tronchin. Publication du *Sentiment des citoyens* (27 décembre), qui dénonce Rousseau pour l'abandon de ses enfants. Rousseau attribue au pasteur Vernes ce pamphlet de Voltaire. Il décide d'écrire ses *Confessions*.

1765 : Tracassé, puis lapidé à Môtiers, Rousseau se réfugie à l'île de Saint-Pierre, sur le lac de Bienne (juillet et septembre). Expulsé par le Petit-Conseil de Berne, il décide de partir pour l'Angleterre, où Hume l'invite. Passant par Strasbourg (2 novembre), il arrive à Paris, muni d'un sauf-conduit, le 16 décembre.

1766 : Parti de Paris le 4 janvier, Rousseau arrive à Londres. Il se brouille bientôt avec Hume et se réfugie à Wooton. Poussé par les Philosophes parisiens, Hume rend publique sa rupture avec Rousseau.

1767 : Rousseau quitte l'Angleterre (21 mai) et se réfugie à Trye, chez le prince de Conti, sous le pseudonyme de Jean-Joseph Renou.

1768 : Voyages à Lyon, Grenoble et Chambéry. Le 30 août, Rousseau épouse Thérèse devant le maire de Bourgoin.

1769 : Séjour à Monquin, près de Bourgoin. Rousseau continue la rédaction des *Confessions*.

1770 : Rousseau reprend son nom et, en juin, vient s'installer à Paris, rue Plâtrière. Il commence à faire des lectures des *Confessions*.

1771 : Mme d'Epinay obtient du lieutenant de police qu'il interdise à Rousseau de lire ses *Confessions* en public.

1772-1775 : Rousseau a repris son métier de copiste et son intérêt pour la musique. Il s'occupe aussi de botanique. Enfin, pour échapper au « complot » des Philosophes, il écrit *Rousseau juge de Jean-Jacques*.

1776 : Enfoncé dans son délire, Rousseau veut déposer sur le grand autel de Notre-Dame le manuscrit de *Rousseau juge de Jean-Jacques*; mais la grille du chœur est fermée (24 février). Il remet son manuscrit à Condillac. En avril, il distribue aux passants, dans la rue, un factum intitulé *A tout Français aimant encore la justice et la vérité*.
En été, la crise s'apaise, et Rousseau commence à écrire *Les Rêveries du promeneur solitaire*.

1777 : Rousseau continue la rédaction des *Rêveries*.

1778 : Il accepte l'hospitalité que lui offre le marquis de

Girardin à Ermenonville (20 mai). Il y meurt le 2 juillet à
onze heures du matin.

TABLE